Der bekannte amerikanische Schriftsteller **Philip Caputo**, geboren 1941 in Chicago, war sechs Jahre lang als Auslandskorrespondent für die *Chicago Tribune* unterwegs, wobei er in Beirut in Gefangenschaft geriet. 1973 bekam er den Pulitzerpreis. Einige Jahre später verließ er die *Chicago Tribune* und ist seither als Schriftsteller tätig. Er hat unter anderem zwei autobiographische Werke und drei Romane veröffentlicht, einen Namen machte er sich vor allem mit seinem Erlebnisbericht aus Vietnam *A Rumor of War* (*Stoßtrupp durch die grüne Hölle*), der auch für das Fernsehen verfilmt wurde. Heute lebt er mit seiner Frau in Norwalk, Connecticut.

PHILIP CAPUTO

UNTER MENSCHEN-FRESSERN

Auf den Spuren der Menschen fressenden Löwen von Tsavo

Aus dem Amerikanischen von
Dr. Eva Dempewolf, Linde Wiesner
und Susanne Wiemken

NATIONAL GEOGRAPHIC
FREDERKING & THALER

Die Deutsche Bibliothek – CIP-Einheitsaufnahme
Ein Titeldatensatz für die Publikation ist bei
Der Deutschen Bibliothek erhältlich.

NATIONAL GEOGRAPHIC ADVENTURE PRESS
Reisen · Menschen · Abenteuer
Die Taschenbuch-Reihe von
National Geographic und Frederking & Thaler

1. Auflage Juli 2004

Titel der Originalausgabe: Ghosts of Tsavo
veröffentlicht von der National Geographic Society, Washington D. C.

Aus dem Amerikanischen von Dr. Eva Dempewolf, Linde Wiesner
und Susanne Wiemken
Koordination/Redaktion: Carlo Lauer/CLP
Titelfoto: © Steve Bloom Images/Bildagentur Mauritius
Fotos: siehe Bildnachweis S. 284
Umschlaggestaltung: Dorkenwald Grafik-Design, München
Herstellung: Caroline Sieveking, München
Druck und Bindung: Clausen & Bosse, Leck
Printed in Germany

ISBN 3-89405-229-5
www.frederking-thaler.de

Das Papier wurde aus chlorfrei gebleichtem Zellstoff hergestellt.

Gewidmet dem Andenken meiner Mutter
Marie Ylonda Caputo
30. April 1915 – 9. August 2001

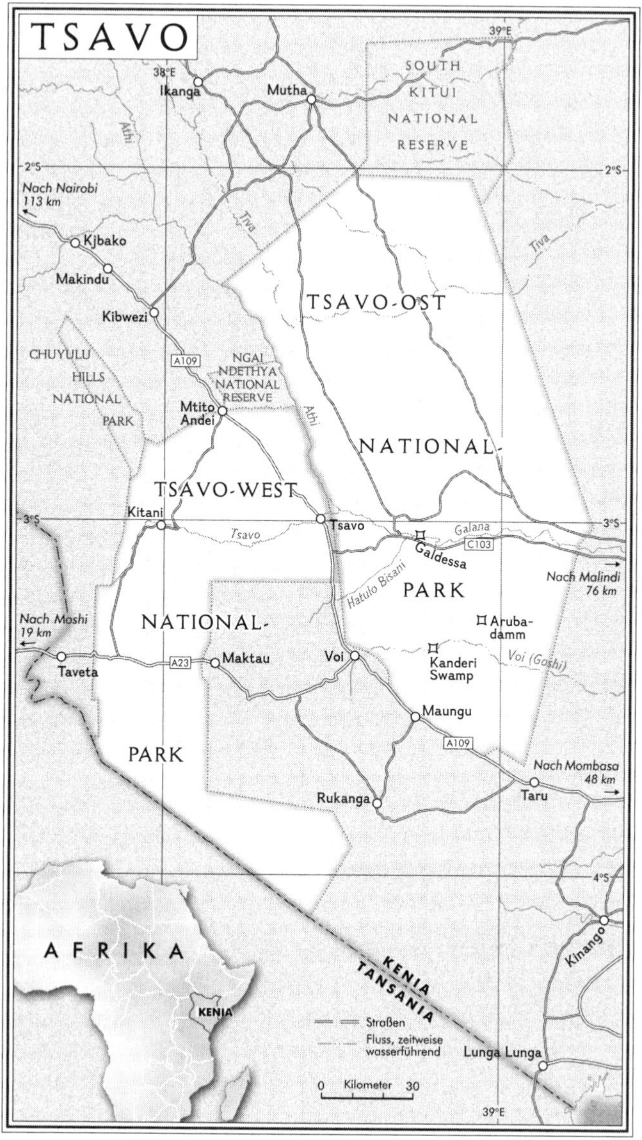
TSAVO
38°E
39°E
Ikanga
Mutha
SOUTH KITUI NATIONAL RESERVE
Athi
2°S
Nach Nairobi 113 km
Tiva
Kjbako
Makindu
Kibwezi
TSAVO-OST
CHUYULU HILLS NATIONAL PARK
A109
NGAI NDETHYA NATIONAL RESERVE
Mtito Andei
NATIONAL-
TSAVO-WEST
Kitani
3°S
Tsavo
Galana
Galdessa
C103
Nach Malindi 76 km
Hatulo Bisani
PARK
Nach Moshi 19 km
NATIONAL-
Aruba-damm
Taveta
A23
Maktau
Voi
Kanderi Swamp
Voi (Goshi)
Maungu
A109
PARK
Nach Mombasa 48 km
Rukanga
Taru
4°S
Kinango
AFRIKA
KENIA
TANSANIA
KENIA
Straßen
Fluss, zeitweise wasserführend
Lunga Lunga
0 Kilometer 30

Inhalt

Der Menschenfresser von Mfuwe *

Die frühen Einwohner Europas oder Assyriens oder Kleinasiens ... erwarteten von ihrem König, Häuptling oder Anführer, dass er diese Ungeheuer für sie töte. Es war kein Sport, es war die Pflicht des Herrschers, und die Tat an sich beinhaltete einen Anspruch auf Macht. Theseus, der Land und Leute von Untieren und Wegelagerern befreite, Herakles der Löwenbezwinger, Sankt Georg der Drachentöter und all die anderen Helden verdanken diesem Umstand ihren unvergänglichen Ruhm.
Aus: The Spectator, 3. März 1900

Es war das Gesicht des neuen Afrika, das ihn veranlasste, den Löwen zu töten. Er traf seine Entscheidung nicht nach sorgfältigem Abwägen von Für und Wider, sondern folgte vielmehr einer inneren Stimme, die sich meldete, als er in einem Safaricamp im ostsambischen Luangwa-Tal auf seinem Feldbett lag. Wayne Hosek war ein sehr gläubiger Mann, und die Worte, die ihm durch den Kopf gingen, hatten etwas von einem religiösen Diktum: »Wer um das Gute weiß und es nicht tut, versündigt sich.«

Hosek, ein hagerer, mittelgroßer Mann mit schütterem braunen Haar, befand sich auf einer zweiwöchigen Jagdsafari, etwas, wovon er seit seiner Kindheit geträumt hatte. Es war der dritte Tag, und bislang hatte er einen Großen Kudu, ein Cookson-Gnu und einen

* Diese Darstellung basiert auf Interviews mit Wayne Hosek und einem schriftlichen Bericht, den dieser dem Autor zur Verfügung stellte.

Sharpe-Greisbock erlegt. Doch daran dachte er nicht, als er die größte Hitze des Tages ruhend verstreichen ließ; das Moskitonetz über seinem Kopf hatte er zusammengeknotet und die Stoffbahnen des Zelteingangs zurückgeschlagen, sodass er den Luangwa-Fluss und das dahinter liegende Dorf sehen konnte, wo drei Nächte zuvor der Löwe eine Frau namens Jesleen getötet hatte. Er hatte von dieser Killerkatze gleich an seinem ersten Tag im Camp erfahren, und obwohl er mit der Absicht gekommen war, auch Löwen zu jagen, hatte er mit der Verfolgung eines Menschenfressers nichts zu tun haben wollen. Jetzt revidierte er diesen Entschluss. Jesleen war das sechste Opfer in nur zwei Monaten, und die Menschen in ihrem Dorf und anderen stromauf- und stromabwärts angesiedelten Ortschaften waren von einer Panik erfasst, wie Hoseks Nachbarn in Kalifornien sie unmöglich zu ermessen vermochten. In ihrem Amerika der Einkaufszentren, Freizeitparks und sich endlos hinziehenden Vorstädte stellte ein Raubtier, das Menschen tötete, eine praktisch unvorstellbare Bedrohung dar, abwegiger als Hungersnot oder Pest, etwa so wahrscheinlich wie eine Invasion Außerirdischer. Am ehesten würde noch ein Psychopath, der durch ihr Viertel streifte und willkürlich Menschen umbrachte, eine Vorstellung davon vermitteln, was diese Afrikaner durchmachten. Hosek erinnerte sich an die Geschichten, welche die Dorfbewohner ihm über die Raubzüge der Menschen fressenden Katze erzählt hatten. Hauptsächlich dachte er an die Kinder, die er kennen gelernt hatte und die unter Bilharziose, Malaria, Guineawürmern und Mangelernährung litten. Sie waren das kollektive Gesicht eines Kontinents, wie es Reiseführer, Safarikataloge, Fernsehdokumentationen mit Kameraschwenks über die symphonischen Landschaften des längst vergangenen Afrika einer Karen Blixen und eines Ernest Hemingway nie zeigten.

Gerade angesichts ihrer alltäglichen Not schien es einfach ungerecht, dass diese Dörfler auch noch von einem Menschen fressenden Löwen tyrannisiert wurden, und Hosek spürte das zwanghafte Bedürfnis, etwas zu tun. »Wer um das Gute weiß und es nicht tut, versündigt sich.« Das mochte pathetisch klingen, so als kaschiere man einen blutigen Sport mit dem Mäntelchen der Nächstenliebe. Aber Hoseks Gefühl war aufrichtig.

Er erhob sich, ging durch das Camp und teilte seinen Guides Charl Buekes und Willie Cloete mit, dass er den Menschenfresser jagen werde. Er hatte Vertrauen in sie und in ihre drei simbabwischen Tracker (Fährtenleser) Gilbert, Boniface und Ken. Und er vertraute auf seine ruhige Hand und Zielsicherheit. Dennoch hatte er das Gefühl, sich auf unbekanntes Terrain vorzuwagen. Ein Menschen fressender Löwe war schließlich etwas vollkommen anderes als ein Kudu oder ein Gnu oder ein Greisbock.

Falls Buekes und Cloete überrascht waren, ließen sie es sich nicht anmerken. Und sie versuchten auch nicht, ihm seinen Entschluss auszureden. Er hätte ihn nicht zu begründen brauchen, tat es aber dennoch und wies darauf hin, welche Trophäe der Löwe darstellen würde – einige Dorfbewohner hatten ihn als großes Männchen mit riesiger Mähne beschrieben – und dass es eine Art Dienst an der Allgemeinheit sei, ihn zur Strecke zu bringen. Die beiden Berufsjäger (die früher übliche Bezeichnung »weiße Jäger« ist wegen der kolonialen Konnotationen nicht mehr gebräuchlich) stimmten im zweiten Punkt zu, bekundeten jedoch Zweifel am ersten. Sie äußerten die Vermutung, die imposante Mähne sei höchstwahrscheinlich die Erfindung einiger Einheimischer, die damit Trophäenjäger in das Luangwa-Tal locken wollten. Je mehr Menschen den Löwen jagten, desto besser stünden schließlich die Chancen, dass jemand ihn erwischte. Unter den gegebenen Umständen schien eine solche Lüge verständlich, aber Buekes und Cloete waren sich einig, dass der Menschenfresser, wenn überhaupt, so sicher keine besonders prächtige Mähne besaß. Von glaubwürdig geltenden Augenzeugen war er als mähnenlos beschrieben worden, was zu der irrigen Meinung geführt hatte, es handle sich um ein Weibchen, weshalb Ranger und Berufsjäger seit Beginn der Angriffe sechs Löwinnen erschossen hatten. Diese waren umsonst gestorben; die Attacken hörten nicht auf. Diese Tatsache und Angaben über die beachtliche Körpergröße der Katze hatten Buekes und Cloete zu dem Schluss kommen lassen, der Räuber sei ein unbemähntes Männchen.

Nicht zuletzt dank der prächtigen Mähne des »Königs der Tiere«, der ungezählte afrikanische Postkarten ziert und von der MGM-Leinwand brüllt, galt ein mähnenloser Löwe weithin als höchst bemerkenswertes Geschöpf, aber Hosek kannte sogar zwei solche Exemplare – Ausstellungsstücke im Field Museum of Natural History in Chicago, wo er geboren und aufgewachsen war. Sein Vater hatte ihn schon als kleinen Jungen mit in das Naturkundemuseum genommen. Das lag mehr als 35 Jahre zurück. In der Stanley Field Hall hatte er das ausgestopfte Paar gesehen, auf einem Sockel aus Pappmaché-Sandstein, der eine zu Boden geduckt, der andere stehend, die rechte Pranke leicht angehoben, und beide starrten zu den aus Bronze gegossenen Massai-Kriegern herüber, von denen einer einen Speer auf die Katzen geworfen, aber sein Ziel verfehlt hatte. Die Waffe steckte neben dem stehenden Löwen in der Erde, und der Krieger kauerte, ein Knie auf dem Boden, hinter seinem Büffelhaut-Schild. Eine Hand hatte er an dem kurzen Schwert, das er an einer Schnur um die Hüften gebunden trug. Der Beschriftung am Sockel zufolge jagten die Massai Löwen mit Speeren, und zwar sowohl als Mutprobe im Rahmen des Initiationsrituals als auch zum Schutz ihrer Viehherden; ging ein Wurf daneben, fing der Massai den Angriff des Löwen mit seinem Schild ab und kämpfte mit dem Dolch in der Hand gegen die Bestie, während seine Begleiter mit ihren Speeren eingriffen. Der junge Hosek bestaunte den Mut der Eingeborenen, doch die Raubkatzen fesselten ihn mehr.

Diese beiden Löwen, so fand er heraus, hatten geradezu mythischen Status erlangt, als sie im Jahr 1898 den Vormarsch der Briten aufhielten, indem sie 135 indische und afrikanische Arbeiter töteten und fraßen, die im damaligen Britisch-Ostafrika, der späteren Republik Kenia, eine Eisenbahnbrücke über den Tsavo-Fluss errichten sollten. Die Bauarbeiten kamen daraufhin zum Erliegen, was den Leiter des Projekts, Oberstleutnant John Henry Patterson, zur Jagd auf die Menschenfresser zwang. Er brauchte neun Monate, um sie aufzuspüren und zur Strecke zu bringen – eine Geschichte, die in den Annalen der Großwildjagd ihresgleichen sucht. Viele Jahre später schenkte Patterson die Felle und Schädel der Löwen dem Field Museum. Ein Tierpräparator verwandelte diese in lebensgroße Exponate, die ab 1924 ausgestellt wurden und ungezählte Besucher – darunter der junge Hosek – mit grausiger Faszination in ihren Bann zogen. Und das Aussehen der Tiere wurde dieser Schrecken erregenden Geschichte voll gerecht. Dass sie keine Mähnen besaßen, gab ihnen etwas besonders Bedrohliches. Sie wirkten weniger majestätisch; es war, als hätte Mutter Natur ihnen diesen Schmuck vorenthalten, um die Bestie ganz ungeschminkt zu zeigen – reduziert auf des Wesentliche: Muskeln, Klauen und Zähne, die einzig den Zweck hatten zu töten. Am eindrucksvollsten jedoch waren die Augen. Sie waren zwar Nachbildungen aus Glas, dennoch wirkte ihr Blick derart aufmerksam und konzentriert, dass man sich unschwer vorstellen konnte, wie sie Jahrzehnte früher in den Ebenen Afrikas ihre menschliche Beute fixiert hatten. Der junge Wayne bestaunte voller Ehrfurcht ihre Größe und die Kraft, die selbst den ausgestopften Tieren noch innezuwohnen schien. Das Exponat weckte in ihm die Begeisterung für Afrika und den Wunsch, dorthin zu reisen – ein Wunsch, der erst in Erfüllung gehen sollte, als er fast fünfzig war, und der ihn in die Lage versetzen würde, Pattersons Erfahrungen in abgewandelter Form nachzuvollziehen.

Selbstverständlich dämmerte ihm das Mitte der 1950er-Jahre noch nicht einmal ansatzweise. Was er jetzt, an diesem Septembertag 1991, jedoch sehr wohl ahnte, war, dass ihn der Anblick der präparierten Großkatzen nicht auf das vorbereitet hatte, was ihm an den folgenden Tagen bevorstand. Kaum hatte er den Guides seinen Entschluss mitgeteilt, beschlichen ihn wieder zwiespältige Gefühle – Erregung kämpfte mit nackter Furcht. Er hatte *The Man-Eaters of Tsavo* gelesen, Pattersons 1907 veröffentlichten Bestseller, in dem der Brite die Angriffe der Löwen sowie die Anstrengungen der zermürbenden Jagd auf die Tiere beschrieb. Dieses Buch ernüchternd zu nennen, wäre gewaltig untertrieben. Es war die schaurige Geschichte von zwei Killerkatzen, deren Fähigkeit, alle gegen sie errichteten Schutzvorrichtungen zu überwinden und ihre Verfolger immer wieder zu überlisten, ans Übernatürliche grenzte.

Die beiden Tiere, die gemeinsam vorgingen, schlichen nachts in die Arbeitercamps, packten einen Mann und zerfleischten ihn, häufig noch in Hörweite der Kameraden des Opfers. Patterson, der in Indien Erfahrungen bei der Tigerjagd gesammelt hatte, arbeitete mit allen Tricks des Großwildjägers, legte geniale Fallen und ließ sich manch neue List einfallen, um die Mörder zu stellen – vergeblich. Ein ums andere Mal hielten sie ihn zum Narren, entkamen und erwiesen sich als so ausgebufft, dass die Arbeiter – vorwiegend Kontraktarbeiter aus Indien – allmählich die uralte Legende zu glauben begannen, es handle sich um Menschen fressende Dämonen. Die Eingeborenen, die diesen Mythos verbreiteten, gaben ihm einen antiimperialistischen Beigeschmack, indem sie die Löwen als Reinkarnation afrikanischer Stammesfürsten darstellten, die über den Bau einer Eisenbahn durch das Land ihrer Ahnen zornig waren. »Habt Acht, Brüder! Der Teufel naht!«, pflegten sie einander zuzurufen, wenn nachts das ferne Brüllen der Löwen verstummte, denn dieses Schweigen verhieß, dass sie sich wieder anschlichen.

Pattersons Schilderung der Auswirkungen eines Angriffs liest sich wie ein Schauerroman. Sein Sikh-*Jemadar* oder -Diener Ungan Singh war mitten in der Nacht von einem der Löwen angefallen worden.

Am nächsten Morgen entdeckte Patterson den grauenvoll zugerichteten Leichnam: »Der Boden ringsum war blutgetränkt und mit Fleisch- und Knochenstücken übersät, doch der Kopf des unglücklichen *Jemadar* war, abgesehen von den Löchern der Fangzähne des Löwen, unversehrt ... Es war der entsetzlichste Anblick, der sich mir je geboten hatte.«

Singh zählte zu den ersten Opfern der Löwen, und sein entsetzlicher Tod war es, der Patterson Jagd auf die Löwen machen ließ. Er wusste damals nicht, was ihm bevorstand, sollte es jedoch bald herausfinden.

Die Zeltcamps der Bauarbeiter lagen verstreut entlang der geplanten Bahntrasse. Hatten die Löwen in einem Camp zugeschlagen, so legte sich Patterson in der folgenden Nacht mit seiner .303 Rifle auf die Lauer. Doch die Tiere schienen jedes Mal genau zu wissen, wo er sich aufhielt, und griffen sich ihr Opfer stets aus einem anderen Lager heraus.

Inzwischen hatten die Arbeiter die Camps mit hohen *bomas* oder Schutzzäunen aus *Commiphora*-Dornbusch umfriedet. Und tatsächlich hörten die Angriffe für eine Weile auf. Eines Abends dann wagten es einige Arbeiter, innerhalb der *boma*, aber außerhalb ihres Zeltes zu schlafen – ein folgenschwerer Fehler. Eine der Raubkatzen sprang über den Zaun (Löwen können dreieinhalb Meter hohe Hindernisse überwinden) und packte einen Mann. Dessen Freunde warfen Steine und brennende Zweige, doch der Löwe zerrte seine Beute ohne erkennbare Eile durch das Dornengestrüpp. Auf der anderen Seite wartete sein Partner, und die beiden verzehrten ihr Opfer in Hörweite der Freunde des Toten. Einige waren bewaffnet und feuerten durch den Zaun auf die Löwen, doch die Kugeln verfehlten ihr Ziel, und unbeeindruckt von den Schüssen beendeten die zwei Großkatzen in aller Ruhe ihre Mahlzeit.

Als eine seiner schlimmsten Erinnerungen beschreibt Patterson die Nacht, als er in einem Baumsitz hockte und die beiden Löwen ihren jüngsten Riss ganz in seine Nähe schleppten. Es war zu dunkel, um anzulegen und zu schießen. Er saß dort oben, hörte das Splittern von Knochen und etwas, das er als »zufriedenes, gesättigtes Schnurren« beschrieb – Geräusche, die ihn seinen eigenen Worten zufolge über Tage hinweg verfolgten.

Die Löwen beschränkten sich nicht auf menschliche Beute. Im Dezember 1898 rissen sie einen Esel. Von Patterson vertrieben, ließen sie den Kadaver zurück. Eingedenk seiner Tigerjagdzeiten in Indien baute Patterson aus vier Pfählen und einem Holzbrett einen *machan* (Jagdpodest), von dem aus er relativ sicher zielen konnte. Er benutzte den toten Esel als Köder und band ihn mit Draht an einem Baumstumpf in der Nähe fest. In der folgenden Nacht legte Patterson sich auf die Lauer. Es dauerte nicht lange, da hörte er das Knacken von Zweigen und hungriges Löwenknurren. Doch das Tier ignorierte den Esel und begann, sich auf Patterson zuzubewegen. Hätte der Löwe einen Pfahl umgestoßen, Patterson wäre ein toter Mann gewesen. Dann setzte er zum Sprung an. Patterson schoss. Der Löwe knurrte – er war getroffen – und lief zurück in den Busch. Patterson feuerte hinter ihm her. Das Knurren wurde leiser und verstummte schließlich. Der erste Menschenfresser war tot.

Am nächsten Tag bargen Arbeiter den Löwenkadaver. Von der Nase bis zur Schwanzspitze maß er 2,95 Meter und hatte eine Schulterhöhe von 1,20 Meter. Dabei hatte er ein solches Gewicht, dass acht Männer nötig waren, um ihn zum Lager zurückzutragen. (Ein Löwe dieser Größe dürfte schätzungsweise 215 bis 225 Kilogramm wiegen, rund 50 Kilogramm mehr als der Durchschnitt.)

Um auch das zweite Tier zur Strecke zu bringen, versuchte Patterson es mit einer List. Nachdem die Raubkatze in der Nähe einer Bahnwärterhütte eine Ziege gerissen hatte, band Patterson drei lebende Ziegen an ein Schienenstück, begab sich dann in die Hütte und wartete. Der Löwe kam kurz vor Morgengrauen, tötete eine der Ziegen und begann dann, seine Beute samt den beiden anderen Ziegen und dem über 100 Kilogramm schweren Eisenteil fortzuschleppen. Patterson drückte ab, verfehlte den Löwen und verletzte eine der Ziegen tödlich.

Obwohl das Gleisstück eine überdeutliche Schleifspur hinterließ, entkam der Räuber. Patterson aber gab nicht auf, und gute zwei Wochen später gelang es ihm endlich, das Tier anzuschießen. Zusammen mit seinem Jagdhelfer folgte er der Blutspur, und nach einem knappen halben Kilometer sichteten sie die verwundete Raubkatze, die sie mit gefletschten Zähnen anfauchte. Patterson zielte und feuerte. Der Löwe griff an. Ein zweiter Schuss warf ihn zu Boden, doch er kam wieder auf die Beine und setzte seinen Angriff fort. Patterson drückte ein drittes Mal ab – ohne sichtbare Wirkung –, wollte nach seiner Zweitbüchse greifen und merkte, dass sein Gewehrträger sich auf einen Baum geflüchtet hatte. Patterson blieb keine andere Wahl, als es ihm gleichzutun. Hätte nicht eine Kugel das Hinterbein des Löwen zerschmettert, es wäre ihm nicht geglückt. Oben auf dem Baum nahm Patterson die Rifle und feuerte abermals auf den Löwen, der daraufhin schwer zu Boden fiel. Übermütig kletterte Patterson hinunter – und konnte gerade noch ausweichen, als ihn das tödlich verwundete Tier mit letzter Kraft ansprang. Er jagte ihm eine Kugel in den Kopf und eine weitere in die Brust, bevor die mächtige Raubkatze endgültig zusammensackte. Noch im Todeskampf schnappte sie nach einem Ast.

Der zweite Menschenfresser war 2,90 Meter lang und hatte eine Schulterhöhe von 1,15 Meter. Mit seinem Tod war die Schreckensherrschaft zu Ende. Binnen kürzester Zeit erlangten die beiden Katzen internationale Berühmtheit und wurden als einzige Vertreter ihrer Art sogar im britischen Oberhaus erwähnt, als der damalige Premierminister Lord Salisbury in einer Rede auf die Widrigkeiten beim Bau der Uganda-Bahn einging: »Einmal ruhten die Arbeiten drei Wochen, weil zwei Menschen fressende Löwen an der Baustelle auftauchten und eine höchst unangemessene Vorliebe für unsere Träger entwickelten. Zuletzt weigerten sich diese Männer geschlossen, ihre Arbeit fortzusetzen, falls nicht ein Eisenzaun zu ihrem Schutz errichtet würde. Selbstverständlich ist es nahezu unmöglich, unter solchen Umständen eine Eisenbahn zu bauen, und so kam es zu ernsthaften Verzögerungen, bis wir einen passionierten Jäger fanden, der diese Löwen zur Strecke brachte.«

Jetzt, fast ein Jahrhundert später, war sich Hosek im Klaren darüber, dass der »Menschenfresser von Mfuwe«, wie er nach dem Dorf, dem seine ersten Opfer entstammten, inzwischen genannt wurde, mit einer Schläue und Gerissenheit agierte, die den Menschenfressern von Tsavo kaum nachstanden. Einer seiner Verfolger war ein Profijäger namens Carr, der zahlreiche Versuche unternommen hatte, auf Schussweite an das Tier heranzukommen. Doch jedes Mal konnte es ihm entwischen. Ein anderer, ein japanischer Großwildjäger, hatte eine der Löwinnen getötet, musste kurz darauf jedoch erfahren, dass ihm das falsche Tier vor den Gewehrlauf geraten war, da die Angriffe weitergingen. Buekes stellte die Theorie auf, die Weibchen hätten zum Rudel des Menschenfressers gehört und deren Tod ihn noch schlauer werden lassen. Er hatte gelernt, dass Menschen mit Feuerwaffen gefährlich waren.

Zwei Tage lang suchten Hosek, Buekes, Cloete und die Tracker mehrere Dörfer auf in der Absicht, Spuren des Löwen zu sichten und sich sein Aussehen und sein Vorgehen beschreiben zu lassen, um ein möglichst genaues Bild von dem Verhaltensmuster des Tieres und seinem Revier zu gewinnen. Sie wollten gegen einen schwer fassbaren Gegner zu Felde ziehen, und zwar auf einem Terrain, das diesem Einzelkämpfer viele Vorteile bot. Das Luangwa-Tal ist ein 550 Kilometer langer Grabenbruch, der zwischen zwei niedrigen Gebirgskämmen, dem Tern im Osten und dem Muchinga im Westen, etwa parallel zur tansanischen Grenze verläuft. Der größte Teil Sambias besteht aus hügeliger, spärlich bewaldeter Savanne, doch im Luangwa-Tal ist die Vegetation dichter – Dornbusch und Mopane-Wald wechseln ab mit Grasland –, und zudem haben Flüsse und Bäche, die hier zur Regenzeit tosen, eine Vielzahl unwegbarer, steilwandiger Schluchten geschaffen. Dem Löwen standen also jede Menge Verstecke zur Verfügung – beziehungsweise Hinterhalte, sollte er sich entschließen, über seine Verfolger herzufallen.

In dem Dorf Ngozo, wo die Frau Jesleen gelebt hatte, erhielten die Männer die aktuellsten Informationen. Die Dorfbewohner, die zum Volk der Kunda gehörten, erzählten eine schaurige Geschichte: Einen Tag nachdem er Jesleen getötet hatte, schritt der Löwe am helllichten Tag durch Ngozo, ging in die Hütte seines Opfers und kam mit dessen weißem Baumwollbeutel wieder heraus, der mehrere Besitztümer Jesleens enthielt. Anschließend stolzierte er quer durch das Dorf, brüllte und schüttelte und schleuderte den Beutel herum, wie Hauskatzen es mit einem Catnip-Spielzeug tun. Die Leute schrien, schlugen Stöcke zusammen und trommelten auf Töpfe und Pfannen, aber der Löwe ließ sich davon nicht beeindrucken und verließ das Dorf erst, als er offensichtlich keine Lust mehr hatte. Den Baumwollbeutel trug er im Maul mit sich fort.

Am folgenden Tag gingen mehrere Frauen hinunter zum Lupande, einem Nebenfluss des Luangwa, um ihre Wäsche zu waschen. Wie die meisten der kleineren Rinnsale war der Lupande ausgetrocknet, und die Frauen wollten gerade anfangen, nach Wasser zu graben, als sie den Löwen erblickten, der im sandigen Flussbett mit Jesleens Beutel spielte. Als sich einige Dorfbewohner am Tag darauf vorsichtig dem Flussbett näherten, war der Beutel verschwunden. Sie entdeckten ihn aber, den Spuren des Tieres folgend, wenige hundert Meter flussaufwärts. Wiederum einen Tag später fanden sie die Tasche wieder an einer anderen Stelle, und dann tauchte der Löwe erneut damit im Dorf auf und trug ihn wie eine Trophäe stolz herum. Es war, als bereite es ihm Freude, die Menschen mit seinem dreisten, bizarren Verhalten zu provozieren. Einmal näherte sich ein Mann im Flussbett versehentlich bis auf wenige Meter der Katze, die im Sand herumtollte. Das Tier war jedoch so mit Jesleens Beutel beschäftigt, dass es dem Zweibeiner keinerlei Beachtung schenkte. Bei einer Zusammenkunft gelangte der Rat der Dorfältesten zu dem Schluss, dass der Beutel verhext sein müsse, um eine solche Faszination auf den Menschenfresser auszuüben, der, wie sie Hosek, Buekes und Cloete mitteilten, von einem Dämon besessen sein musste, wenn er nicht gar der Teufel selbst war. Hosek fielen wieder die Worte aus *The Man-Eaters of Tsavo* ein: »Habt Acht, Brüder! Der Teufel naht!« Die Parallelen zwischen seinen eigenen Erfahrungen und denen, die Patterson 93 Jahre früher gemacht hatte, waren in der Tat beunruhigend.

Ein Scout aus dem Luangwa-Wildreservat berichtete, er habe den Menschenfresser unweit von Ngozo durch das hohe goldene Gras streifen sehen. Er bestätigte die Vermutung, dass es sich um ein männliches Tier ohne Mähne handelte, und führte die drei Jäger und ihre Fährtensucher anschließend zum Lupande, um ihnen Jesleens Beutel zu zeigen. Er deutete von der Uferböschung aus mit dem Finger darauf. Näher wollte er nicht hingehen. Wie die übrigen Dorfbewohner war der Scout überzeugt, die Tasche sei verhext. Hosek und Buekes jedoch wagten sich, Gewehr im Anschlag, in das

Flussbett hinab. Und hier merkte der Amerikaner zum ersten Mal, dass er wie ein Afrikaner zu fühlen begann, obwohl er noch nicht einmal eine ganze Woche auf dem Schwarzen Kontinent weilte. Die Grenzen zwischen Mythos und Realität begannen zu verschwimmen. Der weiße Baumwollbeutel schien auch ihn in seinen Bann zu ziehen, ja zu verzaubern. Das Blut stockte ihm in den Adern, seine Beine trugen ihn kaum mehr, und trotz der großen Hitze schauderte es ihn. Sein Mut und seine Entschlossenheit verließen ihn. Mit steifen Fingern umklammerte er seine .375 Holland & Holland und fragte sich verzweifelt, was ihn, Wayne Hosek, Vermögensberater von Beruf, auf den Gedanken hatte kommen lassen, er sei einem solchen Abenteuer gewachsen.

Die Berufsjäger und die Tracker studierten derweil die Löwenfährte im Sand. Fast untertassengroß, führten die Prankenabdrücke das Flussbett hinunter und dann in das hohe Gras der Uferzone. Alle runzelten die Stirn, kniffen die Lippen zusammen, und eine ungute Spannung hing in der Luft. Die Atmosphäre war bedrückend und Hoseks ganzes Denken und Fühlen nur von einem erfüllt: Angst. Er fragte Cloete, wo sich der Löwe seiner Meinung nach aufhalte.

»Vielleicht dort«, antwortete Cloete und deutete auf die dicht bewachsene Uferböschung wenige Meter entfernt. »Vielleicht fünf Meilen weg. Keine Ahnung.«

Gilbert mied Hoseks Blick, und Boniface und Ken redeten nicht mehr mit ihm. Es war, als nähmen die Spurensucher es ihm übel, dass er sie in diese Angelegenheit hineingezogen hatte. Buekes, seine riesige .458 Winchester fest im Griff, starrte wie gebannt auf die Tatzenabdrücke. »Er ist groß, sehr groß«, murmelte er, fast wie im Selbstgespräch.

Keiner von ihnen ahnte, dass dies die Untertreibung des Jahres war.

Die drei Männer folgten der Fährte das Flussbett hinauf. Buekes und Cloete schlugen vor, ungefähr fünfzig Meter von dem Beutel entfernt zwischen ein paar Mopane-Bäumen einen Köder auszulegen. Dieses Behältnis nannten sie inzwischen einhellig den »Löwenbeutel«, denn es gehörte jetzt unzweifelhaft dem Raubtier – und nur ihm allein. Nachdem sie das Terrain genau sondiert hatten, fanden die Berufsjäger weitere fünfzig Meter von dem Köder entfernt die passende Stelle für ein Ansitzversteck. Da nun jedoch die Dämmerung hereinbrach, kehrten alle zum Camp zurück.

Beim anschließenden gemeinsamen Abendessen war nichts von der unbeschwerten Heiterkeit zu spüren, die bis dahin die Mahlzeiten begleitet hatte. Smalltalk schien undenkbar; die Unterhaltung drehte sich ausschließlich um die bevorstehende Jagd. Man besprach Taktiken: Tut der Löwe dies, tun wir das. Vor dem Zubettgehen nahm Buekes Hosek beiseite und sagte: »Denken Sie daran, sofort hinterherzuschießen«, was hieß, dass der Amerikaner keine kostbaren Sekunden verstreichen lassen durfte, um zu sehen, ob er getroffen hatte. Er musste augenblicklich repetieren und umgehend weiterfeuern.

Hosek zog sich in sein Zelt zurück, lehnte seine Büchse gegen einen Pfosten, ließ das Moskitonetz herunter und versuchte zu schlafen. Kaum dass er den nächtlichen Gesang der Hyänen registrierte, das schrille Trompeten der Elefanten, das Kichern der Schakale und das typische Fauchen eines Leoparden, ähnlich dem Geräusch einer Säge, die über einem Brett hin- und hergezogen wird. Er döste, wachte, an den Löwen denkend, wieder auf, schlief abermals ein, wachte erneut auf und betete. Kein Gedanke mehr daran auszusteigen. Er hatte sich selbst eine Pflicht auferlegt, und wenn er diese jetzt nicht erfüllte, würde er nie wieder guten Gewissens in einen Spiegel blicken können. Wieder nickte er ein, und dann hörte er vor seinem Zelt eine Stimme. Es war Zeit zum Aufstehen.

Am Morgen bauten die Tracker ein Versteck aus Bambuspfählen und Elefantengras, das die Dorfbewohner als ihren Beitrag zu dem Unternehmen gebracht hatten. Buekes und Cloete schossen ein kleines Flusspferd, schnitten eine Keule heraus und legten sie, mit Ästen abgedeckt, in der Nähe des Flussbettes unter einen Fieberbaum. Um halb vier Uhr nachmittags suchten sie gemeinsam mit Hosek das Versteck auf, aus dem sie, wie sie wussten, vor dem nächsten Morgen nicht mehr herauskonnten. Wie alle Katzen sind Löwen vorwiegend nachtaktiv, und die ganze Mühe wäre vergebens gewesen, hätte man den Ansitz während der Dunkelheit verlassen. Hosek richtete sich so ein, dass er durch einen gut zehn Meter breiten Korridor im Unterholz freies Schussfeld auf den Köder hatte. Dahinter konnte man das gegenüberliegende Ufer sehen, wo ein Stück offenes Grasland unter der heißen Nachmittagssonne brütete und weiter hinten in eine Mischung aus Sträuchern und Dornbusch überging.

Die Nacht bricht in den Tropen rasch herein, ohne das langsame Schauspiel der Dämmerung der nördlichen Breiten. Wie ein schwarzes Tuch legt sich die Dunkelheit fast augenblicklich über das Land. Die Jäger hielten abwechselnd Wache. Nichts ereignete sich, bis Hosek die Laute eines Flusspferds vernahm. Er flüsterte Buekes und Cloete eine kurze Warnung zu, die jedoch nicht darauf reagierten, bis das Tier den Ansitz streifte und dann, als es Menschen witterte, geräuschvoll abzog. Fledermäuse flogen ein und aus, Insekten surrten, sirrten, summten. Cloete sichtete eine Ginsterkatze, ein merkwürdiges kleines Geschöpf mit langem gestreiften Schwanz und leopardenartig geflecktem Körper, die an dem Köder schnupperte. Aber das war alles.

Am Morgen erlebte das Trio freilich eine Überraschung, denn die Spurensucher, die sie mit dem Landrover abholen kamen, entdeckten frische Tatzenabdrücke – keine fünfzig Meter von dem Platz entfernt, an dem die Männer auf der Lauer gelegen hatten! Weitere fanden sich ganz in der Nähe des Köders sowie ein Stück flussabwärts in der Nähe des weißen Beutels, den der Löwe erneut umhergeschleppt haben musste. Hosek war überrascht, dass der Menschenfresser so nahe an ihr Versteck hatte herankommen können, ohne dass er von seinen beiden erfahrenen Guides gehört oder gesehen worden war.

Nach einem kurzen Frühstück im Camp verbrachten die Männer den Vormittag mit der Jagd auf Zebras, als Abwechslung sozusagen, bevor sie beim Mittagessen eine neue Strategiediskussion begannen. Buekes wies darauf hin, dass Ranger, die den Löwen zu schießen versucht hatten, verschiedene Köder im Lupande ausgelegt hatten; desgleichen der japanische Jäger. Die Raubkatze hatte folglich quasi ein Büfett zur Auswahl. Gäbe es nur einen Köder, so würden die Chancen, sie zu erwischen, bestimmt steigen. Buekes und Cloete beschlossen daher, die Köder zusammenzulegen. Sie sammelten sie mit einem Wagen ein, banden sie an der hinteren Stoßstange fest und schleiften sie, um eine Duftspur zu legen, durch das Flussbett an dem »verhexten« Beutel vorbei bis zu dem Flusspferdschenkel, über dem sich nun ein Hügel angefaulten Fleisches türmte. Gegen 15.30 Uhr zogen sich Hosek und die Berufsjäger wieder in ihr Versteck zurück. Buekes und Cloete waren sicher, in dieser Nacht Kontakt zu bekommen. Hosek teilte diese Zuversicht nicht. »Bin das wirklich ich hier?«, fragte er sich immer wieder. Es war eher so, als sehe er sich selbst in einem Film.

Das Gefühl der Zwiespältigkeit setzte sich bis in den Schlaf hinein fort. Er hatte die Augen geschlossen, sein Verstand ruhte, und dennoch vernahm er jedes noch so leise Geräusch. Später sagte er: »Es war kein Halbschlaf und auch kein leichter Schlaf« – eine Art von Schlafen, wie er es noch nie erlebt hatte. Er schien sich gleichzeitig in zwei konträren Zuständen zu befinden; Soldaten in der

Kampfzone kennen dieses Gefühl, tief zu schlafen und doch zugleich mit allen Sinnen hellwach zu sein.

Da – ein kurzes Knacken über seinem Kopf. Augenblicklich analysierte sein Verstand, wo das Geräusch herkam (aus den niedrigeren Bäumen direkt neben dem Ansitz), und so langsam wie irgend möglich wandte er den Kopf nach rechts, um durch die Graswand des Verstecks zu spähen. Er konnte ein Paar Elefantenbeine ausmachen, keine zwei Meter entfernt, und sah, als er den Blick hob, den ganzen massigen Körper des Dickhäuters, der buchstäblich über seinem Kopf mit dem kräftigen Rüssel Äste abknickte, um sie zu verspeisen. Denkbar vorsichtig drehte Hosek sich nach links, wo Buekes bewegungslos kauerte, die .458 genau auf die Brust des grauen Riesen gerichtet. Der Elefant fraß mehrere Minuten lang und entfernte sich dann, vollkommen geräuschlos, als wären seine drei oder vier Tonnen ohne jede Substanz.

Am Morgen waren die Tracker mit dem Landrover erneut zur Stelle und chauffierten die Männer zurück zum Camp. Gilbert, Ken und Boniface hatten schlechte Neuigkeiten: Der Löwe hatte das Dorf heimgesucht, in dem sie übernachteten, und ein Buschschwein gerissen und vertilgt. Die Jäger verstummten für eine oder zwei Minuten, staunend über die fast übernatürliche Fähigkeit des Löwen, ihnen auszuweichen. »Er ist clever. Ein unglaublich schlauer Löwe«, bemerkte Buekes schließlich, ohne den Blick vom Boden zu heben. Dann schaute er hoch, Hosek genau in die Augen, und fügte, halb ungläubig, halb respektvoll, hinzu: »Er weiß genau, was wir vorhaben.«

Das Frühstück an diesem Tag verlief ziemlich schweigsam. Frustriert und übernächtigt stellte Hosek fest, dass in diesem Totentanz der Löwe zum Tanzmeister geworden war; er zog die Fäden und spielte mit den Gefühlen seiner Verfolger, die ihn noch nicht einmal zu Gesicht bekommen hatten. Es war fast, als hätten sie es eher mit einem Geist als mit einem Wesen aus Fleisch und Blut zu tun. Der Glaube der Dorfältesten, der Löwe sei ein Dämon, schien sich nicht mehr unbedingt als Aberglaube zu erweisen.

Später gingen die Männer wieder auf die Jagd nach anderem Wild, was ihre düstere Stimmung vertrieb und sie auf andere Gedanken brachte. Schließlich entwickelten sie auch eine neue Strategie. Da der Löwe offenbar witterte, dass es sich bei dem Versteck um eine Falle handelte, würden sie an einer anderen Stelle einen weiteren Hinterhalt legen, mit einem frischen Köder, und diesen Ansitz zwei Tage lang unbenutzt lassen, um die Raubkatze in Sicherheit zu wiegen. Gelang dieses Täuschungsmanöver, so würde sie am dritten Tag zu dem Köder zurückkehren und das Versteck für leer halten, obwohl es in Wahrheit bemannt war. Buekes wählte den Standort aus: vier Kilometer vom Lupande entfernt zwischen zwei Wasserstellen, an denen der Löwe kurz zuvor beim Trinken gesichtet worden war, und ganz in der Nähe eines kleinen Dorfes. Auch das könnte sich als Vorteil für die Jäger herausstellen – vielleicht hielt der Löwe den Ansitz sogar für die Hütte eines Dorfbewohners.

Auf der Fahrt zu der neuen Stelle stellte Hosek aus schierer Neugier ein paar Fragen zu dem Elefanten, der sie in der vergangenen Nacht besucht hatte.

»Das war knapp«, sagte Buekes lakonisch. »Hätte er uns gewittert, so wären wir sicher von ihm zu Tode getrampelt worden.«

Diese Antwort ließ Hosek überraschend kalt. Nichts außer dem Löwen zählte mehr. Er war ihr Gegner, um ihn drehten sich all ihre Gedanken und Taten. Alles andere war nebensächlich.

Buekes wagte eine Prognose: Wenn der Löwe ihre List durchschaute und ihre Anwesenheit bemerkte, würde er keinen Augenblick ruhig verharren, sondern sich ständig bewegen. Das heißt, Hosek hätte für seinen Schuss bestenfalls zwei bis drei Sekunden.

»Er bewegt sich garantiert«, wiederholte Buekes und warf Hosek einen langen, durchdringenden Blick zu. »Sie müssen diesen Schuss abfeuern, Wayne«, sagte er. »Ganz egal, was Sie denken, Sie müssen schießen. Ich halte mich bereit, mit der .458 hinterherzuschießen, aber Sie müssen den ersten Schuss machen.«

»Das werde ich«, erwiderte Hosek, und seine Selbstsicherheit war nicht gespielt.

Am nächsten Tag bauten Gilbert, Boniface und Ken das neue Versteck und hängten in etwa zwanzig Meter Entfernung einen Zebraschlegel an einen Baum. Während die drei Jäger die Arbeiten beaufsichtigten, gesellte sich eine Gruppe von Jungen aus dem Dorf zu ihnen und stellte Fragen. Hosek fotografierte sie und war vor allem von dem ältesten Buben fasziniert, einem 14-Jährigen mit nur einem Arm. Den anderen hatte er vermutlich bei einem Unfall verloren, oder er war ihm infolge von Wundbrand abgenommen worden. Bei seinem Anblick musste der Amerikaner an all die anderen barfüßigen, kranken und verkrüppelten Kinder denken, denen er im Luangwa-Tal begegnet war. Von den Dorfjungen erfuhr er, dass einer ihrer Freunde, ein ebenfalls 14-Jähriger, dem Löwen am Tag zuvor nur um Haaresbreite entkommen war. Er hatte sich im Gebüsch unweit seiner Hütte erleichtert, als er es im Unterholz knacken hörte. Ohne zu zögern, rannte er los, den angreifenden Löwen hinter sich. Irgendwie schaffte er es, die Hütte seiner Familie vor der Raubkatze zu erreichen, und schlug dem Tier buchstäblich die Tür vor der Nase zu. Der Menschenfresser schlich daraufhin um die Hütte herum und suchte nach einer Möglichkeit hineinzugelangen, während die Nachbarn ihre Behausungen verrammelten, schrien und jede Menge Krach machten, um ihn zu vertreiben. Als er diese Geschichte hörte, packte Hosek der heilige Zorn. Nun verlagerten sich seine Gefühle; es war nur eine feine Abweichung, aber eine entscheidende. In *The Man-Eaters of Tsavo* hatte Patterson die Löwen häufig als »Bestien« und »Verbrecher« bezeichnet, so als würden sie, indem sie Menschen fraßen, gegen irgendein Naturgesetz verstoßen. Das hatte merkwürdig angemutet, fast kindisch, denn schließlich folgten diese Löwen nur ihrem Instinkt und schlugen Beute, die sie zum Überleben brauchten. Nun aber begann Hosek, Patterson zu verstehen, und war geneigt, sich diese Einstellung ebenfalls zu Eigen zu machen. Der Menschenfresser von Mfuwe wurde für ihn zum Sinnbild des Bösen, zum Inbegriff des Leids und der Entbehrungen, die diese Kinder erdulden mussten. Er ertappte sich dabei, die Raubkatze in Gedanken als »gemein« und »verschlagen« zu beschimpfen, so als suche sie sich als Opfer absichtlich die Unschuldigen, Unterdrückten und Schwachen aus.

Hosek gestand Buekes, dass er anfing, den Löwen zu hassen. Der Guide nickte. Er verstand es.

Der Druck, unter dem die drei Männer standen, wuchs im Laufe der nächsten 48 Stunden. Die Regionalverwaltung verhängte über das knapp 170 Quadratkilometer große Areal eine Ausgangssperre ab 17 Uhr. Die meisten Dorfbewohner hielten sich daran, doch auf der Rückfahrt zum Camp sah Hosek einige Menschen, die gegen das Ausgehverbot verstießen – sei es aus zwingendem Grund oder aus dem naiven Glauben heraus, von dem Löwen in Ruhe gelassen zu werden. Dennoch kam das Alltagsleben fast zum Erliegen. Die ganze Region war wie gelähmt vor Angst, und Hunderte erwarteten von ihnen, Buekes und Cloete, dass sie diesem Schrecken ein Ende setzten. Hosek konnte ihre Blicke fast körperlich spüren, die unausgesprochene, flehende Bitte, dass ihnen gelingen möge, woran alle anderen gescheitert waren.

In dieser Nacht tat er kaum ein Auge zu, so gespannt erwartete er den Moment, in dem er, die Büchse in der Hand, das Ansitzversteck betreten würde. Wie hatte Patterson eine solche Anspannung und Erschöpfung neun Monate lang ertragen?

Die ersten 24 Stunden des Wartens vergingen. Wieder ging das Trio zwischenzeitlich anderweitig auf Pirsch, um sich abzulenken und sich selbst einzureden, der Löwe bestimme nicht das ganze Denken und Fühlen der Männer. Doch natürlich war genau das der Fall. Er ging ihnen einfach nicht aus dem Sinn. Gleichgültig, wo sie waren – im Camp, im Landrover, draußen in der Steppe –, immer und überall schien die Raubkatze sie zu begleiten, zu beobachten. Beim Abendessen wollte Hosek von Cloete wissen, was passieren würde, falls der Löwe sich entschloss, sie in ihrem Versteck anzugreifen – eine gar nicht so abwegige Möglichkeit, wenn man daran dachte, was er mit den armen Dorfbewohnern angestellt hatte.

»Dann warten drei Gewehre auf ihn, und er wird erschossen«, antwortete Cloete lakonisch. Später sollte Hosek noch zu spüren bekommen, dass der erfahrene Großwildjäger sich dessen keineswegs so sicher war, wie er vorgab.

Nach Sonnenuntergang erkundeten sie das neue Gebiet. Der Menschenfresser hatte den Köder gefunden, einen Fleischbrocken herausgerissen und wenige Meter weiter mitten auf einem Trampelpfad verschlungen. Hosek holte seine Kamera heraus, um seine Prankenabdrücke zu fotografieren. Doch der Verschluss klemmte. Er sah nichts als Schwarz. Er schüttelte den Apparat und schlug mit der flachen Hand darauf, aber es half nichts. Buekes und Cloete waren ebenso erstaunt wie er, äußerten sich aber mit keinem Wort zu dem Vorfall. Auch sie schienen die defekte Kamera als Omen anzusehen. Doch wofür? Hieß es »Lebenslicht aus«, und falls ja, für wen? Für einen von ihnen, für alle drei oder für die mächtige Katze, hinter der sie her waren?

Am großen Tag redete keiner der drei über das, was sie am Nachmittag vorhatten. »Sprich nicht drüber, denk nicht einmal daran«, schien ihr Motto zu heißen. Dennoch dachte Hosek natürlich daran, konnte an gar nichts anderes denken. Er sehnte die Erlösung von der Anspannung herbei, von dem Druck, der zentnerschwer auf ihm lastete, von der Angst und der Wut, die in seinem Inneren ständig miteinander rangen.

Zur üblichen Stunde, um halb vier, suchte er gemeinsam mit Buekes und Cloete das Versteck auf. Die Tracker wiesen die Dorfbewohner an, in ihren Hütten zu bleiben, um den Löwen nicht von dem Köder abzulenken, aber auch zu ihrem eigenen Schutz für den Fall, dass Hosek ihn nur anschoss. Sollte das passieren, würde es die Aufgabe Gilberts, des Chief Trackers, sein, seiner Blutspur zu folgen, bis der Löwe aus Schmerz und Rage heraus seine Jäger angriff – eine höchst unschöne Vorstellung, aber eine, die man nicht ausschließen durfte – oder aber so viel Blut verlor, dass Hosek oder einer der beiden Berufsjäger ihn endgültig erlegen konnte.

Sie warteten in dem Ansitz und raunten sich nur hin und wieder eine Bemerkung zu. Eine merkwürdige Unbeschwertheit machte sich breit, die jedoch keine Stunde später abrupt verschwand. Buekes legte den Finger an die Lippen. Mit seinen Händen signalisierte er, dass er im hohen Gras eine Bewegung wahrgenommen hatte. Er spähte durch die Wand und flüsterte Hosek dann ins Ohr, der Löwe schleiche in etwa zwölf Meter Entfernung um das Versteck herum. Die drei Männer erstarrten zu Salzsäulen. Der abgedroschene Ausdruck »Wir wagten kaum zu atmen« schien auf einmal gar nicht mehr klischeehaft oder abgedroschen. Ein neuer, schrecklicher Gedanke erfasste Hosek. Was, wenn einer von ihnen einschlief und zu schnarchen begann? Diese Möglichkeit schien zwar vollkommen abwegig, nun, da der Menschenfresser nur mehr wenige Meter von ihnen entfernt war, doch durch ständigen Schlafmangel, drückende Hitze und die kontinuierliche Anspannung war er dermaßen erschöpft, dass er in der Tat mit Schlafanfällen zu kämpfen hatte. Als die kurze äquatoriale Dämmerung hereinbrach, gab er der Versuchung schließlich nach und sackte für Sekundenbruchteile weg.

Erschrocken riss er die Augen auf. Buekes und Cloete standen und gaben auch ihm Zeichen aufzustehen. Er sprang auf die Füße und spähte durch das Schießloch des Verstecks.

»Sehen Sie ihn? Er ist hinter dem Baum!«, flüsterte Cloete; er deutete auf den Baum, an dem der Köder befestigt war.

Zuerst sah Hosek nichts, da sich der Löwe auf einer Geraden mit dem Baum bewegte. Als er ihn dann endlich erblickte, fiel ihm auf, dass die Katze nicht gemächlich heranschritt, sondern fast trabte und den Baum als Deckung benutzte. Aller listenreichen Strategie zum Trotz ahnte der Löwe, dass etwas nicht stimmte, und verhielt sich extrem vorsichtig. Buekes Charakterisierung, er sei schlau, erwies sich als absolut zutreffend, doch als das Tier aus dem Schatten des Baumes heraustrat und die drei Männer es erstmals richtig zu Gesicht bekamen, zeigte sich, dass die frühere Einschätzung des Guides, »er ist groß«, keineswegs stimmte. Der Löwe war nicht groß, er war riesig. Den Köder ignorierend, drehte er sich um, wandte sich dem Versteck zu und knurrte – ein letzter, unumstößlicher Beweis, dass er um die Anwesenheit der Männer wusste. Wie Buekes vorausgesagt hatte, stand er nicht einen Augenblick lang still. Er bewegte sich rascher, jetzt in vollem Trab, doch unterlief ihm ein verhängnisvoller Fehler: Er zeigte sich Hosek von der Seite. Der Amerikaner ging mit dem Lauf seiner .375 im Schießloch in Anschlag und visierte die Brust an. Mit dem Zielfernrohr der Bewegung des Löwen folgend, konnte er sich nicht erlauben, länger darüber nachzudenken, was er tat; jetzt kam alles auf seine Erfahrung und seinen Instinkt an. Er folgte der uralten Jägerregel: einatmen, zielen und beim Ausatmen abdrücken. Die Büchse schien von selbst loszugehen – in exakt demselben Augenblick, in dem der Menschenfresser seine Muskeln spannte, um davonzupreschen. Hosek vernahm das dumpfe Geräusch, als die Kugel einschlug, und sah im gleichen Moment das Aufblitzen des Nachschusses von

Buekes' .458. Eine .458 geht mit gewaltigem Knall los, doch Hosek hörte ihn nicht. Die ganze Welt schien den Atem anzuhalten, während er nachlud und zusah, wie der Löwe mit großen Sprüngen im Gras verschwand, zu schnell, als dass er noch einen zweiten Schuss hätte anbringen können. Jetzt kehrte sein Gehör zurück. Das Geräusch des durch das hohe Gras brechenden Löwen war eindeutig – und ernüchternd. Offenbar hatten weder er noch Buekes das Tier tödlich getroffen. Einen Augenblick später jedoch vernahmen sie erleichtert ein tiefes Gurgeln, eine Art Stöhnen – und dann Schweigen. Buekes und Cloete waren dennoch nicht vollends überzeugt, dass der Menschenfresser von Mfuwe tatsächlich tot war. Nach allem, was sie erlebt hatten, konnte es durchaus möglich sein, dass diese intelligente Katze ihren eigenen Tod nur vortäuschte.

»Wir sehen nach, Sie bleiben hier«, sagte Buekes. So entsprach es den Regeln der afrikanischen Großwildjagd. Ist ein gefährliches Tier verwundet, muss der Guide vorgehen. Kommt ein Jagdgast ums Leben, ist das nicht nur schlecht fürs Geschäft, sondern kann den Berufsjäger auch seine Lizenz kosten.

Kurz darauf rief Buekes, der Löwe sei in der Tat tot. Hosek versuchte, diesen Augenblick voll auszukosten, doch er konnte sich nicht wirklich freuen; eigentlich fühlte er überhaupt nichts. Lediglich ein Rest Angst war immer noch vorhanden.

Die Tracker kamen mit dem Landrover angefahren. Sie hatten die Schüsse von dem nahe gelegenen Dorf aus gehört und sich sofort auf den Weg gemacht, da sie nicht wussten, was passiert war. Sie fuhren an Hosek vorbei, dorthin, wo Buekes und Cloete standen, etwa zwölf Meter von der Stelle entfernt, wo der Löwe getroffen worden war. Gilbert betrachtete das erlegte Tier und begann mit kräftiger, klarer Stimme eine schwermütige Melodie zu singen. Hosek erfuhr später, dass es das »Kunda-Löwenlied« war. »*Motomoto anamata, Nkalam sa funna nkondo* – Feure, feure, junger Mann, der Löwe will keinen Krieg.« Gilberts opernhausreifer Bass drang bis ins Dorf. Die Menschen dort kannten die Bedeutung des Liedes, denn es erklingt nur, wenn ein Löwe erlegt wurde. Dem Glauben der Kunda zufolge wird jemand, der es singt, solange der Löwe nicht tot ist, später selbst von einem Löwen getötet.

Bald erhellte orangefarbenes Flackern die Dunkelheit. Die Dorfbewohner entzündeten Freudenfeuer, und auch sie stimmten Gesänge an und schlugen die Trommeln, um ihren Nachbarn mitzuteilen, dass die Schreckensherrschaft dieses Menschenfressers zu Ende war. Draußen, in der weiten Welt, wurden Kriege und Parlamentsdebatten geführt, Milliarden Erdenbewohner gingen ihrem ganz gewöhnlichen Tagewerk nach, aber in diesem entlegenen Teil des Luangwa-Tals war der 9. September 1991 ein Tag, den man nicht vergessen würde. Auch für Hosek war es ein unvergesslicher Moment. Die Szene hatte etwas Archaisches, etwas aus der frühesten Zeit des Menschseins – Trommelgedröhn, Siegesgesänge, rhythmisch tanzende Gestalten, deren Silhouetten sich vor den lodernden Flammen abhoben, und ein Horizont aus mannshohem Gras und Dornbusch.

Während Hosek sich dem Körper des Löwen näherte, der von den Scheinwerfern des Landrovers angestrahlt wurde, kamen die Tracker angerannt und umarmten und küssten ihn. Immer und immer wieder stammelte Ken: »Ich sagen, du heute deinen Löwen töten.« Jetzt endlich konnte Hosek anfangen, sich zu freuen: Es war ein erhebendes Gefühl, begleitet von der Erleichterung darüber, dass er und die anderen nicht gezwungen waren, die Blutspur des Menschenfressers in finsterer Nacht zu verfolgen.

Etwa sieben Meter vor der toten Katze blieb er stehen. Irgendetwas, irgendeine Macht, hielt ihn davon ab weiterzugehen. Aber er konnte sich dem Löwen ohnehin nicht nähern, da inzwischen die Kinder aus dem Dorf herangekommen waren und sich um den

Verendeten scharten. Hosek schaute überrascht zu, wie sie auf die Bestie spuckten, die sie so lange in Angst und Schrecken versetzt hatte, wie sie mit Stöcken darauf einschlugen und so ihre Furcht und ihre Wut abreagierten. Immer mehr Menschen strömten herbei, darunter eine alte Frau mit einem Krückstock. Sie fragte Buekes, der mit dem Rücken gegen den Landrover gelehnt stand, wer den Löwen erschossen habe. Er deutete auf Hosek. Die Alte humpelte zu dem Amerikaner hin, sah ihm fest in die Augen und drückte ihm die Hand. »*Zikomo kwambli*«, sagte sie. »Danke. Vielen, vielen Dank.« Hosek erfuhr später, dass sie von den Dorfbewohnern hoch geachtet wurde und dass dieser Dank aus ihrem Mund eine große Ehre darstellte. Nachdem sie seine Leistung gewürdigt hatte, drängten sich Dutzende andere, Männer und Frauen, Alt und Jung, freudestrahlend um ihn, berührten ihn und streckten ihm dankbar die Hände entgegen. Er hätte Beowulf sein können, der das Land von dem Moordämon Grendel befreit hatte, doch in solch heroischem Licht wollte er sich nicht sehen. Er war ein Großwildjäger, der einen Löwen geschossen hatte, auch wenn dies kein gewöhnliches Exemplar war. Noch im Tod schien er ihn zu verhexen. Er lag da wie schlafend, abgesehen von dem blutverkrusteten Loch hinter seiner Schulter und dem fehlenden Fleischfetzen an seinem linken Hinterlauf, den Buekes Nachschuss herausgerissen hatte. Hosek fühlte sich merkwürdig gelähmt.

Die Feierlichkeiten dauerten an. Weitere Lieder wurden gesungen, Reden gehalten, Dank abgestattet. Ein Lehrer, der anderthalb Tage in seinem Haus festgesessen hatte, weil der Löwe die unmittelbare Umgebung durchstreifte, pries Hoseks Mutter, weil sie ihm das Leben geschenkt hatte. Andere Dorfbewohner trugen ihn auf den Schultern umher, und jemand sagte ihm, er könne die Nacht mit jeder Frau seiner Wahl verbringen, gleichgültig, ob diese verheiratet sei oder nicht. Denn bei den Kunda – genau wie bei den

Massai und Turkana und Samburu – ist es eine Ehre für eine Frau, einen Mann zu lieben, der einen Löwen erlegt hat. Hosek lehnte dankend ab.

Endlich hatte er die Kraft, sich dem Löwen zu nähern. Er trat von hinten an ihn heran, berührte zögernd seine Flanke und wich dann wieder ein paar Schritte zurück. Buekes, dem einfiel, dass Hoseks Fotoapparat kaputt war, sagte, er werde mit seinem eine Aufnahme machen, doch merkwürdigerweise versagte auch seine Kamera den Dienst – und dies ohne ersichtlichen Grund.

Sechs kräftige Männer zogen die Raubkatze zum Landrover und hievten sie hinauf. Hosek und seine Guides und Tracker kehrten ins Camp zurück, wo die Ausschlachter den Bauch des Menschenfressers öffneten, um festzustellen, ob sich irgendwelche erkennbaren menschlichen Überreste darin befanden. Diese makabre Handlung war ebenso zeremoniell bedingt wie forensisch, da die Kunda glauben, dass die Körperteile eines Menschen, der Opfer eines Raubtiers wurde, ordnungsgemäß bestattet werden müssen; andernfalls komme der Dahingeschiedene nicht in den Himmel. Jesleen und den anderen Opfern des Löwen blieb dieses demnach allerdings verwehrt, denn man entdeckte keinerlei menschliche Knochen. Jesleens weißen Baumwollbeutel ließ man übrigens als Zeichen der Ehrerbietung unangetastet im Flussbett liegen.

Buekes holte sein Maßband heraus, legte es an der Nase der Raubkatze an und zog es bis zur Schwanzspitze: 3,20 Meter. Anschließend vermaß er die Schulterhöhe, die mit 1,22 Meter sogar jene des größeren Menschenfressers von Patterson übertraf. Es gab keine Möglichkeit, Hoseks Löwen zu wiegen, aber Experten vom Field Museum in Chicago schätzten später, dass sein Gewicht mit Sicherheit 250 Kilogramm betragen haben dürfte. Bis heute gilt der Killer von Mfuwe als größter Menschen fressender Löwe überhaupt – eine Tatsache, die allerdings erst sieben Jahre später bekannt wurde, als Hosek, auch hier dem Beispiel Pattersons folgend, den Balg des Löwen dem Museum stiftete.

Die Leute im Safaricamp reagierten nicht weniger ausgelassen auf die Erlegung der Raubkatze als die Dorfbewohner. Bis weit nach Mitternacht wurde gefeiert. Rund sechs Stunden, nachdem er den tödlichen Schuss auf den Löwen abgegeben hatte, ging Hosek noch einmal zu dessen Leichnam hin und brachte es erstmals über sich, das mächtige, mähnenlose Haupt zu berühren.

Beim Frühstück am nächsten Morgen raffte sich Cloete zu einem Geständnis auf. Mit breitem Grinsen sagte er: »Wissen Sie, ich hatte mir geschworen, nicht einen Augenblick unaufmerksam zu werden. Ich hatte Angst, dass sich dieser Löwe als der Menschenfresser, der er nun einmal war, anschleichen und plötzlich in unserem Ansitz auftauchen würde.«

Als Hosek später noch einmal zu dem Versteck zurückkehrte, hatten die Dorfbewohner dessen Graswände und Bambuspfähle bereits abgebaut, um sie als Erinnerungsstücke aufzubewahren. Hosek fand ein eigenes Souvenir – die leere Patronenhülse, die seinen momentanen Geistes- und Gefühlszustand perfekt widerzuspiegeln schien. Er schaute sich um und bemerkte, dass die Landschaft, noch vor kurzem so bedrohlich, nun ruhig, dumpf und leblos wirkte, so als habe die Abwesenheit von Gefahr ihr irgendwie die Vitalität entzogen. Ein Erlebnis der vergangenen Nacht fiel ihm ein: Nachdem sie ins Camp zurückgekehrt waren, gesellte sich eine junge Engländerin zu ihnen, die im Luangwa-Wildreservat als Verhaltensforscherin arbeitete. Sie hieß Kathryn, hatte in Oxford studiert und war seit vier Jahren im Busch – lange genug, um gelernt zu haben, dass es Wissen und Weisheiten gibt, die man nicht mit rationalem Denken, nicht durch Theorien und Hypothesen erwirbt, sondern allein dadurch, dass man älteren Stimmen Gehör schenkt. Natürlich mangelte es an wissenschaftlichen Belegen, welche die

These gestützt hätten, dass der Löwe übernatürliche Kräfte besaß. Doch Kathryn verhielt sich so, als bestünde daran nicht der geringste Zweifel – als wäre dies ebenso real wie das newtonsche Gravitationsgesetz. Unter dem gleichen unheimlichen, lähmenden Bann stehend wie Hosek, betrachtete auch sie den Löwen aus einer gewissen Distanz und war nicht in der Lage, näher an ihn heranzugehen. Hosek trat zu ihr und fragte sie, ob sie den Löwen genauer untersuchen wolle, ihn wenigstens anfassen. Darauf sagte sie etwas Merkwürdiges: »Ich möchte ihm begegnen ... Nein, jetzt noch nicht, aber später.« Der Amerikaner wies sie darauf hin, dass ihr nicht viel Zeit bliebe; schon wenige Minuten später würde das tote Tier gehäutet und für den Präparator vorbereitet. Kathryn blieb reglos stehen, murmelte: »Ich werde ihm begegnen« und starrte auf den Löwen. Schließlich fragte Hosek sie, ob er sie begleiten solle, und sie willigte ein.

Doch erst als er sie bei der Hand nahm und sachte drängte, bewegte sie sich, um dem legendären Raubtier zu »begegnen«.

Menschenfresser sterben schwer, dachte Hosek, während er die Patronenhülse in seine Tasche schob. Er fuhr zurück zum Camp, wo Buekes ihm den Kopf des Löwen und einige seiner Knochen überreichte. Hosek habe angefangen, wie ein Afrikaner zu fühlen, sagte Buekes und meinte damit, der Amerikaner habe entdeckt, was es heißt, in ständiger Gefahr und Ungewissheit und unter Todesangst zu leben, und diese Knochen seien Symbole dieses Persönlichkeitswandels. Hosek nahm sie in die Hand und fühlte einen mittlerweile vertrauten Adrenalinstoß, so, als sei der Menschenfresser noch am Leben. Und für ihn würde er das wohl auch immer bleiben.

Legendenbildung

Würden sämtliche Löwen-Anekdoten – von den Zeiten der assyrischen Könige bis zu den letzten Tagen des neunzehnten Jahrhunderts – zusammengetragen und verglichen, sie würden in der Summe nicht an die Geschichte dieser beiden Bestien heranreichen, weder hinsichtlich Tragik noch hinsichtlich Grausamkeit, weder hinsichtlich Brutalität noch hinsichtlich Gefährlichkeit oder schierer Menschenverachtung … Wie weit uns diese Geschichte in die Vergangenheit zurückführt und wie unglaublich es scheint, dass der Urmensch gegen einen solchen Gegner bestehen konnte!
Aus: The Spectator, 3. März 1900

Es gibt eine Reihe von Parallelen zwischen Wayne Hoseks Vergangenheit und meiner. Auch ich bin in Chicago geboren und aufgewachsen. Und als ich in der Grundschule war, nahm mein Vater mich an einem Wochenende mit ins Field Museum. Es war eine lange Fahrt von der Vorstadt, in der wir wohnten, durch die backsteinernen Reihenhaussiedlungen der West Side, die schattigen Straßenschluchten von The Loop und die sonnenbeschienenen Weiten des dahinter liegenden Grant Park, schließlich südwärts den Lake Shore Drive hinunter zu einem riesigen klassizistischen Bau, der mich mit seinen hoch aufragenden ionischen Säulen und dem breiten Treppenaufgang an die Tempel erinnerte, die ich in Büchern und in Cecil B. DeMilles Filmepen bestaunt hatte: ein magisches Gebäude, das all die Wunder zu bergen versprach, die ich in meinem

Alltagsleben inmitten der gesichtslosen modernen Neubauten und vielgeschossigen Einkaufszentren von Illinois vermisste. Und das Museum löste dieses Versprechen ein. Die Stanley Field Hall war eine völlig andere Welt. Unter einer zehn Meter hohen Gewölbedecke standen auf einem Podest zwei afrikanische Elefanten, die Ohren abgespreizt und die Stoßzähne wie riesige Krummschwerter aufwärts gebogen. Und erst die Massai-Krieger, die am anderen Ende des Saales in bronzener Reglosigkeit mit erhobenen Speeren den Angriff der beiden großen Löwen erwarteten. Der legendäre Mut der Massai und die Geschichte der Menschenfresser von Tsavo fesselten mich genauso wie den jungen Hosek und weckten auch in mir den Wunsch, irgendwann einmal in diesem Teil Afrikas auf Safari zu gehen – ein Wunsch, der bei mir ebenfalls erst in fortgeschrittenem Alter in Erfüllung gehen sollte, mit 58 Jahren, um genau zu sein.

Auch mein Beweggrund waren Löwen, doch damit sind die Ähnlichkeiten auch schon zu Ende. Ich bewaffnete mich mit Kamera und Notizbuch anstatt mit einer Büchse, denn ich wollte keine Raubkatzen erlegen, sondern den nebulös-mythischen Schleier lüften, der die Löwen von Tsavo umgab, seit Pattersons Buch ihnen zu trauriger Berühmtheit verholfen hatte. Ohne anmaßend erscheinen zu wollen, hatte ich mir das Ziel gesetzt, einem der ältesten Mythen in der Geschichte der Menschheit auf den Grund zu gehen: dem Mythos vom Menschenfresser.

Schon allein das Wort »Menschenfresser« beunruhigt zutiefst. Es lässt Jahrtausende menschlicher Entwicklung und Kultur null und nichtig werden und führt uns zurück zu unseren Anfängen als klägliche Hominiden, welche die afrikanische Steppe durchstreiften, jene Region, in der die Wiege der Menschheit stand. Die sich in feuerlose Höhlen kauerten, immer auf der Hut, immer in Angst, dass im hohen Gras der Tod lauerte. Der Gedanke, bei lebendigem

Leibe verspeist zu werden, verstößt gegen die Würde des Menschen, unterminiert den sakrosankten Glauben, wir seien »etwas Besseres«, »die Krone der Schöpfung«, als die wir uns so gerne bezeichnen.

Der Menschenfresser gibt uns mit seinen Taten zu verstehen: »Mir ist egal, ob du Präsident der USA bist, die Königin von England, der Erfinder des Mikrochips, ein Filmstar oder einfach Hinz oder Kunz, für mich bist du keine ›Krönung‹, sondern das Gleiche wie ein Zebra oder eine Gazelle – ein Eiweißlieferant. Ehrlich gesagt, jage ich dich sogar lieber, denn du bist schwach und langsam.«

Haie und Krokodile greifen Menschen an und fressen sie. Unter den Großkatzen sind Leoparden gefürchtetere Menschenjäger als Löwen, und wie die Landbewohner Indiens und Indonesiens nur zu genau wissen, steht Menschenfleisch auch auf dem Speisezettel des Tigers. Dies trifft auf Löwen eigentlich nicht zu. Trotzdem gilt der Menschen fressende Löwe als Untier schlechthin – vielleicht deshalb, weil der Löwe so tief wie kein anderes Raubtier im kollektiven Volksglauben verankert ist. Er ist Mittelpunkt einer Tradition, die zurückreicht in eine Zeit, lange bevor der Mensch anfing, die Mythen und Legenden, die am Lagerfeuer die Runde machten, schriftlich festzuhalten. Löwen erscheinen auf prähistorischen Höhlenmalereien. Wir lesen von Herakles, der mit übermenschlicher Kraft den Nemeischen Löwen erwürgte, vom Propheten Daniel, der in eine Löwengrube geworfen wurde, und von dem Psalmensänger, der im 22. Psalm fleht: »Hilf mir aus dem Rachen des Löwen.«

So gesehen, mag Pattersons *The Man-Eaters of Tsavo* als eine Saga angesehen werden, in der Mythos und Realität verschmelzen. Das Buch beschreibt tatsächliche Vorkommnisse, liest sich aber wie ein Abenteuerroman. Was auch erklären könnte, dass es Hollywood zu zwei Produktionen inspirierte: *B'wana Devil* (*Bwana, der Teufel*, der erste kommerzielle 3-D-Film, 1952) und *The Ghost and the Darkness* (*Der Geist und die Dunkelheit*, 1996; diese Namen sollen die indischen Eisenbahnarbeiter den Tsavo-Menschenfressern gegeben haben). Noch heute, 95 Jahre später, ist die englischsprachige Ausgabe des Buches im Handel erhältlich.

Ich las es zum ersten Mal als Sechzehnjähriger, nachdem ich dem Field Museum einen weiteren Besuch abgestattet hatte, und bekam davon Albträume. Dann las ich es noch einmal 42 Jahre später, vor meiner Abreise in den kenianischen Tsavo-Nationalpark, und musste feststellen, dass es nichts von seiner Kraft eingebüßt hatte. Es versetzte mich noch genauso in Angst und Schrecken wie damals. Dies ist auch insofern erstaunlich, als der Stil von *The Man-Eaters of Tsavo* bereits 1907 etwas antiquiert gewirkt haben dürfte, als Ezra Pound und T.S. Eliot die moderne Literatur begründeten. Heutigen Lesern dürfte diese Art von Prosa so weit vom Postmodernismus eines, sagen wir, Don DeLillo entfernt erscheinen wie Ultraviolett vom dunklen Ende des Spektrums. Das Buch gleicht einem viktorianischen Salon – voll gestopft mit überflüssigen Adjektiven, verbrämt mit dem Damast altmodischer Sprachbilder und von üppigen Draperien melodramatischer Sätze verdunkelt. Dennoch ist gerade auch der Stil, der auf Horrorromane wie Horace Walpoles *Die Burg von Otranto* oder Mary W. Shelleys *Frankenstein* zurückgeht, sicher zum Teil mit dafür verantwortlich, dass man bei der Lektüre Gänsehaut bekommt und das Buch dennoch (oder gerade deshalb?) nicht aus der Hand legen kann.

Zum Teil. Denn selbstredend machen vor allem Handlung und Thematik des Buches seinen Erfolg aus. Es jagt einem nicht kurzfristige Schauer über den Rücken, wie es eine gute Horrorstory oder ein Film über Okkultismus tut, sondern geht tiefer. Es dringt in das Unterbewusstsein ein und setzt sich dort fest – weil man weiß, dass die Geschichte wahr ist und nicht das abstruse Hirngespinst eines fantasiebegabten Drehbuchautors. Diese Löwen haben wirklich gelebt. Ihre Opfer waren reale, ganz normale Menschen. Und man sieht bildhaft vor sich, wie sie fortgeschleift werden, hinein in die Dunkelheit des nächtlichen Busches, hilflos wie eine Maus in den Fängen ihres Stubentigers. Man hört förmlich ihre Todesschreie, bevor der Löwe ihnen die Kehle aufreißt, und dann natürlich die Geräusche, die Patterson in den Ohren dröhnten, als er oben im Baum saß: das Krachen splitternder Knochen, das widerwärtige Aufschlürfen und Verschlingen von Innereien. Am nächsten Morgen begutachtet man gemeinsam mit Patterson die Reste des schauerlichen Mahls. Ein Mensch, ein einzigartiger Charakter mit Hoffnungen, Wünschen und Träumen ganz ähnlich den Ihren, wurde von einem Geschöpf mit einem Hirn kaum größer als eine Menschenfaust buchstäblich zermalmt, und übrig sind nur ein paar Knochensplitter und Blutspuren im Gras, durchsetzt mit kleinen Fleischstückchen. Übelkeit und Entsetzen bemächtigen sich Ihrer, und Sie erleiden eine Art metaphysischen Schock. Sind wir tatsächlich die Krone der Schöpfung, wenn eine Katze – eine Katze! – uns derart schnell und problemlos zu einer einfachen Beute machen kann? Oder ist unser glorreiches Selbstbild nicht vielmehr eine Selbsttäuschung, ein Trugbild unseres aufgeblasenen Egos? Doch eine solche Frage darf man nicht stellen – und beantworten erst recht nicht. Die Behauptung, Löwen würden nur dann zu Menschenfressern, wenn sie zu krank, zu alt oder aus anderen Gründen zu schwach sind, ihre normale Beute zu jagen, würde das Ganze nur noch verschlimmern. Aus diesem Grund belegt Patterson die beiden Raubkatzen mit Ausdrücken wie »Bestie« und »Verbrecher«: Nicht nur, dass sie sich dem Menschen nicht unterwerfen – sie erkennen seine vermeintliche Überlegenheit nicht an. Eine solche Vorstellung gibt, so vermute ich stark, unsereinem nicht weniger zu denken als seinerzeit Patterson. In unserer postindustriellen, übertechnisierten, überurbanisierten Welt sind wir daran gewöhnt, alles im Griff zu haben. Wir sitzen an den Hebeln der Macht. Und dementsprechend schwer fällt uns der Gedanke, dass auch wir Teil der Nahrungskette sein können (und zwar nicht am obersten Ende!), da wir uns längst nicht mehr als Teil der Natur fühlen. Ja, wir maßen uns in gewisser Weise sogar an, Mitleid mit der Natur zu empfinden, indem wir sie zu schützen trachten, Nationalparks, Wildreservate und Schutzgebiete einrichten – was genau genommen natürlich auch wieder nichts anderes ist als eine (eben etwas andere) Form anmaßender Machtausübung.

Iain Allan sitzt am Steuer und chauffiert mich, meine Frau Leslie und den Fotografen Rob Howard die Ngong Road hinauf, weg aus dem heruntergekommenen, smogverhangenen Herzen Nairobis hinein in die Vorstädte, die (botanisch) sehr grün und (hautfarbenmäßig) sehr weiß sind. Wir fahren nach Karen, benannt nach Karen (Tania) Blixen, der Autorin von *Out of Africa* (*Afrika, dunkel lockende Welt* [Buchtitel] bzw. *Jenseits von Afrika* [Filmtitel]). Ihre Farm lag in dieser Kleinstadt, bevor sie eine Kleinstadt wurde. Heute ist Karen ein ruhiger Ort, hatte aber eine Zeit lang einen recht zweifelhaften Ruf. Im Januar 1941 wurde der britische Lebemann Josslyn Hay, Earl of Erroll, unweit der Kreuzung der Straßen nach Ngong und Karen ermordet aufgefunden. Es folgte ein handfester Skandal über die verderbten Sitten der High-Snobiety-Kolonialisten, die James Fox Jahre später in *White Mischief* (deutscher Titel: *Weißes Verhängnis*) anprangerte.

Doch wenn dieses Buch Anklage gegen den Imperialismus erhebt, dann ist das moderne Nairobi ein Armutszeugnis der Unabhängigkeit. Die Slums rings um das Stadtzentrum sind Sümpfe der Hoffnungslosigkeit: Straßen und Gehsteige verfallen, fast jede

Nacht tauchen längere Stromausfälle ganze Stadtviertel in stockfinstere Dunkelheit. Überfälle, Morde und Autodiebstähle gehören zum Alltagsgeschehen und finden in der Presse kaum mehr Erwähnung. Und seit der Tourismus zurückgeht, sind vermutlich private Sicherheitsdienste der einzige im Aufschwung befindliche Geschäftszweig des Landes. Praktisch jedes Restaurant, jedes Bürogebäude beschäftigt Wachleute, *Askaris*, um sich vor gewalttätigen Eindringlingen zu schützen.

Viele beklagen den Niedergang Kenias. Sie schwärmen von der guten alten Zeit und erzählen nostalgisch geschönte Geschichten über ein Land, das einst frei war von den sozialen, wirtschaftlichen und politischen Problemen, unter denen der Rest des subsaharanischen Afrika litt. In mancherlei Hinsicht ist es das freilich noch immer. Zumindest blieb es von dem entsetzlichen Völkermord verschont, der Ruanda in ein einziges Massengrab verwandelte, von den Hungersnöten, denen in Äthiopien Millionen zum Opfer fielen, und von immer wieder aufflammenden Bürgerkriegen, wie sie Somalia, Sierra Leone, die Republik Kongo und den südlichen Sudan verwüsten. Dennoch hat eine explodierende Bevölkerung (von etwa 8,3 Millionen bei Erlangung der Unabhängigkeit 1963 auf heute mehr als 30 Millionen) mit dem kleptokratischen Regime von Präsident Daniel Arap Moi Hand in Hand gearbeitet und das soziale Gefüge Kenias langsam, aber sicher unterminiert. Stammeshäuptlinge, die sich selbst parlamentarische Minister nennen, halten sich an der Macht, indem sie uralte Rivalitäten zwischen Kikuyu und Luo, Turkana und Samburu, Kamba und Mbere ausspielen und das Staatssäckel plündern, während die Massen ein karges Dasein fristen, ja ums nackte Überleben kämpfen. Einige, die besonders stark sind und auch besonders wütend, haben keine Lust mehr, sich mit den Brosamen zufrieden zu geben, und greifen sich, was ihnen in die Hände fällt – häufig mit Gewalt. »Besser, Sie gehen abends nicht mehr raus«, warnte uns die hübsche Rezeptionistin im Norfolk Hotel. »Schlägertypen machen die Stadt unsicher, Banditen das Land.«

Sie sagte nichts über die Vorstädte, obwohl offensichtlich ist, dass Karen ein ideales Ziel für Schläger und Banditen abgibt. Neben den hohen Metalltoren und Mauern, welche die hübschen Villen und ihre weitläufigen, gepflegten Gärten umgeben, stehen Askaris Wache. Zu den größeren dieser Anwesen gehören eigene Stallungen und Reitplätze. Inzwischen sind die Straßen befestigt, die Tamarinden und Fieberbäume, die man auf alten Fotografien sieht, sind Zapfsäulen gewichen. Die Atmosphäre in Karen ist viel weniger bukolisch als früher, wenngleich noch Anklänge an das Landleben bestehen – die große Weide beispielsweise, auf der ein paar Massai ein Viehcamp eingerichtet haben. Rauch von den Feuer-stellen, über denen sie ihr Essen zubereiten, steigt in die kühle Hochlandluft auf. Ein paar junge Massai treiben magere Rinder am Straßenrand entlang. Sie tragen Shorts und T-Shirts anstelle der traditionellen roten *Shupka*, Hirtenstäbe anstelle von Speeren und sehen den Statuen in der Stanley Field Hall, die mich Jahrzehnte früher so beeindruckten, nicht im Geringsten ähnlich. Ich bin etwas enttäuscht. Doch Iain erzählt mir, dass dieser Stamm im Massai-Mara-Reservat, unweit der Grenze zu Tansania, noch immer in etwa das alte Nomadendasein führt. Allerdings hat die Regierung ihnen die Jagd auf Löwen untersagt, was sie bisweilen ignorieren: einerseits um ihr Vieh zu schützen, andererseits einfach um der alten Zeiten willen. Ein Askari öffnet ein Tor, und wir fahren auf ein mauerumfriedetes Anwesen, das von Nairobi Welten entfernt scheint: ein vornehmes, weiß getünchtes Herrenhaus, ein Gästehaus und ein Bürogebäude, umgeben von acht Morgen parkartiger Gärten. Iain wohnt hier mit seiner zweiten Frau Lu, einer Ärztin aus Australien, Tochter Jody aus erster Ehe, zwei jüngeren Söhnen, Duncan und

James, sowie zwei Hunden – einem Rhodesian Ridgeback und einem Rottweiler –, die Eindringlinge abschrecken sollen, falls die Askaris einmal unaufmerksam sind. Das Farmhaus der Blixens, das Meryl Streep und Robert Redford in der Verfilmung des Buches weltberühmt gemacht haben, liegt gleich nebenan und beherbergt heute ein Museum. Ein frischer Wind weht von den dunstverhangenen Ngong-Bergen herab, die Luft ist belebend, eher wie in Nordkalifornien als wie in den Tropen. Iain stellt den Landrover in einem Fuhrpark ab, in dem noch weitere Fahrzeuge stehen – alle im gleichen dunklen Grün mit dem identischen weißen Schriftzug seines Safariunternehmens *Tropical Ice Ltd.* auf den Türen.

Der Name bezieht sich auf sein Spezialgebiet – Expeditionen zum eisigen Gipfel des Kilimandscharo. Außerdem führt der hoch gewachsene Mann mit der kräftig-gesunden Gesichtsfarbe kleine Gruppen auf Wandersafaris durch Kenia und Tansania, und während seiner Freizeit unternimmt er auf eigene Faust Bergtouren, ein Hobby, das ihm die Beinmuskulatur eines Fußballprofis eingebracht hat. Er gehört zu der letzten Generation, die sich noch an die Kolonialzeit erinnert. 1956, er war damals acht Jahre alt, wanderte er mit seinen schottischen Eltern nach Kenia aus, das damals noch Teil des British Empire war (über dem die Sonne dann aber sehr rasch untergehen sollte). Sein Vater, der als Buchhalter einer britischen Firma gekommen war, blieb nach der Unabhängigkeit im Land, und Iain nahm später die kenianische Staatsbürgerschaft an. Weiße Kenianer, fast ausnahmslos Nachfahren kolonialer Siedler, bilden eine eigene Bevölkerungsgruppe, welche die Privilegien ihrer Vorfahren genießt – beispielsweise schöne Villen samt Personal –, dafür aber einen gewissen Preis zahlt. Während wir zum Haupthaus gehen, erzählt Iain uns davon.

»Ich kann diesen Mob, der an der Macht ist, zwar nicht ausstehen, jedoch auch nichts dagegen unternehmen«, knurrt er in seinem kenianisch gefärbten Englisch. »Ein weißer Kenianer sollte sich besser aus der Politik heraushalten.«

Vermutlich denkt er an den berühmtesten weißen Staatsbürger Kenias, den politisch sehr engagierten Richard Leakey, der selten ein Blatt vor den Mund nimmt. Als Direktor der kenianischen Wildschutzbehörde (Kenya Wildlife Service, KWS) gelang es Leakey, dem Sohn des weltberühmten Anthropologen, Elefanten- und Nashornwilderern in Kenia das Handwerk zu legen. Er sollte auch gegen Korruption in der kenianischen Beamtenschaft vorgehen. Dann, vor einigen Jahren, stürzte sein Privatflugzeug unter dubiosen Umständen ab. Seitdem sitzt Leakey im Rollstuhl.

Iain führt uns in sein Wohnzimmer, einen großen Raum mit weißen Stuckverzierungen und Holzbalken, der sich ebenso gut in einem Ranchhaus im Südwesten der USA befinden könnte. In den Bücherregalen stehen Africana, darunter *The Man-Eaters of Tsavo* und *The Lunatic Express*, Charles Millers Bericht über den Bau der Uganda-Bahn. Iain empfiehlt ihn wegen des Kapitels über Oberstleutnant Pattersons Erfahrungen, das er dem Original vorzieht, weil es nicht so hochtrabend verfasst ist. Er hält mit seiner Meinung nicht hinterm Berg – seiner Ansicht nach war Patterson ein bestenfalls mäßiger Jäger, ein Leuteschinder, eine Karikatur des englischen *Pukka-sahib*.

Das Gespräch schwenkt von kenianischer Politik auf die Menschenfresser und dann Löwen im Allgemeinen. Sie sind der Grund für unser Hiersein an diesem herrlich klaren Tag, einen Monat nach Beginn eines neues Jahrhunderts, eines neuen Jahrtausends.

Das Älterwerden hat nicht besonders viele Vorzüge, auch wenn bestimmte Zeitschriften, die eine Zielgruppe im fortgeschrittenen Alter ansprechen, uns etwas anderes vorzugaukeln versuchen. Die in diesen Magazinen abgebildeten gesunden, braun gebrannten Ruheständler, die mit dem Mountainbike durch idyllische Landschaften radeln, die Bilder vitaler Greise, die für eine Runde Seniorensex in die Federn hüpfen, sind doch wohl eher Wunschbild als Realität. Einen Vorzug jedoch hat das Alter: Manchmal, wenn man Glück hat, beschert es einem Gelegenheit, einen Jugendtraum auszuleben und festzustellen, dass man nun endlich die Zeit und das nötige Kleingeld dafür hat.

Nachdem sich das Jahrhundert gewendet hatte und mein persönlicher Kalender eine Seite näher an die sechzig herangerückt war, las ich noch einmal *The Man-Eaters of Tsavo* sowie *Death in the Long Grass*, ein fesselndes Buch über gefährliches Großwild von dem amerikanischen Schriftsteller und Jäger Peter Capstick. Die Lektüre der beiden Bücher weckte meine alte Sehnsucht, den Schwarzen Erdteil zu besuchen, auch wenn der größte Teil des wilden, ursprünglichen Afrika seine Authentizität inzwischen dem Tourismus geopfert hat. Zu den Teilen des Kontinents, die ihre ursprüngliche Seele noch nicht völlig verloren haben, zählt der Tsavo-Nationalpark in Kenia. Tsavo ist der am wenigsten besuchte Park des Landes und mit fast 21.000 Quadratkilometern doch einer der größten der Welt. Da sowohl die Brücke, die Patterson errichten ließ, als auch das Hügelland, in dem er die Menschenfresser jagte, auf dem Gebiet dieses Nationalparks liegen, entschied ich mich, dorthin zu fahren.

Irgendwann brachte mich jemand in Kontakt mit Iain Allan, der Tsavo so gut kennt wie niemand sonst. Besonders bekannt ist diese Gegend ihrer Elefantenherden wegen – Denys Finch-Hatton, Karen Blixens schneidiger Liebhaber, jagte sie Anfang des 20. Jahrhunderts, und in den 1970er- und 1980er-Jahren war Tsavo Schauplatz erbitterter Kämpfe zwischen Leakeys Rangern und somalischen Elfenbeinwilderern. Doch mein Interesse galt den hiesigen Löwen. Der schlechte Ruf, den Patterson ihnen zuschrieb, sei gerechtfertigt, meinte Iain. Sie waren wilder als die Löwen der Serengeti, und sie sahen auch anders aus: Die männlichen Tiere imponierten nicht mit prächtigen Mähnen, sondern trugen einen nur spärlichen oder überhaupt keinen Haarschmuck, wirkten mitunter wie überdimensionierte Weibchen. Momentan hielt sich ein Forscherteam vom Chicagoer Field Museum in Tsavo auf, um die Raubkatzen zu studieren, eine längst überfällige Aufgabe, wie Iain meinte. Die Löwen von Tsavo waren ein Rätsel. Niemand hatte auch nur eine Vorstellung davon, wie viele es im Park gab. Sie waren nie gezählt worden, und auch über ihre Entwicklungsgeschichte, ihr Verbreitungsgebiet und ihre Lebensgewohnheiten war kaum etwas bekannt.

In unserer überkartierten, überbevölkerten, übererforschten Welt kommt es nicht oft vor, dass ein Tier noch solche Rätsel aufgibt. Ich musste diese von Furcht erregenden Mythen und Legenden umwobenen Großkatzen einfach sehen. Vielleicht würde es mir ja sogar gelingen, das Geheimnis, das sie umgab, ein wenig zu lüften, auch wenn ich kein Naturforscher geschweige denn Wissenschaftler bin. Vorgenommen hatte ich es mir jedenfalls.

Ich begann damit, einige Recherchen anzustellen, und setzte mich mit drei Mitgliedern des Forschungsteams vom Field Museum in Verbindung: dem Leiter Dr. Bruce Patterson (nicht verwandt mit dem Colonel), Säugetierkurator; Dr. Julian Kerbis Peterhans, Zweiter Säugetierkurator, und Thomas Gnoske, dessen Titel, Oberpräparator für Vögel, nicht so recht zu dem Vorhaben zu passen schien. Es stellte sich jedoch heraus, dass Gnoske das Vogelausstopfen nur als Broterwerb ansah. Seine wahre Berufung, seine Leidenschaft, waren Großkatzen, und zwar insbesondere Löwen. Diese drei Männer waren nach einem zweiwöchigen Aufenthalt in Tsavo wieder zurück in den Vereinigten Staaten. Zwei ihrer Kollegen jedoch, ein junger kenianischer Zoologe namens Samuel Andanje und Dr. Chapurukha Kusimba, Anthropologe sowie Stellvertretender Kurator für Afrikanische Archäologie und Ethnologie des Museums, weilten noch dort. Das Tsavo Research Project, welches das Museum in Zusammenarbeit mit dem KWS durchführte, war ein ambitioniertes Unterfangen, das in Wissenschaftskreisen bereits heftige Kontroversen ausgelöst hatte. Im Frühherbst 1998 begonnen, sollte es zweieinhalb Jahre laufen. Hauptzielsetzung war, die mähnenlosen Löwen von der Liste der unerforschten Rätsel der Tierwelt zu streichen. Mähnenlose Löwen sind in ganz Afrika, vor allem jedoch in Tsavo beheimatet, einer Trockenbuschregion, die zu einem fast 5000 Kilometer langen unwirtlichen Niedrigholzgürtel gehört, der sich von Somalia im Norden bis nach Botswana im Süden an der Ostküste Afrikas entlangzieht. Den ganzen Januar 2000 hindurch kommunizierte ich via E-Mail und Telefon mit Patterson, Kerbis Peterhans und Gnoske und erfuhr, dass noch immer kein Mensch zu sagen vermag, warum manche Löwen keine Mähnen haben. Dies hängt freilich auch damit zusammen, dass bisher niemand mit Sicherheit weiß, warum Mutter Natur Löwen überhaupt mit einer Mähne ausgestattet hat. Er ist das einzige Mitglied der gesamten Katzenfamilie, das mit einem solchen Schmuck herumläuft.

Einer Theorie zufolge schützt die Mähne Hals und Genick des Löwen vor möglicherweise tödlichen Bissen und Prankenhieben von Artgenossen. Einer anderen nach nutzen Löwen ihre Mähnen, um ihr Rudel zusammenzuhalten, das im Normalfall aus ein oder zwei Männchen und bis zu zwanzig Weibchen und Jungen besteht. Der Rudelführer hat das alleinige Begattungsrecht, das er mit seinem Leben verteidigt. Das Problem bei diesem Monopol besteht darin, dass er ständig von Junggesellen herausgefordert wird, die seine Rolle übernehmen wollen. Meist bedeutet dies einen Machtkampf, der damit enden kann, dass beide Tiere schwer verletzt werden oder eines sogar zu Tode kommt. Gewinnt der Herausforderer, so tötet er zuerst einmal alle Löwenbabys, die sein Vorgänger gezeugt hat. Daraufhin werden die Weibchen innerhalb weniger

Tage wieder empfängnisbereit und von dem neuen Rudelchef gedeckt. Dieser »Kindsmord« ist kein schöner Zug, doch die Natur hat es so eingerichtet, damit der neue Anführer sofort die Möglichkeit bekommt, sein Erbgut weiterzugeben. Was die Löwin davon hat? Die Sicherheit, dass ihr Nachwuchs optimale Anlagen hat und dass der stärkste Löwenmann sie und ihre Kinder verteidigt.

Insgesamt sind Löwenmänner jedoch eher widerwillige Kämpfer. Ihr Lebensinhalt besteht – neben dem Begattungsakt – hauptsächlich darin, faul den Tag zu verdösen, umgeben von einem Harem aus Löwendamen, die auch den »Löwenanteil« der Jagd erledigen. Die Herren der Schöpfung wollen nicht zu viel Zeit und Energie darauf verwenden, zumal sie sich ja eventueller jugendlicher Angreifer erwehren müssen. Man nimmt an (obwohl es keineswegs wissenschaftlich gesichert ist), dass die Mähnengröße in Beziehung zu der körperlichen Gesundheit und dem Testosteronspiegel des Tieres steht; ein sexuell aktiver Löwe erzeugt mehr Testosteron als ein zölibatär lebender, und die Anwesenheit vieler Weibchen, die ihn mit Nahrung und Sex versorgen, wirkt sich positiv auf seinen Haarwuchs aus. Deshalb ist – zumindest dieser Theorie zufolge – eine prächtige Mähne sowohl Reklame als auch Abschreckung. Sie verkündet, dass ihr Träger in Bestform ist: Er verfügt offensichtlich über die Mittel, sich einen solchen Körperschmuck leisten zu können (ganz ähnlich wie ein Menschenmann seinen neuen Ferrari zur Schau stellt). Außerdem weist eine üppige Mähne potenzielle Angreifer auch darauf hin, dass ihr Träger zuletzt alle seine Kämpfe siegreich beendet hat, denn häufig verlieren Löwenmänner nach einer Niederlage auch diesen Schmuck. Kurz gesagt: Eine große Mähne gilt als Zeichen von Virilität und dafür, dass ein Löwenmann sein Rudel verteidigen kann. Ein Junggeselle, der einen derart bestückten Pascha sieht, wird es sich folglich zweimal überlegen, bevor er ihn angreift. Vielleicht wartet er besser, bis er selbst an Größe und Stärke zugelegt hat, oder er macht sich auf die Suche nach einem anderen Rudel, dessen Anführer bereits älter und schwächer ist.

Beim Durchstöbern der Annalen der jüngeren Löwenforschung stieß ich auf einen weiteren möglichen Grund für eine Mähne: das Anlocken von Weibchen. Diese Theorie vertritt Peyton West, Doktorandin an der Universität von Minnesota. Die Experimente, die West gemeinsam mit Dr. Craig Packer, einem der führenden Experten für afrikanische Löwen, in Tansania durchführte, weisen darauf hin, dass die Mähnengröße für Löwendamen sehr wohl eine Rolle spielt: je imposanter die Haarpracht, desto attraktiver deren Träger. Auch die Farbe ist von Belang. Die weiblichen Mitglieder der Löwengesellschaft scheinen dunklen Mähnen den Vorzug zu geben.

Wie aber passen Tsavos mähnenlose Löwenmänner in dieses Bild? Wenn mächtige Mähnen so wichtig sind, warum haben diese Tiere dann nur so kurze oder sogar gar keine? Auf diese Frage versuchten Bruce Patterson und seine Kollegen eine Antwort zu finden. Ein Gedankengang bezog das Dickicht aus *Commiphora*-Büschen in die Überlegungen mit ein.

Diese unangenehmen Myrrhensträucher – auf Suaheli heißen sie *Ngoja kidogo* oder »*Wart-ein-Weilchen*« – sind dicht mit gekrümmten Dornen besetzt, die einem Mann innerhalb von Minuten das Hemd vom Leib reißen und ihn aussehen lassen, als habe er sich in Stacheldraht gewälzt. In einer solchen Umgebung könnten die Nachteile einer Mähne ihre Vorteile überwiegen, weshalb sie sich bei den Löwenmännern von Tsavo zurückentwickelte. Eine andere Möglichkeit wäre, dass die Dornen ihnen einfach das Mähnenhaar ausreißen.

Dagegen neigte Pattersons Team eher zu einer komplizierteren Erklärung: dass Tsavo-Löwen sich von dem gewöhnlichen Löwen, *Panthera leo*, genetisch unterscheiden.

Diese faszinierende Hypothese basiert auf der Beutedichte und deren Auswirkungen auf die Sozialstruktur der Löwengesellschaft. In ariden Regionen wie Tsavo sind Beutetiere seltener als an Orten wie der Serengeti, in der riesige Zebra- und Gnuherden leben (circa 1,3 Millionen Gnus durchwandern die Serengeti). Ein solch eher dürftiges Nahrungsangebot würde der Bildung größerer Rudel im Wege stehen, und tatsächlich erzählten mir Patterson, Kerbis Peterhans und Gnoske, dass die Rudel, die sie in Tsavo beobachtet hatten, kleiner zu sein schienen als Löwenrudel anderswo.

Kleine Rudel wiederum hießen zweierlei: Zum einen bilden die Weibchen dann keine großen Gruppen mit einem oder zwei männlichen Tieren als Verteidiger, was die Rolle der sexuellen Auslese hinsichtlich Mähnenwuchs minimieren würde. Zum zweiten könnten sich die Männchen nicht darauf verlassen, dass die Weibchen den größten Teil der Jagd übernehmen, wie es in weiten Ebenen wie der Serengeti die Regel ist. Dies würde die natürliche Selektion dahingehend beeinflussen, dass das Mähnenwachstum zurückging oder ganz ausblieb. Betrachtet man die Mähne als luxuriösen Prunk, als Resultat eines müßigen Paschadaseins, ist es nur logisch, dass sie bei einem Löwenmann, der sich seine Nahrung selbst erjagen muss, weniger üppig ausfällt. Er tut schließlich besser daran, seine Kräfte auf die Jagd und das Überleben zu konzentrieren, als sie auf extravaganten Schmuck zu verschwenden.

Um diese Hypothese zu untersuchen, sammelte das Team im Herbst 1998 DNA-Proben von toten Löwen, die im Rahmen von KWS-Problemtier-Operationen abgeschossen worden waren. Sollten genetische Abweichungen für die Mähnenlosigkeit verantwortlich sein, so würde dies bedeuten, dass die Löwen von Tsavo eine eigene Art innerhalb der Löwenfamilie darstellten, ja möglicherweise von einem »Clan« abstammten, der evolutionsbedingt infolge natürlicher Selektion die Mähne verloren hatte.

In einer seiner E-Mails teilte Patterson mir mit, dass mehrere zehntausend DNA-Basenpaare sequentiert und in einem Genlabor im Brookfield Zoo bei Chicago untersucht würden. Die Wissenschaftler hatten gehofft, für die DNA-Analyse auch Gewebeproben lebender Löwen zu bekommen, die sie mit Biopsie-Pfeilen beschossen. Schließlich beantragten sie beim KWS die Genehmigung, mehrere männliche Junglöwen aus dem Park einzufangen und in Gefangenschaft großzuziehen, um herauszufinden, ob diesen außerhalb ihres natürlichen Lebensraums eine Mähne wachsen würde. Sollten keine genetischen Ursachen gefunden werden und auch keine Verbindung zwischen Mähnenwuchs und Beutetierdichte nachweisbar sein, müssten die Tsavo-Löwen in einer anderen Umgebung eigentlich normale Mähnen entwickeln können. Bislang lägen jedoch noch keine Ergebnisse vor, erfuhr ich von Patterson.

So war der Stand der Dinge, als ich meine Afrikareise vorbereitete: Zahlreiche Untersuchungen waren im Gange, aber man hatte noch keine Schlussfolgerungen ziehen können. Zudem blieben Enttäuschungen nicht aus. Das Team hatte geplant, die Population der Tsavo-Löwen statistisch zu erfassen und durch Feldforschung herauszufinden, wo und in wie großen Rudeln mähnenlose Löwen lebten, doch die dichte, undurchdringliche Vegetation sowie Personalknappheit des KWS machten den Forschern einen Strich durch die Rechnung. »Das vorhandene Informationsmaterial reicht für eine zuverlässige Schätzung [der Population] keineswegs aus«, schrieb mir Patterson, »und die Parkverwaltung führt derzeit keine Programme durch, die eine solche ermöglichen würden.« Ein anderer Teil des Projekts – die Bestimmung der Reviergrößen durch Anlegen von Funkhalsbändern – war an der ökopolitischen Haltung des KWS gescheitert, der auch verhindert hatte, dass das Team Löwenbabys aus dem Park holte und erwachsenen Tieren Gewebeproben entnahm. Der KWS ist bemüht, Tsavo so ursprünglich wie möglich zu halten oder (der Besucher wegen) zumindet den Anschein unberührter Wildnis zu wahren. Mit der Begründung, Touristen kämen nicht nach Tsavo, um Forscher mit Betäubungsgewehren oder Löwen und andere Tiere herumlaufen zu sehen, die Sender mit sich herumtragen, verbietet der KWS Wissenschaftlern, Tiere einzufangen, ihnen Funkhalsbänder anzulegen oder Gewebeproben zu entnehmen.

Ich kann nicht sagen, dass ich diese Philosophie nicht verstehe. Schließlich sollte eine Wildnis ein naturbelassener, unberührter Ort sein und kein Freiluftlabor. Trotzdem war ich natürlich auch enttäuscht, dass das Team des Field Museums, dessen Zeit bereits mehr als zur Hälfte abgelaufen war, längst nicht so viel herausgefunden hatte, wie ich erhofft hatte. Darin besteht der Unterschied zwischen Wissenschaft und Journalismus, nehme ich an: Erstere ist geduldig, Letzterer alles andere als das.

Meine Enttäuschung wurde jedoch durch die Aussicht auf eine neue Überlegung gemindert, der Gnoske und Kerbis Peterhans unabhängig von Patterson nachgingen. Ihre Mutmaßung – um von einer Hypothese, geschweige denn einer Theorie zu sprechen, war es bei weitem zu früh – führte die Möglichkeit genetischer Veränderung noch einen Schritt weiter: Tsavo-Löwen als das »fehlende Glied« zwischen dem modernen Löwen und dem mähnenlosen Höhlenlöwen des Pleistozäns (*Panthera leo spelaea*), der irgendwann zwischen 6000 und 23.000 Jahren vor unserer Zeitrechnung ausstarb. Gnoske und Kerbis Peterhans zufolge wäre *Panthera leo* die am weitesten entwickelte Art – das neueste Modell sozusagen –, während gewisse morphologische Eigenschaften der Tsavo-Löwen darauf hinweisen, dass diese den primitiven Urahnen aller Löwen am nächsten stünden. Falls sie Recht hatten, würde dies die allgemein vorherrschende Meinung widerlegen, sämtliche afrikanischen Löwen gehörten ein und derselben Art an. Der Schwarze Kontinent wäre dann die Heimat zweier verschiedener Katzenarten: des modernen Savannen-Löwen und eines Löwen, der einem lebenden Fossil nahe kommt.

Gnoske und Kerbis Peterhans waren noch nicht so weit, mit ihrer, sagen wir ruhig: Hypothese an die Öffentlichkeit zu treten. Dazu waren noch viele Vorarbeiten nötig, unter anderem das Vermessen von Löwenschädeln und andere morphologische Dinge. Doch sie versicherten, alle nötigen Daten bald beisammen zu haben. Mir erschien ihr Gedankengang keineswegs vollkommen abwegig. Genforscher, die sich mit afrikanischen Elefanten befassten, standen, wie ich erfuhr, kurz davor bekannt zu geben, dass sich die scheuen Waldelefanten des Erdteils von den Herden, die über die Savannen ziehen, ebenso stark unterscheiden wie Löwen von Leoparden. Und wenn es zwei Elefantenarten gab, warum dann nicht auch zwei Löwenarten? Wie auch immer – jedenfalls fand ich die unorthodoxe Art und Weise, mit der Gnoske und Kerbis Peterhans an die Sache herangingen, ausgesprochen spannend. Der Romantiker in mir sah sie bereits als Renegaten, als Abtrünnige, die der etablierten Wissenschaft den Rücken kehrten, um entweder eine grandiose neue Entdeckung oder aber sich selbst zum Gespött der Gilde zu machen.

Mich interessierte natürlich besonders, wie ihre Theorie die Menschenfresser unter den Löwen erklärte.

Zwischenfälle von Menschen und Großkatzen sind eines der Spezialgebiete von Kerbis Peterhans. Bei Naturforschern und Wissenschaftlern gilt es allgemein als erwiesen, dass Löwen nur dann zu Menschenfressern werden, wenn Verletzungen oder ein hohes Alter sie daran hindern, ihre normale Beute zu jagen. Ein Kollege der beiden Forscher entdeckte jedoch Hinweise darauf, dass es möglicherweise Löwen gibt, die eine Veranlagung dazu haben,

Menschen anzugreifen, selbst wenn sie kräftig genug sind, ein Zebra oder einen Büffel zu reißen. Die Erklärung für dieses Verhalten wäre dann allerdings weniger pathologisch als vielmehr darwinistisch: Veränderungen im Lebensraum eines Löwen können ihn ebenso dazu bringen, Menschen zu jagen, wie physiologische Veränderungen.

Trotzdem: Ein solches Tier birgt etwas Rätselhaftes, und möglicherweise liegt der Schlüssel zur Lösung dieses Rätsels in den Löwen von Tsavo. Gnoske und Kerbis Peterhans fanden einige von Iains Beobachtungen bestätigt. Tsavo-Löwenmänner unterscheiden sich von männlichen Serengeti-Löwen nicht nur durch Fehlen oder Minderausprägung der Mähne. Sie sind auch deutlich größer: Während Letztere eine durchschnittliche Schulterhöhe von gut 90 Zentimetern und ein Gewicht zwischen 175 bis 185 Kilogramm haben, sind Tsavo-Löwen bis zu 30 Zentimeter größer und wiegen zwischen vier und fünf Zentnern – diese Katzen entsprechen also größenmäßig einem kleineren Grizzly. Gnoske und Kerbis Peterhans führten die überdurchschnittliche Körpergröße der Tsavo-Löwen auf zwei Ursachen zurück: geringe Beutedichte und kleinere Rudel. Die Männchen beteiligen sich an der Jagd, erlegen möglicherweise sogar mehr als die Weibchen. Und dies nicht nur, weil ihr Harem nicht groß genug ist, sondern auch, weil das wichtigste Weidetier in Tsavo der Kaffernbüffel ist. Kaffernbüffel – sie zählen zu den größten und stärksten Geschöpfen auf unserer Erde – erreichen ein Gewicht von mehr als 800 Kilogramm und sind mit geschwungenen Hörnern bewaffnet, die scharfen Schwertern aus Stein gleichen. Um einen ausgewachsenen Büffel zu Fall zu bringen, wäre fast ein halbes Dutzend Löwinnen nötig, von denen einige bei dem Angriff höchstwahrscheinlich getötet oder wenigstens schwer verletzt würden. Aus diesem Grund, so Gnoske und Kerbis Peterhans, sind die Tsavo-Männchen solch mächtige Muskelprotze. Ihre gewaltigen Schultern und Pranken sind dafür ausgelegt, es mit einem Beutetier aufzunehmen, das so viel wiegt wie ein Kleinwagen.

Dennoch laufen sie häufig Gefahr, sich einen gebrochenen Kiefer oder eine andere schwer wiegende Verletzung einzuhandeln.

Es stimmt, dass auch Serengeti-Löwen Büffel jagen, aber es bleibt ihnen in aller Regel erspart, da es mehr als genug Zebras und Gnus gibt. Tsavo-Löwen haben keine andere Wahl. Da sie wesentlich häufiger mit Büffeln kämpfen als ihre Vettern in der Serengeti, ist ihr Verletzungsrisiko wesentlich höher. Und deshalb fallen sie auch häufiger über Haustiere (vor allem Rinder) und Menschen her. Dies passt in ältere Erklärungsschemata – mit einem winzigen, aber entscheidenden Zusatz: Ein Löwe, der aus Verletzungsgründen zum Menschenfresser wurde, kehrt selbst nach völliger Genesung nicht zu seiner eigentlichen Beute zurück. Er hat die Erfahrung gemacht, so erklärte Gnoske mir in einem Telefongespräch, dass das Fressen von Menschen »ein bequemer Weg ist, satt zu werden«.

Interessanterweise hatte einer der Menschenfresser von Tsavo einen abgebrochenen Eckzahn mit freiliegender Wurzel. Der Zahn war abgeschliffen, und der gesamte Schädel wies dadurch bedingte craniale Veränderungen auf – Zeichen dafür, dass es sich um eine Verletzung aus Jugendzeiten handelte.

Pattersons Buch und Millers *The Lunatic Express* berichten, dass mindestens ein Menschenfresser Tsavo schon unsicher machte, bevor Patterson im April 1898 mit seiner Brückenbaukolonne anrückte. Der Landvermesser O.R. Preston verlor im Frühjahr 1897 in der Nähe des Tsavo-Flusses mehrere Leute an einen solchen Killer. Als Preston und seine Männer nach Überresten suchten, stießen sie auf Schädel und Knochen von Menschen, die bereits früher getötet worden waren.

Es gibt keinen Beweis dafür, dass es eine Verletzung war, die den Löwen zum Menschenfresser machte, aber es wäre eine plausible

Erklärung. Es könnte sein, dass ein Büffel ihm den Kiefer brach und dass er sich, auch nachdem die Verletzung abgeheilt war, weiterhin an Menschen als Beute hielt, weil er gemerkt hatte, dass diese sich viel einfacher und gefahrloser erlegen ließen. Die Ankunft der Eisenbahnbauer, die dicht an dicht in Zeltlagern campierten, muss ihm wie Manna aus dem Löwenhimmel erschienen sein.

Doch was ist mit seinem Partner, der sich bester Gesundheit erfreute? Wissenschaftler vermuten, dass eine Rinderpest-Epidemie eine Rolle spielte. Anfang der 1890er-Jahre raffte die aus Indien eingeschleppte Seuche in Teilen Ostafrikas nahezu alle Haus- und Wildrinder dahin. Da seine natürliche Nahrungsquelle versiegt war, musste sich der vom Hungertod bedrohte Löwe eben anderweitig orientieren – und entdeckte die Dörfer und Arbeitercamps.

Eine andere, weit beängstigendere Erklärung hat ursprünglich mit den Elefanten von Tsavo zu tun. Schon in der Antike wurden diese ihrer Stoßzähne wegen abgeschlachtet. Einst zogen schwer mit Elfenbein beladene Karawanen durch Tsavo. Und sie transportierten auch andere »Waren«: Sklaven, die im Landesinneren aufgegegriffen worden waren und auf den Sklavenmärkten von Sansibar und an der Küste zu Geld gemacht werden sollten.

Gnoskes und Kerbis Peterhans' Kollege Chap Kusimba wuchs in Kenia mit der Geschichte von Pattersons Menschenfressern auf. Kusimba, dessen Spezialgebiet die alten Suaheli-Kulturen sind, beschäftigte sich lange mit den traditionellen Karawanenrouten und fand heraus, dass der Tsavo-Fluss eine wichtige Station darstellte, an der die Händler ihre Kamele rasten ließen und ihre Wasservorräte ergänzten, bevor sie weiterzogen. Kusimba vertritt die Ansicht, dass sie sich dort auch von »überflüssigem Ballast« trennten: Gefangenen, die zu krank oder zu schwach zur Weiterreise waren.

Diese Vermutung fügte sich hervorragend in Gnoskes und Kerbis Peterhans' Bild. Die vielen Leichname, die dadurch herumlagen, lockten zunächst Aasfresser wie Hyänen an, doch bald dürften auch die Löwen der Region davon Wind bekommen haben. Und einmal an Menschenfleisch gewöhnt, lag es für die Raubkatzen nahe, auch lebende Menschen als Beute anzusehen. Dies könnte einige Mythen von »bösen Geistern« erklären: Die Menschen, die auf mysteriöse Weise aus den Karawanenlagern verschwanden, waren nicht vom Teufel, sondern von Löwen geholt worden.

Die Sklavenkarawanen zogen jahrhundertelang durch Tsavo, und dies bringt uns zu dem beängstigenden Aspekt der Theorie. Der Löwe ist ein gesellig lebendes Tier, intelligent und in der Lage, neu erworbene Verhaltensweisen von einer Generation an die nächste weiterzuvererben. Jagt eine Löwin Menschen, so wachsen ihre Kinder in dem Glauben auf, die langsamen Zweibeiner seien ganz normaler Bestandteil ihres Speisezettels, und geben diese Einstellung später an ihre eigenen Jungen weiter. Das Ganze liefe also darauf hinaus, dass Pattersons Menschenfresser nicht deshalb Menschen fraßen, weil sie verletzungsbedingt dazu gezwungen oder ihre traditionellen Beutetiere ausgerottet waren, sondern weil sie von einer Menschen fressenden Sippe abstammten. Weil ihnen der Appetit auf Menschenfleisch gleichsam angeboren war. Die »Krone der Schöpfung« zu jagen und zu verzehren, wäre in diesem Fall nicht die Ausnahme, sondern die Regel.

Hypothesen und Theorien müssen, um anerkannt zu werden, einen Prozess durchlaufen, der in Fachkreisen »Peer Review« genannt wird: Die Behauptungen eines Forschers müssen von anderen Wissenschaftlern auf Herz und Nieren geprüft und untersucht werden, bevor sie als gesichert gelten. Anmerkungen von »Laien«, gleichgültig, wie fundiert und kenntnisreich, werden gewöhnlich ignoriert. Dennoch möchte ich zur Unterstützung von Gnoske, Kerbis Peterhans und Kusimba in aller Bescheidenheit das Folgende vorbringen. Es stammt von Peter Hathaway Capstick, der viele Jahre in

Afrika Erfahrungen gesammelt hat. In *Death in the Long Grass* zitiert er eine von einem gewissen Peter Turnbull-Kemp zusammengestellte Liste, die dieser südafrikanische Ranger über Alter und Gesundheitszustand von 89 bekannten Menschenfressern bei deren Tod erstellte: 91 Prozent der Tiere waren bei »guter« oder »ordentlicher« Gesundheit; 13,3 Prozent waren alt, aber unverletzt; lediglich 4,4 Prozent waren alt und wiesen irgendwelche Verletzungen auf, die ihnen zum Teil von Menschen beigebracht worden waren.

»Abgesehen von jenen Löwen, die aufgrund von Verletzungen zu einem Leben als Menschenmörder gezwungen sind, gibt es eine Vielzahl anderer Gründe, die normale Löwen dazu bringen, Menschen zu fressen«, fährt Capstick fort. »Sie können die Kinder Menschen fressender Eltern sein, von Kindesbeinen an an Menschenfleisch gewöhnt und die Menschenjagd als ganz gewöhnliche Aktivität ansehend ... Dann gibt es Naturkatastrophen, Seuchen und Epidemien, infolge deren zahlreiche Leichen im Busch liegen, was wiederum Löwen dazu bringen kann, auf den Geschmack von Menschenfleisch zu kommen ...«

War dies beim Menschenfresser von Mfuwe der Fall? Wayne Hosek und seine Geschichte hatte ich zufällig auf der Website des Field Museums entdeckt. Das sambische Luangwa-Tal liegt mehr als 1600 Kilometer von Tsavo entfernt, aber auch sein Löwe war mähnenlos und deutlich größer als die Norm. Ich rief Hosek in Kalifornien an, und er erzählte mir, Experten hätten mögliche Hinweise auf Knochenkrebs im Kiefer des Löwen gefunden. Ansonsten aber habe er keinerlei Anzeichen von Verletzungen oder Krankheit aufgewiesen, und es war nicht bekannt, dass irgendwelche Seuchen den Bestand seiner normalen Beutetiere reduziert hätten.

Bestand eine Verbindung zwischen Mähnenlosigkeit, überdurchschnittlicher Körpergröße und der Neigung, Menschen als Beute anzusehen? Konnte es sein, dass in den Löwen von Tsavo die Eigenschaften früherer Löwen wieder durchschlugen oder dass es sich um eine bislang unbekannte Unterart handelte? Konnten sie uns etwas Neues über den König der Tiere erzählen? Diese Fragen waren es ebenso wie die Lust auf afrikanische Abenteuer, die mich bewogen, nach Tsavo aufzubrechen.

Nun ist es keineswegs so,dass ich wirklich geglaubt hätte, auch nur Ansätze einer Antwort zu finden. Wo erfahrene Wissenschaftler nicht weiterkamen, welche Chance hatte da ein Schriftsteller, der es im Biologieunterricht in der Schule gerade mal zu einem »Ausreichend« gebracht hatte? Doch ich wollte Tsavo kennen lernen und auch zumindest den einen oder anderen Blick auf seine Löwen erhaschen – als Vorbereitung sozusagen. Schließlich plante ich, Gnoske und Kerbis Peterhans im kommenden Jahr bei einer Expedition zu begleiten.

Einige der oben genannten Fragen stelle ich Iain, nachdem wir das Haus verlassen haben, um draußen Tee und Kaffee zu trinken. Er ist zwar kein großer Katzenbiologe, hat aber 28 Jahre Erfahrung als Safariveranstalter vorzuweisen und entsprechend viele Begegnungen mit Raubkatzen. Hier, in einem nach Frangipani und Hibiskus duftenden Garten, erzählt er mir, er hege keinerlei Zweifel, dass Tsavo-Löwen irgendwie anders seien. Er sagt zwar nicht direkt, sie hätten eine angeborene Vorliebe für Menschenfleisch, aber er zeichnet sie doch in den düstersten Farben.

»Sie sind krasse Opportunisten, ganz Sehnen und Muskeln, die reinsten Killermaschinen, die buchstäblich alles angreifen und fressen, sogar Buschkaninchen«, sagt er. Und er betont genau wie Dr. Patterson, dass Tsavo nun mal eine karge, dürftige Gegend ist. »Deshalb müssen diese Löwen nehmen, was sie kriegen. Sie sind auch listiger als Savannenlöwen, lauern ihrer Beute oft in einem Hinterhalt auf, anstatt sie zu jagen und anzuspringen. Sie haben etwas Unheimliches an sich.«

Ich erwähne Gnoskes und Kerbis Peterhans' Beobachtung, dass Tsavo-Männchen den Großteil der Jagd übernehmen.

Iain nickt und bestätigt dies mit einer Geschichte, welche die Körperkraft der Löwenmänner ebenso illustriert wie ihre Schläue:

»Kürzlich beobachtete ich am Galana-Fluss zwei große männliche Löwen, die einen Büffel angriffen. Einer ging von vorne auf ihn los, und als er die Hörner senkte, um die Attacke abzuwehren, sprang ihn der zweite von hinten an und riss ihm ein Stück Fleisch aus der Hinterbacke. Als der Büffel sich umdrehte, um sich gegen diese Bedrohung zu wehren, sprang ihm der erste Löwe auf den Rücken und brachte ihm eine weitere tiefe Wunde bei. Das ging eine Weile so. Büffel sind nicht dumm. Dieser merkte, was Sache war, und wich zur Rückendeckung in den dichten Dornbusch zurück. Er blutete stark. Aber Löwen sind auch nicht dumm. Diese beiden zogen gemächlichen Schrittes ab und setzten sich in den Schatten eines Baumes, um abzuwarten, bis der Blutverlust den Büffel schwächte, was etwa eine halbe Stunde dauerte. Als er zu kraftlos war, um seine Hörner einzusetzen, und sich sein mächtiger schwarzer Schädel senkte, griffen die Löwen erneut an und machten ihn fertig.«

Zum Abendessen treffen wir uns im Carnivore, einem beliebten Touristenlokal in der Nähe von Wilson Field, dem Flughafen, von dem die Berufspilotin Beryl Markham westwärts in die Nacht flog und Finch-Hatton in seinem Doppeldecker zur Elefantenjagd aufbrach. »Sag ihnen, ich bin in Tsavo«, pflegte er zu sagen, während er sich die Fliegerbrille zurechtrückte. »Ihnen«, das waren seine Kumpel im Muthaiga Country Club. Das Carnivore ist auf gegrilltes Wild spezialisiert: Elenantilope, Gazelle, Zebra. Büffel sehe ich auf der Speisekarte jedoch nicht.

Ich glaube nicht, dass »Sag ihnen, ich bin in Tsavo« aus meinem Mund ebenso unbeschwert klingen würde. Mir fehlt Denys' Nonchalance, sein aristokratisches Flair. Außerdem verlasse ich Nairobi in einem Landrover, nicht mit einem Leichtflugzeug, und Tsavo ist kaum noch jener entlegene Flecken am Ende der Welt, sondern wird regelmäßig von Ausflügler-Minibussen durchquert.

Iain, der sein Busch-Outfit angelegt hat – einen speckigen breitkrempigen Hut, Shorts und Freizeitschuhe –, sitzt am Steuer, neben ihm Clive Ward, seine rechte Hand und sein Kletterpartner. Clive ist ein schlanker Mann mit kurzem, von grauen Strähnen durchzogenem Haar und fein geschnittenen Zügen. Er ist wortkarg, und wenn er spricht, muss man sich manchmal den halben Satz dazudenken. Er sieht auf asketische Weise sehr gut aus, so, wie britische Offiziere gerne in Kriegsfilmen dargestellt werden: der ruhige Typ, der vollkommen sinnlos, aber heldenhaft bei einem idiotischen Angriff sein Leben lässt. Clive erzählt, dass er, bevor er nach Kenia kam, Safaris in Namibia geführt hat, und er murmelt etwas von einer Landminenexplosion, die ihm das Bein aufriss. Diese Verletzung hindert ihn aber nicht, ständig auf Achse zu sein. Er und Iain haben zusammen fast alle der höchsten Gipfel der Erde bezwungen, von Alaska über Südamerika bis hin zum Himalaja. Und sie haben so viele Gruppen den Kilimandscharo hinaufgeführt, dass der Aufstieg für sie fast wie ein gewöhnliches Treppensteigen ist. Clive gehört zu einem Schlag Engländer, dem man in vielen Teilen der postimperalistischen Welt begegnet: Rastlos und entwurzelt, durchstreifen sie die ehemaligen Kronkolonien, fühlen sich in der »Fremde« mehr zu Hause als in ihrer eigentlichen Heimat.

Wir fahren den Mombasa Highway hinunter, der parallel zu dcn Gleisen des »Lunatic Express« verläuft, und überholen langsame Lkws, die dicke Rußwolken ausstoßen, schwarz wie Vulkanasche. Die Straße ist schmal und voller Schlaglöcher, ein kümmerlicher

Asphaltstreifen quer durch die Kapiti- und die Athi-Ebene, wo Teddy Roosevelt jagte, wo heute jedoch niemand mehr auf Pirsch geht, weil zum einen die Großwildjagd in Kenia seit 1977 verboten ist und zum zweiten kaum mehr Tiere da sind, die man schießen könnte – eine Folge der Wilderei und der Umwandlung von Busch in Ackerland für die ständig wachsende kenianische Bevölkerung.

Das Jagdverbot, erwähnt Iain eher beiläufig, hat ihn vom Angestellten zum selbstständigen Unternehmer gemacht.

»Ich lernte Bill Woodley Mitte der 70er-Jahre kennen«, sagt er, auf den berühmten Tsavo-Wildhüter bezogen. »Im Laufe unserer Unterhaltung wurde mir klar, dass ich eigentlich Wandersafaris veranstalten könnte. Genauso wie die früheren Jagdsafaris, nur dass dabei mit der Kamera anstatt mit der Büchse geschossen wurde. Die alten weißen Jäger wollten nichts mit Fotosafaris zu tun haben, und so hatte ich vollkommen freie Bahn.«

Den größten Erfolg seiner Laufbahn hatte er 1996, als er zusammen mit Woodleys Söhnen Danny und Bongo eine Wandersafari veranstaltete, die aus dem Rahmen des Üblichen fiel. Auf den Spuren der frühen Afrikaforscher führten sie einen 400-Kilometer-Treck vom Gipfel des Kilimandscharo hinunter durch Tsavo und über die Küstenebenen bis zum Indischen Ozean. Mit von der Partie war der Bergsteiger Rick Ridgeway, der das Abenteuer in *The Shadow of Kilimanjaro* aufzeichnete.

Wir fahren weiter in Richtung Süden und kommen in die Kikwezi-Ebene, ein von verwitterten Vulkankegeln umsäumtes Grasland. Auf einem Leitungsmast am Straßenrand thront ein Weißbürzel-Singhabicht, unweit davon wippt auf den Drähten ein Schwarzflügel-Gleitaar. Ein wunderschöner Vogel mit irisierend blauem Brustgefieder fliegt an der Windschutzscheibe vorbei – eine Grünscheitelracke. Iain lässt seinen Blick über die Landschaft wandern und deutet dann auf den Asphalt vor uns.

»In den 50er-Jahren war das hier eine Schotterstraße, und wenn wir nach Mombasa hinunterfuhren, vertrieben wir uns die Zeit mit dem Zählen von Nashörnern.«

Leslie erwähnt die Nashörner, die sie vor fast drei Jahrzehnten auf einer Safari gesehen hat, und er kommentiert das mit einem brummenden Seufzer. Das erinnert mich wieder daran, warum ich meine Frau in Afrika unbedingt dabeihaben wollte. Sie würde mir nicht nur Gesellschaft leisten. Ich habe keinerlei Erfahrung, was Ostafrika und seine Fauna anging, sie schon – auch wenn es lange zurückliegt.

Abgesehen von einer kleinen Herde, die noch in einem Nashorn-Schutzgebiet von Tsavo lebt, ist das im Grunde hässliche, dabei aber doch faszinierende und imposante Nashorn, ein lebendes Relikt der Urzeit, fast völlig aus Ostafrika verschwunden. In Kenia haben etwa 400 Spitzmaulnashörner und noch weniger Breitmaulnashörner überlebt. In den 1970er- und 1980er-Jahren entdeckte der durch das Öl reich gewordene arabische Geldadel ein neues Statussymbol: jemenitische Dolche mit Griffen und Scheiden aus Rhinozeroshorn. Sie waren begehrter als goldene Rolexuhren, und die Nachfrage führte zu stark steigender Wilderei. Geldgierige Banden metzelten die Nashörner zu Tausenden nieder, und als der Dolchmarkt schließlich gesättigt war, wandten sich die Wilderer wieder den traditionellen Abnehmerländern im Fernen Osten zu, wo das Horn zu medizinischen Pülverchen und Aphrodisiaka zermahlen wird. Ich schaue im Vorbeifahren auf die Rinder- und Ziegenherden, die auf dem ehemaligen Nashornland weiden, auf die vielen Menschen, welche die Straße entlanglaufen oder, im Schatten der Bäume sitzend, in großen Strohkörben aufgetürmte Papayas verkaufen, und ich sinniere über einen Wildtier-Holocaust, über ein Massaker, das nur begangen wurde, um Prestigelust zu befriedigen und die Potenz asiatischer Männer zu steigern. Eine vertraute Niedergeschlagenheit befällt mich. Wenn Henry David Thoreau Recht hatte und wir Erlösung in der unberührten Natur finden, dann, so fürchte ich, sind wir für alle Zeiten der Verdammnis preisgegeben. Uns bleibt nichts anderes übrig, als die verlorenen Wunder zu beklagen und als Nachhut für den Erhalt, für die Rettung dessen zu kämpfen, was wir selbst übrig gelassen haben. Schuld ist nicht der freie Markt, nicht der Sozialismus, der Industrialismus oder irgendein anderer »-ismus«. Es gibt einfach zu viele von uns.

Die Straße bringt uns in eine typische ländliche Ortschaft: ein paar schäbige Geschäfte, ein paar Obst- und Gemüsestände, eine eingeschossige, aus quadratischen Ziegeln hochgezogene Bar mit einem fetten Werbeschild für Tusker Beer. Ein anderes Schild verkündet den Namen der Siedlung – Simba, das Suaheli-Wort für »Löwe«. Es reißt mich aus meiner Melancholie, führt mich zurück in eine Zeit, noch gar nicht so lange her, als Wildnis und Wildheit als Feinde der Zivilisation betrachtet wurden und niemand auch nur im Entferntesten gewünscht hätte, sie zu erhalten.

In *The Man-Eaters of Tsavo* erzählt Patterson noch von einem weiteren Menschenfresser:

Im Jahr 1900 war ein großer männlicher Löwe bei einem Kaff namens Kimaa an der britischen Ostafrika-Eisenbahnlinie aufgetaucht und hatte eine Vorliebe für Mitarbeiter der Eisenbahngesellschaft entwickelt. Neben anderen verschleppte er einen Stellwerkswärter, einen Bahnhofsvorsteher, einen Bremser und den Betreiber der Pumpstation. Einmal, er muss am Verhungern gewesen sein, erklomm er das Dach des Bahnwärterhäuschens und machte Anstalten, das Wellblech herunterzureißen, um an den Telegraphisten zu kommen, der in seiner Verzweiflung die folgende Mitteilung nach Nairobi kabelte: »Löwe kämpft mit Bahnhof. Dringend Beistand erbeten.«

Patterson erwähnt nicht, ob Beistand geschickt wurde, aber der Löwe gab mit blutigen Pranken auf. Beistand entstieg jedoch am 6. Juni dem Zug, und zwar in Gestalt eines britischen Polizeikommissars namens C.H. Ryall und seiner Freunde Huebner und Parenti. Sie waren auf dem Weg nach Nairobi, doch als sie von dem Menschenfresser hörten, entschlossen sie sich, in Kimaa zu übernachten und zu versuchen, den Löwen zu erlegen. Ihr Waggon wurde von dem Zug abgekoppelt und auf einem Nebengleis unweit des Bahnhofsgebäudes abgestellt. Da die Gleisanlagen noch nicht ganz fertig waren, stand der Waggon nicht völlig gerade, sondern neigte sich ein wenig zur Seite – eine Nebensächlichkeit, die jedoch katastrophale Folgen haben sollte.

Die drei Männer brachten den Nachmittag damit zu, nach dem Löwen Ausschau zu halten, fanden jedoch keine Spur von ihm und kehrten zum Abendessen in ihren Waggon zurück. Danach, so Patterson, »hielten sie eine ganze Weile Ausschau; doch das Einzige, was ihnen auffiel, waren zwei sehr helle Glühwürmchen. Hinterher rekonstruierte man, dass es sich dabei um die Augen des Menschenfressers gehandelt haben musste, der sie die ganze Zeit über genau beobachtete und jede ihrer Bewegungen verfolgte.«

Später meldete sich Ryall freiwillig zum ersten Wachturnus, während seine Begleiter eine Runde schliefen – Huebner in einer Koje unter dem Wagendach, Parenti auf dem Boden. Nachdem er längere Zeit die Umgebung beobachtet hatte, gelangte Ryall offenbar zu dem Schluss, dass sich der Löwe in dieser Nacht nicht blicken lassen würde. Er legte sich auf die untere Liege und nickte ein. Patterson berichtet, was dann geschah:

Kaum war Ryall eingeschlafen, da »begann der verschlagene Menschenfresser, sich an die drei Männer anzuschleichen. Um auf die kleine Plattform am Ende des Waggons zu gelangen, musste er zwei sehr hohe Stufen erklimmen, was ihm jedoch völlig geräuschlos gelang. Zwischen dieser Plattform und dem Wageninneren befand sich eine Schiebetür, die vermutlich nicht ganz geschlossen oder zumindest nicht verriegelt war. Jedenfalls war es für den Löwen ein Leichtes, eine Pranke dazwischenzuschieben und sie zu öffnen. Doch aufgrund der Neigung des Waggons und des nicht unbeträchtlichen Gewichts des Eindringlings glitt die Tür direkt hinter ihm zu und schnappte ins Schloss. Er war mit den drei schlafenden Männern in dem Abteil gefangen.«

Der Löwe machte einen Satz auf Ryall zu, die Hinterpfoten auf Parenti gestemmt, die Vorderpfoten auf dem Polizeikommissar. Von Ryalls lauten Schreien aufgeweckt, sprang Huebner von seiner Pritsche auf den Rücken des Löwen und versuchte, durch eine zweite Schiebetür in das Dienstbotenabteil zu gelangen. Tatsächlich glückte ihm dies (der Löwe war so mit Ryall beschäftigt, dass er Huebner ignorierte), und er flüchtete sich zu »den zitternden Kulis«. Einen Augenblick später hörten Huebner und die Diener ein lautes Krachen, und der Waggon kippte um: Ryall im Maul, war der Löwe durch eines der Fenster entkommen. Parenti, nunmehr frei, taumelte vom Boden hoch, flüchtete durch ein Fenster auf der anderen Seite des Waggons und brachte sich in einem der Bahnhofsgebäude in Sicherheit. Die Überreste von Ryall – viel war es nicht, dessen dürfen wir sicher sein – wurden am nächsten Morgen keinen halben Kilometer entfernt im Busch gefunden und zur Beisetzung nach Nairobi überführt.

Was den Löwen angeht, so schreibt Patterson: »Das schreckliche Untier ... ging in eine geniale Falle, die sich ein Eisenbahnbeamter ausgedacht hatte. Es wurde mehrere Tage ausgestellt und dann erschossen.«

Ich erzähle meinen Mitreisenden eine Kurzfassung dieser Geschichte. Iain erinnert sich daraufhin an einen Bericht, den er in der Bibliothek der Royal Geographical Society in London gelesen hat.

»Ein Missionar und seine Frau machten in einem Camp unweit der Tsavo-Brücke Station, kurz nachdem Patterson den ersten Löwen erschossen hatte. Der andere lebte noch. Das Ehepaar tat die ganze Nacht kein Auge zu, weil dieser zweite Löwe, wie der Missionar in seinen Memoiren berichtet, ganz fürchterlich, böse und zugleich jammervoll, heulte und brüllte. Es war die Totenklage für seinen Freund.«

Auf den ersten Blick klingt das nach übertriebener Vermenschlichung. Doch jeder Tierhalter wird bestätigen, dass Vierbeiner genau wie Menschen Gefühle haben. Sage, mein English Setter, gibt seine Zuneigung offen kund und zeigt deutlich, wenn er fröhlich oder traurig ist. Und unsere Katze Ditto leidet sichtbar, wenn wir sie allein lassen, und freut sich bei unserer Rückkehr wie ein Schneekönig.

Im Rahmen meiner Recherchen war ich darauf gestoßen, dass männliche Löwen sich häufig zu Junggesellenhorden zusammenschließen, bevor sie ein eigenes Rudel übernehmen, und oft jahrelang gemeinsam jagen und umherziehen. Man darf also annehmen, dass sich zwischen ihnen eine Art Kameradschaftsgefühl, wenn nicht gar Freundschaft entwickelt. Folglich ist es durchaus möglich, dass Ghost und Darkness Jagdpartner waren und dass Darkness nach dem Tod seines Kumpels schmerzlichen Verlust empfand. Sein Kummer mag allerdings nicht gänzlich frei von jenem Eigennutz gewesen sein, der nun einmal Teil der Natur ist. In den drei Wochen zwischen der Erschießung der beiden Löwen wurden keine Angriffe auf Menschen bekannt, was zu der Vermutung Anlass gab, dass Ghost, der Größere und vermutlich auch Ältere der beiden, das Töten erledigte, während Darkness sich nur an der Beute gütlich tat. Mit seinem »fürchterlichen, jammervollen« Heulen und Brüllen könnte Darkness also nicht nur Trauer bekundet, sondern auch den Verlust seines Ernährers beklagt haben.

Wir nähern uns Tsavo, und auch die Straße wird besser. Sie ist jetzt breiter und nicht mehr so holprig. Es gibt Mittelstreifen und sogar eine erkennbare Bankette. Vor nicht allzu langer Zeit wurde die Strecke zwischen Park und Küste erneuert – wahrscheinlich damit die Tagesausflügler von den Touristenhotels in Mombasa bequemer in das Reservat gelangen und rechtzeitig zum Abendessen wieder zurück sind. Im Westen ragt die Chyulu-Bergkette über 2000 Meter hoch auf, im Osten erhebt sich schieferblau im grellen Nachmittagslicht das Yatta-Plateau. Sein Gipfel ist so flach wie das Deck eines Flugzeugträgers: der längste Lavarücken der Welt, informiert uns Clive. Das Land fällt sanft zum Tsavo-Fluss hin ab. Vor uns kommt die Tsavo-Brücke in Sicht; sie ruht auf Felssäulen, um die herum das rötlich braune Wasser kleine tanzende Schaumkämme bildet. Sie versieht noch ihren Dienst für die Güter- und Personenzüge. Wir halten an, machen ein paar Aufnahmen und versuchen, uns vorzustellen, wie es hier vor über einem Jahrhundert ausgesehen hat – die Arbeitertrupps, die Stahlträger und Holzschwellen auf die Steinsockel hinablassen, die Gleisverleger, welche die Schienen verschrauben. Immer wieder werden die Arbeiten unterbrochen, weil flutartige Überschwemmungen den Tsavo in einen reißenden Strom verwandeln, der Bäume samt Wurzelstöcken ausreißt und sie »wie Strohhalme durcheinander wirbelt«, wie Patterson es bildhaft beschreibt. Es waren widrige Arbeitsumstände, auch ohne die Überfälle Menschen fressender Löwen. Ich versuche, mich in diese anonymen Inder hineinzuversetzen, die in ihrer Heimat hören, im weit entfernten Afrika würden Arbeiter gesucht, und die sich – in der Hoffnung, dieser magere Lohn werde ihr Leben zum Besseren wenden – für ein paar Rupien am Tag anwerben lassen. Dann die lange Schiffsreise über den Indischen Ozean in einem stinkenden Dampfschiff, eng zusammengepfercht, bis sie in Mombasa anlegen, wo die Überlandfahrt zum Gleisende beginnt.

Und schließlich die wochenlange strapaziöse Schufterei in der teils feuchten, teils trockenen Hitze. Dazu die endlosen Nächte, in denen sie jenem Geräusch aus dem Busch lauschen, dem *Wauuu-aarar-rar unh-unh-unh*, und darauf warten, dass das Gebrüll verstummt und der Ruf von Camp zu Camp geht: »Habt Acht, Brüder! Der Teufel naht!« Ich wünschte, man hätte eine Gedenktafel aufgestellt mit den Namen der Toten. Ich möchte wissen, wer sie waren, wie sie hießen, auch wenn mir ihre Namen mit Sicherheit nichts sagen.

Zwischen der Brücke und der Chyulu-Bergkette liegen die Ngulia-Berge, deren Buschvegetation durch Felsen aus hellem Gneis, den Ruinen einer versunkenen Stadt gleich, unterbrochen wird. Irgendwo hier liegt die »Menschenfresserhöhle«, deren Entdeckung zu den eigenartigsten Passagen in Pattersons Buch gehört.

Nachdem er die beiden »Bestien« erlegt hatte und der Brückenbau weiterging, entschloss Patterson sich eines Tages, einen entspannenden Jagdausflug in die Hügel zu unternehmen. Er folgte gerade einer Nashornfährte durch ein trockenes Flussbett, da sah er etwas, was ihn abrupt innehalten ließ: »Auf der anderen Seite erblickte ich eine Furcht erregend aussehende Höhle, die ein beträchtliches Stück weit unter dem felsigen Ufer zu verlaufen schien«, schrieb der Colonel in dem für ihn üblichen dramatisierenden Stil. »Rings um den Eingang sowie im Inneren der Höhle entdeckte ich zu meinem Entsetzen eine Reihe menschlicher Knochen sowie hier und dort einen Kupferreif, wie sie die Eingeborenen tragen. Ohne jeden Zweifel: Dies war die Höhle des Menschenfressers!«

Er machte ein Foto (es ist in *The Man-Eaters of Tsavo* abgedruckt) und verließ den Ort. Von diesem Tag Anfang 1899 bis vor kurzem war die Lage der Höhle unbekannt. Ein Jahrhundert lang rätselten Naturforscher und Zoologen über Pattersons Beschreibung, denn Löwen sind (der Geschichte des Propheten Daniel ungeachtet) keine Höhlenbewohner. Sie haben es nicht nötig, ihre Beute in Höhlen oder Verstecke zu schleppen. Sie verschlingen sie an Ort und Stelle.

1996 kam Chap Kusimba, der in einer archäologischen Fundstätte in der Nähe von Mombasa zu tun hatte, zum Tsavo-Nationalpark, um die Höhle zu suchen. Seiner Meinung nach hatte Patterson keine Löwenhöhle entdeckt, sondern einen Begräbnisplatz des Volkes der Taita, das einst in dieser Region siedelte. Kusimba erhielt zwar alle nötigen Genehmigungen, fand die Höhle jedoch nicht. Anfang des folgenden Jahres startete Kerbis Peterhans gemeinsam mit seiner Frau Pamela Austin und dem kenianischen Zoologen Samuel Andanje einen weiteren Versuch. Auch sie mussten unverrichteter Dinge wieder abreisen. Doch im März 1997 kehrte Kerbis Peterhans zusammen mit Gnoske noch einmal zurück; sie waren entschlossen, die Höhle ausfindig zu machen und festzustellen, ob sie in der Tat als Behausung für einen Löwen gedient hatte. Kerbis Peterhans tippte viel eher auf den Unterschlupf von Hyänen. Doch sicher ließe sich das natürlich erst sagen, wenn er die Knochen, die Patterson entdeckt hatte, auf die charakteristischen Bissspuren von Hyänen untersucht hatte. Begleitet von vier KWS-Rangern, durchkämmten er, Gnoske und Andanje die Gegend südwestlich der Tsavo-Brücke – in ebender Richtung, in die Patterson seinen Aufzeichnungen nach gegangen war. Sie kämpften mit fast unerträglicher Hitze und dornigem Wart-ein-Weilchen, bewegten sich im Schneckentempo durch Flussbetten und erkundeten jeden einzelnen Arm – all dies in einem Unterfangen, das man bestenfalls als versponnen bezeichnen konnte. Ein Reiseführer, der ihre Suche erwähnt, nannte sie, nicht gänzlich übertrieben, »absurd«. Es schien in der Tat sinnlos. Die Männer entdeckten nichts, was auch nur im Entferntesten der Höhle glich, die Patterson in seinem Buch erwähnt.

Nachdem die drei alles durchkämmt hatten, überlegten sie, ob Patterson sich womöglich bei seiner Richtungsangabe geirrt hatte. In einer schlaflosen Nacht beschloss Gnoske, das Buch noch einmal genau zu lesen, und stieß zu seiner Überraschung auf Folgendes: Bei jeder Richtungsangabe, die Patterson machte, lag er exakt 90 Grad daneben. Er schrieb, vom Tsavo aus sehe man den Kilimandscharo im Süden, während er in Wahrheit im Westen aufragte; das Ndungo-Plateau befand sich Patterson zufolge im Osten, obwohl es eindeutig nördlich lag; und auch das N'dii-Gebirge erhob sich nicht im Süden, wie es in *The Man-Eaters of Tsavo* zu lesen stand, sondern im Westen.

Am nächsten Morgen präsentierte er seinen Kollegen stolz seine nächtlichen Erkenntnisse. Dass einem erfahrenen Ingenieur ein solch gravierender Irrtum unterlief, schien merkwürdig. Sie vermuteten folglich, dass Patterson, der seine Erinnerungen ja acht Jahre nach Entdeckung der Höhle niedergeschrieben hatte, die selbst gezeichnete Karte, die er dabei benutzte, versehentlich um 90 Grad gedreht hatte. Entweder das, oder die Leute im Verlag hatten Pattersons Aufzeichnungen falsch interpretiert.

Woran es auch immer gelegen haben mochte – jedenfalls kam jetzt Zuversicht auf, die Höhle zu finden. In vier Gruppen arbeiteten sie sich ein schmales, von Dumpalmen gesäumtes Flussbett hoch. Eine Gruppe untersuchte das linke Ufer, eine das rechte, eine die Mitte, und die vierte bildete die Nachhut. 45 Minuten später hörte Gnoske, welcher der vierten Gruppe angehörte, Kerbis Peterhans rufen. Er kämpfte sich durch das dichte Gestrüpp einer kleinen Schlucht und fand seinen Kollegen vor einer Höhle, die exakt jener auf Pattersons Foto glich. Nach 97 Jahren hatten sie die Menschenfresserhöhle wiederentdeckt!

Doch war es die Höhle eines Menschenfressers? Ihre anfängliche Freude wandelte sich in Enttäuschung, als sie die Höhle betraten und sie leer fanden. Keine Knochen, keine kupfernen Arm- und Fußreifen – nichts als roter Sand bedeckte den Boden. Allerdings wurde ihnen bald klar, warum die Höhle nichts enthielt: An einem saisonal Wasser führenden Flussbett gelegen, war ihr Inhalt längst fortgeschwemmt worden.

Unbeirrt besorgten Gnoske und Kerbis Peterhans sich beim KWS die Genehmigung, in der Höhle Grabungen vorzunehmen. Die Arbeiten begannen 1998 und sind noch im Gange, als wir auf das Manyani Gate des Parks zufahren. Jungakademiker, die Kusimba eingestellt hat, sieben den Sand durch, um Menschenknochen zu finden und diese nach Bissspuren zu untersuchen. Falls sie welche entdecken, werden sie sagen können, ob diese von Löwen, Hyänen oder Leoparden stammen. Außerdem halten sie Ausschau nach Menschenzähnen, afrikanischen und asiatischen, denn der Fund asiatischer Zähne würde den unumstößlichen Beweis dafür liefern, dass indische Gleisbauarbeiter unter den Opfern waren.

Irgendwann während unserer Safari werde ich ein Gespräch mit Kusimba führen, um herauszufinden, was sich bei den Sieb- und Sucharbeiten inzwischen ergeben hat. Unabhängig von seinen Ergebnissen ist Gnoske jedoch überzeugt, dass Patterson nicht vollkommen auf dem Holzweg war, als er von einer Löwenhöhle sprach. Einige Löwen benutzen Höhlen, versicherte er mir bei einer unserer Telefonunterhaltungen, und dies stützt seine und Kerbis Peterhans' These, dass in Afrika heute zwei verschiedene Arten dieser Raubkatzen leben – jene der weiten Ebenen und jene, die einen Atavismus bilden, ein Verbindungsglied zu den Höhlenlöwen der Urzeit.

Gnoske schickte mir einen Band über eine Expedition in den ugandischen Queen-Elizabeth-Nationalpark, auf der er und Kerbis Peterhans nähere Informationen zu Opfern von Menschenfressern sammelten. Unter anderem erfuhren sie, dass ein Mitarbeiter der

Ugandan Wildlife Authority, ein gewisser George Bwere, zwei Jahre zuvor von einer Löwin angegriffen worden war, als er Wanderwege am Kyambura, einem Zufluss des Nil, inspizierte. Der Kyambura durchfließt eine Schlucht gleichen Namens, und diese mit dichter Urwaldvegetation bewachsene Klamm teilt die Savannen des Albertine-Grabenbruchs im westlichen Uganda. Bwere geriet der Löwin in die Quere, als er sich durch das Unterholz kämpfte. Er schaffte es mit Müh und Not, ihr zu entkommen, und sah kurz darauf einen männlichen Löwen, der sich mit einigen Jungen in eine Höhle zurückzog. Wenig später gesellte sich ein zweites Männchen zu ihnen, und Bwere (der Nerven wie Stahlseile haben muss, um nach einer solchen Begegnung länger als nötig in der Gefahrenzone zu verweilen) beobachtete, wie die beiden durch die Schlucht patrouillierten, während die Löwin in der Höhle auf die Jungen aufpasste. Im Laufe der nächsten Monate gab es wiederholt Meldungen über zwei männliche Löwen, die Menschen oder Fahrzeuge angriffen, die der Höhle zu nahe kamen.

Solche Geschichten weckten Gnoskes und Kerbis Peterhans' Neugier. Könnte diese Höhle ein Beispiel dafür sein, dass auch »moderne« Löwen in Höhlen leben? Sie erhielten die Erlaubnis der ugandischen Behörden, den Kyambura näher zu erkunden. In Begleitung eines mit einer AK-47 bewaffneten Rangers stiegen sie im Oktober 1998 durch die Schlucht zum Fluss hinunter. Es war eine faszinierende Welt, vollkommen anders als die oberhalb sich ausbreitenden Savannen. Nur in den Bäumen umherturnende Schimpansen und die Rufe tropischer Regenwaldvögel durchbrachen die Stille. Die üppige Vegetation glich weit eher dem typischen Lebensraum eines Leoparden als dem von Löwen.

Vorsichtig pirschten sie sich an die Höhle heran und krochen dann mit klopfendem Herzen auf allen Vieren hinein. Die Lichtkegel ihrer Taschenlampen wanderten über Felswände, tropfende

Stalaktiten und einen kleinen Wasserfall. Was sie nicht zu sehen hofften, war das Leuchten von Katzenaugen – auf so kurze Entfernung würde selbst eine AK-47 nicht viel gegen zwei große Löwenmänner und eine wütende Löwin ausrichten können, die ihren Nachwuchs bewachten.

Da fiel der Strahl der Lampe auf etwas Weißes – einen Knochen. Kerbis Peterhans untersuchte ihn und meinte, dass es sich um einen Büffelknochen handelte. Mehrere davon lagen herum. Keiner der Knochen wies die Nagespuren von Hyänen auf, und den Männern fiel wieder ein, dass die ugandische Wildschutzbehörde Augenzeugenberichte erwähnt hatte, denen zufolge zwei männliche Löwen einen Büffelkadaver in Richtung der steilwandigen Schlucht gezerrt hatten. Dann förderte die Durchsuchung etwas zutage, was alle Vermutungen bestätigte: blonde Haare aus einer Löwenmähne.

»Wir haben keinerlei Zweifel, dass es sich um eine Löwenhöhle handelt«, hatte Gnoske gesagt. »Es ist die erste neuzeitliche Dokumentation einer Löwenhöhle.«

Aber warum sollten die Löwen am Kyambura Höhlen benutzen, wenn es Savannenlöwen nicht tun? Eine Antwort lag auf der Hand: In der Savanne gibt es keine Höhlen. Doch auch wenn dem so wäre, meint Gnoske, würden sich die Löwen nicht dorthin zurückziehen. Die richtige Antwort war Teil seiner Theorie, dass verschiedene Lebensräume auch verschiedene Lebensweisen bedingen – kleine Rudel in Regionen mit dichter Vegetation, größere in der Savanne. Ohne das Sicherheitsnetz eines großen Familienverbands leben Löwenkinder in Gegenden wie am Kyambura sehr viel gefährlicher. Insbesondere für Hyänen stellen sie eine leichte Beute dar. Verstärktes Aggressionsverhalten gegenüber Eindringlingen (der Angriff der Löwin auf Bwere) und ihre Aufzucht in Höhlen können ihnen den Schutz geben, den Junge von Savannenlöwen gar nicht erst nicht brauchen.

Iain findet das alles ausgesprochen spannend. Er hat Pattersons »Höhle« nie gesehen und auch keine Ahnung, wo sie liegt. Ich auch nicht – nur dass sie sich irgendwo in dieser ungastlichen Mixtur aus Fels und Busch befindet. Und ich weiß auch nicht, ob ich wirklich hin will.

Wir nähern uns dem Manyani Gate, einem Eingang zum Tsavo-Nationalpark West (aus verwaltungstechnischen Gründen ist der Park in Tsavo-West, die bewaldete Hügellandschaft westlich der Asphaltstraße, und das größere, ebenere und aridere Tsavo-Ost geteilt). Während Iain und Clive mit einem Ranger über Permits und Gebühren verhandeln, beobachten Leslie, Rob und ich eine Siedleragame auf den freiliegenden Wurzeln einer großen Akazie, einer *Elata abyssinia*, wie uns der botanisch ebenso wie zoologisch bewanderte Clive erklärt, nachdem der Papierkrieg beendet ist. Wir biegen in eine Seitenstraße ab, eine staubige rote Piste mitten durch den Busch. Goldpiper flattern aus den Büschen auf, und eine Blauracke fliegt vorbei, ihr Gefieder eine edle Kombination aus blassem Türkisblau, Weiß und zartem Braun. Vor uns erstreckt sich eine weite Landschaft. Wiesen mit graubraunem Gras, *Commiphora*-Busch und dazwischen Akazien, in deren weit ausgebreiteten Ästen die kürbisförmigen Nester von Webervögeln hängen. Keine Ortschaften, keine Farmen, keine befestigten Straßen oder Zäune – endlich Wildnis, Wildnis einer besonderen Art. Hier ist das Pleistozän in all seiner urzeitlichen Größe und Schönheit erhalten geblieben. Wir sehen eine Welt, wie sie sich unserem urzeitlichen Vorfahren geboten haben dürfte, dem *Australopithecus afarensis*, der mit behaartem Körper und kleinem Hirn, aber aufrechten Ganges als Jäger und Sammler die Savanne durchstreifte und sich langsam, aber sicher zu jenem Geschöpf entwickelte, das neben einem abspreizbaren Daumen noch andere Fähigkeiten ausbildete: logisches Denken, Sprache, Kunst und Lachen – aber auch die

Fähigkeit zu Hass und Krieg und zu einer bewussten Grausamkeit, wie es sie unter allem, was auf Erden kreucht und fleucht, nur einmal gibt.

Wir passieren den Mudanda Rock, eine große Granitkuppe, die über einem ausgedehnten, von einem natürlichen Damm gebildeten Wasserloch aus der Ebene aufragt. Finch-Hatton kam im Mai 1931 hier in der Nähe ums Leben, als sein Flugzeug mit einem Geier zusammenstieß. Doch größere Bekanntheit verdankt Mudanda dem Gewässer, das in der Trockenzeit Hunderte Elefanten anlockt. Auch jetzt ist eine kleine Gruppe von ihnen da. Sie tauchen die Rüssel in das trübe Wasser, scharren mit den glatten Füßen, und ihre massigen Leiber sind mit Tsavo-Staub bedeckt, sodass die Tiere eher rot als grau wirken. Schnellen, fast schwebenden Schrittes überqueren sie vor uns die Piste. Nur ein alter Bulle, den unsere Anwesenheit zu stören scheint, baut sich vor uns auf, schwingt die Ohren drohend hin und her und trompetet laut, bevor auch er im Unterholz verschwindet.

Ich bin überwältigt – die ersten Elefanten, die ich in freier Wildbahn sehe. Die Begegnung veranlasst Iain, ein Loblied auf den Dickhäuter zu singen, sein Lieblingstier. Er, nicht der Löwe, sei »der wahre König der Tiere«, sagt er, ein überaus intelligentes Geschöpf, das auf wie subtile Weise auch immer immensen Einfluss auf seinen Lebensraum ausübe. Vor fünfzehn Jahren, als Wilderer die Elefanten des Parks nahezu ausgerottet hatten, registrierte der Kenya Wildlife Service eine starke Zunahme von Dikdiks. Die Population dieser winzigen Antilopen, die im Durchschnitt nur knapp sechs Kilogramm auf die Waage bringen, hatte sich deshalb so erhöht, weil die Bäume und Büsche, von denen sich die grauen Riesen ernähren, derart stark gewuchert waren, dass die Adler, auf deren Speisezettel die Dikdiks stehen, sie durch das dichte Blätterdach nicht mehr sehen konnten. Seit das UN-Artenschutz-Komitee

(CITES) 1989 den Elfenbeinhandel weltweit verbot, hat sich der Elefantenbestand in Tsavo fast verdoppelt, auf heute rund 10.000 Tiere. Das Verbot schob der Wilderei in der Tat einen Riegel vor und war weit wirksamer als die Anstrengungen von Leakeys Rangern, die mit Hubschraubern agierten und von höchster Stelle Genehmigung hatten, in flagranti ertappte Wilderer zu erschießen. Was die Zukunft der Tsavo-Elefanten angeht, könnte man Iains Einstellung als vorsichtig pessimistisch beschreiben. Bislang wirkt das Verbot, aber es gibt mächtige Kräfte, die es unterminieren. Simbabwe und Botswana, wo in regelmäßigen Abständen Elefanten getötet werden, um ihre Zahl im Rahmen zu halten (in Kenia ist ein solcher Reduktionsabschuss verboten), versuchen CITES zu einer Lockerung zu bewegen, damit sie ihr Elfenbein verkaufen können. Gelangt Elfenbein aber erst einmal wieder auf den Markt, kann kein Mensch mehr sagen, aus welchem Land es kommt und ob es von legal oder von Wilderern erlegten Tieren stammt. Deshalb fürchtet Iain, dass selbst eine teilweise Aufhebung dazu führen wird, dass die somalischen Banden wieder anfangen, Tsavo-Elefanten abzuschlachten.

Wir biegen in Richtung Osten auf eine andere Staubpiste ab und von dort auf einen kaum erkennbaren Pfad, der uns durch den jetzt in der Trockenzeit wasserlosen Voi-Fluss führt. Auf der anderen Seite liegt Iains Zeltlager. Leslie und ich sind erfahrene Camper und daran gewöhnt, unser Zelt selbst aufzustellen, unsere eigenen Mahlzeiten zu kochen, die Töpfe zu schrubben und unsere Schlafplätze herzurichten. Das ist in Kenia, wie überhaupt in Afrika, nicht Usus. Iain ist ein entschiedener Anhänger des Grundsatzes, der Mensch solle es sich so angenehm wie möglich machen. Seine Safaris bieten den stilvollen Komfort einer längst vergangenen Ära: geräumige Hauszelte mit Schlafkojen, Decken, Matratzen und bequemen Campingstühlen, Duschen, tragbare Toiletten, Wäschereiservice und ein fähiges Sechs-Mann-Team, das sich um unser leibliches Wohl und alle im Camp anfallenden Arbeiten kümmert. Kahiu, der Koch, steht in dem Ruf, über dem Lagerfeuer Mahlzeiten zuzubereiten, die denen der besten Restaurants in Nairobi in nichts nachstehen. Zum Hinunterspülen gibt es südafrikanische und italienische Weine, und so kommen wir uns ein bisschen vor wie richtige Herrschaften der Kolonialzeit.

Wir richten uns ein, das heißt, wir tragen unsere Seesäcke in die Zelte, während Iain und Clive auf Suaheli einige Befehle erteilen, deren Tonfall stark an imperialistische Zeiten erinnert. In der Hauptstadt mag ein weißer Kenianer seine Meinung für sich behalten müssen – hier draußen aber ist er unzweifelhaft noch immer der *Bwana makuba*. Iain teilt uns mit, dass wir vier Tage in diesem Camp bleiben, nach Löwen Ausschau halten und dann zu einem anderen Zeltlager am Galana-Fluss weiterfahren werden, etwa fünfzig Kilometer nördlich. Von dort aus werden wir zu Fuß die Northern Area erkunden, eine semiaride Savanne. Sie ist der unberührteste Teil des Parks. Weil der KWS zu wenig Finanzmittel und folglich auch zu wenig Leute hat, werden hier kaum Patrouillengänge durchgeführt, und das Gebiet ist für die Allgemeinheit gesperrt. Ausnahmegenehmigungen gibt es nur für autorisierte Gruppen, begleitet von bewaffneten Rangern, die sie vor zwei- und vierbeinigen Räubern schützen sollen – in anderen Worten: vor *Shifta*, wie die somalischen Wilderer hier genannt werden. Das stört uns nicht – ganz im Gegenteil: Reisen ohne ein bisschen Nervenkitzel ist schließlich bloßes Sightseeing.

Rob Howard, ein dunkelhaariger 36-Jähriger, der zehn Jahre jünger wirkt, schultert sein Arsenal an Kameras und Objektiven, und wir fahren mit dem Landrover los. Es ist Spätnachmittag, die goldene Stunde in Ostafrika. Das Licht ähnelt zerlaufener Butter. Wir treffen Andanje, den Mitentdecker der Menschenfresserhöhle, am Aruba-Stausee. Durch einen vor Jahrzehnten errichteten Erddamm ist hier eine Wasserstelle von der Größe eines kleinen Sees entstanden. Die Landschaft gleicht der Serengeti – braunes Gras bis zum Horizont, dazwischen vereinzelte Akazien. In einem weißen Landrover mit dem Namen der Royal Zoological Society auf den Türen sucht Samuel mit einem Fernglas die leeren Weiten ab. Er ist beim KWS und studiert mit einem Stipendium der Society die Löwen und andere Tiere. Die Nächte verbringt er regelmäßig damit, die Katzen anhand ihres Gebrülls zu lokalisieren, und tagsüber folgt er ihnen in seinem Wagen. Als wir näher kommen, steigt er aus, ein athletisch gebauter, groß gewachsener junger Mann mit rundem Gesicht und breitem, freundlichem Grinsen. Er berichtet, eine Gruppe Löwen habe sich ganz in der Nähe um den Riss eines frisch erlegten Büffels versammelt. Sie gehören zu einem 23-köpfigen Rudel, sagt er und deutet auf einen etwa hundert Meter vom See entfernten niedrigen Hügel. Zuerst sehe ich nichts, doch dann kann ich ein Ohr ausmachen und einen langen, lohfarbenen Körper, farblich genau dem Gras entsprechend, in dem er liegt. Ein Kopf hebt sich, und dann noch einer: zwei Weibchen – unsere ersten Tsavo-Löwen. Rob und ich holen die Kameras heraus und bestücken sie mit 300-Millimeter-Teleobjektiven. Iain lenkt den Landrover ins Gelände und fährt langsam bis auf etwa zwölf Meter an die beiden heran, die mit dicken Bäuchen satt in der Sonne dösen. (Ein Löwe nimmt bei einer Mahlzeit zwischen 20 und 35 Kilogramm Fleisch zu sich. Stellen Sie sich vor: 50 Porterhouse-Steaks auf einen Streich!) Bernsteingelbe Augen beobachten uns mit größter Gleichmut, als wir unsere Köpfe durch die Dachluken stecken und zu fotografieren anfangen. Das heißt, sie schauen uns weniger an als vielmehr durch uns hindurch. Iain murmelt, wir hätten großes Glück. Die Löwen von Tsavo seien »wilder« als die in Kenia und Tansania, die längst an Touristen gewöhnt sind, und ziehen sich in das dichte Gesträuch entlang der Flüsse und *luggas* (trockenen Flussbetten) oder ein *Commiphora*-Dickicht zurück, sobald sie Menschen sehen. Obwohl auch nach Tsavo immer mehr Besucher strömen – rund 200.000 pro Jahr –, sind diese Zahlen doch nicht mit denen anderer Nationalparks und Wildschutzgebiete vergleichbar. Wären wir jetzt in Serengeti oder Amboseli, hätten wir es bestimmt mit einem Dutzend anderer Fahrzeuge zu tun. Hier sind wir die Einzigen, so weit das Auge reicht. Doch selbst wenn Tsavo so populär wäre wie die anderen Parks – es ist so riesig, dass ein Löwe im Laufe seines ganzen Lebens vielleicht nicht mehr als eine Hand voll Leute zu sehen bekäme. Diese beiden, die in einem der wenigen offenen Landstriche in Tsavo beheimatet sind, können sich nirgends verstecken. Natürlich ist es auch möglich, dass sie bereits so vielen Kleinbussen mit gaffenden Zweibeinern begegnet sind, dass sie sich von uns nicht mehr stören lassen.

Ihre Duldsamkeit hängt allerdings davon ab, ob wir im Landrover bleiben. Sieht ein Löwe einen Menschen aufrecht stehend oder gehend, wird er instinktiv entweder angreifen oder flüchten. Ein Fahrzeug dagegen, das er möglicherweise für ein artverwandtes Tier hält, scheint in seinen Augen weder Gefahr noch Beute. Offenbar gibt es ihm das gleiche Sicherheitsgefühl wie den zweibeinigen Insassen – eine Tatsache, die gewissenlose und feige Jäger bisweilen ausnutzen, indem sie aus dem Wagen heraus auf Löwen schießen.

Eine Bewegung zu unserer Linken verrät die Anwesenheit einer dritten Löwin. Wie fantastisch ihre Tarnung funktioniert! Liefe man hier umher, so würde man wahrscheinlich auf sie treten, bevor man sie sähe. Allerdings nehme ich an, dass dies der letzte Schritt wäre, den man täte, denn sie ist weit größer als die beiden anderen, ein voll ausgewachsenes Weibchen, ein Alpha-Mädchen, vielleicht 130 Kilogramm schwer. Und auch links hinter uns rührt sich etwas, im Schatten eines niedrigen Busches. Iain legt den Gang ein und fährt im Schneckentempo in diese Richtung. Es ist das Männchen, der Rudelführer, und es ist wahrhaft Furcht erregend: Furcht erregend groß, mindestens vier Zentner schwer und Furcht erregend hässlich, mit spärlichen dunklen Borstenhaaren und einem kurzen Mähnenkamm. Gesicht und Fell sind voller Narben von dem dornigen Habitat, in dem er lebt, von Kämpfen mit Löwenrivalen, von den Tritten der Zebras und Büffel, auf die er Jagd macht, um an Nahrung zu gelangen. Er liegt im Schatten des Busches, keine zehn Meter entfernt, die Augen halb geschlossen, tief und ruhig atmend, neben dem Büffelkadaver. Neben ihm räkeln sich zwei weitere junge Löwinnen im niedrigen Gras, auch sie satt und müde. Zwei Jungtiere lecken und knabbern an dem Riss. Die zerfetzten Fleischreste zwischen den Rippen leuchten grellrot unter dem schwarzen Fell. Nichts ist von dem Wildrind mehr übrig außer dem gehörnten Kopf, den Hufen und ein paar verstreut herumliegenden Knochen.

Wir beobachten und fotografieren den majestätischen Löwenmann mehrere Minuten lang. Ich denke an *Hamlet* und Shakespeares Lobrede auf den *Homo sapiens*: »Welch ein Meisterwerk ist der Mensch! Wie edel durch Vernunft! Wie unbegrenzt an Fähigkeiten! In Gestalt und Bewegung wie bedeutend und wunderwürdig! Im Handeln wie ähnlich einem Engel! Im Begreifen wie ähnlich einem Gott! Die Zierde der Welt! Das Vorbild der Lebendigen!« Mir scheint, der Löwe verdient ebenfalls eine Hymne: Wie kraftvoll ist sein Leib, ganz Muskeln und Sehnen! Geballte Energie! Die Brustmuskulatur die stärkste unter allen Katzen! Die mächtigen Vorderpranken, fähig, einem Zebra mit einem Hieb das Genick zu brechen! Wie seine Augen abgestimmt sind auf die Jagd bei Dunkelheit, mit weißen Augenringen, die das Mondlicht reflektieren und verstärken! Wie fürchterlich und todbringend sein Gebiss! Die Fangzähne genau im richtigen Abstand für die Lendenwirbel seiner Lieblingsbeute! Welch Schrecken erregendes Brüllen, kraftvoll genug, Staubwolken aufzuwirbeln! Welche Virilität – bis zu 40-mal am Tag wird ein Weibchen begattet! Die Frage, die mich beschäftigt, ist: Gehört dieser mächtige Kerl vor uns – ich habe beschlossen, ihn Scarface, Narbengesicht, zu nennen – zu einer Unterart des Serengeti-Löwen *Panthera leo massaicus*? Blicke ich auf ein lebendes Fossil aus der Steinzeit? Ist die kurze, struppige Mähne das Resultat einer Genmutation? Weitere Fragen zur Gnoske-Kerbis-Peterhans-Hypothese drängen sich auf. Das ist keine komplette Löwenfamilie – acht Tiere insgesamt, nur Teil eines 23-köpfigen Rudels, wenn Samuels Angaben stimmen. Wie würden die Forscher das erklären? Lässt dieser savannenartige Teil von Tsavo vielleicht doch größere Rudelgrößen zu? Aber warum trägt Scarface dann keine stattliche wallende Mähne? Auch kann ich nicht sagen, ob Scarface sich insofern in das Gnoske-Kerbis-Peterhans-Szenario fügt, als dass er selbst die meiste Beute reißt. Möglicherweise hat er den Büffel erlegt, aber dem Hörnerabstand und der Skelettgröße nach zu urteilen, war es ein Halbwüchsiger und könnte auch gut von Löwinnen zur Strecke gebracht worden sein. Vielleicht war er sogar schon tot. Löwen ergattern ein Gutteil ihrer Nahrung – unter Umständen bis zu vierzig Prozent –, indem sie diese anderen Raubtieren abjagen. Am häufigsten sind Hyänen Opfer solcher Diebstähle. Ich wünschte, wir hätten einen erfahrenen Biologen dabei, der über solche Dinge Bescheid weiß. Ich jedenfalls komme mir mit meinem Teleobjektiv auf dem Landroverdach mehr wie ein besserer Tourist vor als wie ein ernsthafter Forscher.

Mein Film ist voll, und ich bücke mich nach unten, um einen neuen aus der Fototasche im Wagen zu holen. In der Hoffnung auf einen besseren Blickwinkel stemmt Rob sich durch die Dachluke und steht auf. Augenblicklich verschwindet der schläfrige Ausdruck aus Scarfaces Gesicht. Seine Augen blitzen wie Messing im Feuer, während er seinen Blick mit intensiver Konzentration auf Rob richtet. Robs Kamera klickt unablässig weiter, und ich frage mich, ob ihm überhaupt aufgefallen ist, dass er das Raubtier aufgestört hat. Rob fixierend, gibt der Löwe schließlich ein brummendes Knurren von sich, holt die Vorderpfoten ein und hebt das Hinterteil. Der lange, mit einer schwarzen Quaste besetzte Schwanz peitscht das Gras.

»Rob, Sie setzen sich besser wieder hin«, ermahnt Iain ihn ruhig. »Aber bewegen Sie sich möglichst langsam.«

Kaum hat er seine Anweisung ausgesprochen, als der Löwe ein Geräusch macht, als räuspere er sich, und mit einem gewaltigen Satz die halbe Distanz zum Landrover überwindet. Rob purzelt durch die Luke ins Innere des Wagens, landet samt seiner wild durcheinander geworfenen Fotoausrüstung fast auf mir. Mühsam rappelt er sich wieder auf.

»Heiliges Kanonenrohr!«, ächzt er, augenscheinlich beeindruckt. Scarface hat sich wieder hingelegt, doch sein Schwanz ist weiterhin in Bewegung.

»Das kurze, aber aufregende Leben des Rob Howard«, witzele ich. »Wie peinlich, Zeuge zu werden, wenn ein Mann so die Nerven verliert.«

Welch gespielte Kaltblütigkeit meinerseits! In vier Tagen werden wir zu Fuß losziehen, und sollten wir dann angegriffen werden – werde ich die Nerven behalten? Vielleicht fragt Rob sich gerade das Gleiche. Er erkundigt sich, was er getan hat, um den Löwen zu provozieren.

»Das Aufstehen. Es war die Silhouette des Zweibeiners«, antwortet Clive. »Löwen haben gelernt, Zweibeiner zu fürchten und zu hassen.«

»Wäre er auf das Autodach gesprungen?«, will Rob wissen, und seine Miene drückt aus, dass er den unerquicklichen Ausgang einer solchen Aktion bildlich vor Augen hat.

»Er hätte es natürlich gekonnt, aber sicher nicht getan«, antwortet Iain grinsend. »Das war nur eine Lektion, um Ihnen zu zeigen, wie hier die Spielregeln sind. Natürlich konnten Sie das nicht wissen.«

Kurz nachdem der Löwe Rob gezeigt hat, wer hier der Herr im Hause ist, stehen die Löwinnen auf und schlendern, die Jungen im Schlepptau, zum Trinken in Richtung See. Sie geben ein herrliches Bild ab, wie sie im goldenen Nachmittagslicht gemächlich durch das fahlbraune Gras wandern, dessen Wogen an fließendes Wasser erinnert. Scarface bleibt zurück, um die Reste des Büffelkadavers vor Schakalen und Hyänen zu schützen. Die Sonne sinkt tiefer, und in der aufkommenden Dämmerung strömen jede Menge Tiere zum Wasser. Zwei Flusspferde suhlen sich darin. Auf einer Seite taucht ein Dutzend Elefanten, die Haut gänzlich von rotem, getrocknetem Schlamm bedeckt, ihre Rüssel in das erquickende Nass, während eine noch weit entfernte Herde von etwa dreißig Tieren auf den See zutrottet. Unweit der Stelle, wo die Löwinnen und ihre Jungen ihren Durst löschen, picken Ibisse mit ihren langen gekrümmten Schnäbeln im Sumpf. Es sind schlichtfarbige Vögel, schwarz und weiß, die im ägyptischen Reich der Pharaonen den Gott Toth symbolisierten, der die Sünden der Sterblichen im »Totenbuch« registierte, und deshalb als heilig galten.

Dieses erklärt uns Clive, und er erzählt auch, dass der heilige Ibis unter den ägyptischen »Hydroglyphen« zu sehen ist. Fremdwörter sind nicht seine Stärke, das haben wir bereits mehrfach bemerkt.

»Hieroglyphen, Clive«, korrigiert ihn Iain.

»Das habe ich doch gesagt.«

»Hast du nicht.«

Im Laufe der Jahre haben die beiden eine Beziehung entwickelt, die einer Mischung aus Kriegskameradschaft und altem Ehepaar gleicht. Ab und zu zanken sie sich und ziehen sich mit Sticheleien auf, aber darunter verbirgt sich eine Bindung, die an nackten Felswänden, in Gletscherspalten und auf langen Wanderungen unter der sengenden Sonne Afrikas gewachsen ist.

Clives Abhandlung über den heiligen Ibis wird durch eine Reihe kehliger Laute des Löwen unterbrochen, der damit nicht die Ausführungen kommentiert, sondern seine Frauen und Kinder zurückruft. Während sie lautlos durch das Gras trotten, verlassen auch wir den See – es wird rasch dunkel – und stoßen bei der Wegkreuzung auf eine einzelne Löwin. Sie rührt sich nicht vom Fleck, als der Landrover sich nähert, und auch nicht, als wir in nicht einmal zwei Meter Entfernung an ihr vorbeifahren. Auch sie ist ein großes Mädchen und scheint die Kreuzung als ihr Eigentum anzusehen. Und natürlich hat sie damit vollkommen Recht.

Die großen Störche, die es sich im Geäst der toten Bäume im Flussbett des Voi gemütlich gemacht haben, wirken im Zwielicht geradezu unheimlich. Da erscheint das warme Glimmen der Kerosinlampen, das uns im Zeltlager auf der anderen Seite erwartet, doppelt einladend.

Nach dem Abendessen sitzen wir unter den Sternen am Lagerfeuer, und einmal, als der Wind dreht, hören wir in der Ferne Löwen brüllen. Das bringt Iain auf den Gedanken, eine seiner gruseligsten Geschichten zum Besten zu geben. Sie dreht sich – was sonst? – um die Begegnung mit einem Tsavo-Löwen.

Es geschah auf einer Safari im Juli des vergangenen Jahres. Es war später Nachmittag, etwas über die Zeit, zu der er sich gewöhnlich via Satellitentelefon bei seinem Büro in Nairobi meldet (heute entkommen nicht einmal mehr Safari Guides dem Fluch ständiger Erreichbarkeit). Iain schlenderte zum breiten, sandigen Ufer des Galana-Flusses hinab, wo der Empfang etwas besser war als in seinem von hohen Bäumen umgebenen Camp. Während er mit seinem Assistenten sprach, beobachtete er einen Buschbock, der ein Stück flussaufwärts aus dem Strauchdickicht kam und dann zu trinken begann. Plötzlich hob das Tier den Kopf und erstarrte. Im nächsten Augenblick sprang noch etwas weiter flussaufwärts eine Löwin aus der Vegetation. Der Buschbock setzte in großen Sprüngen in Iains Richtung das Flussbett hinab, die Löwin dicht hinter ihm. Etwa fünfzig Meter vor Iain änderte sie, ohne das Tempo zu reduzieren, die Richtung und jagte, den Sand hinter sich aufwirbelnd, nun auf Iain zu. Iain warf das Telefon weg und wusste innerhalb von Sekundenbruchteilen, die ihm wie Minuten vorkamen, dass er keine Angst vor ihren Zähnen oder Pranken würde haben müssen. Der Aufprall von 130 Kilogramm Muskeln und Sehnen, die im Eilzugtempo auf ihn zugerast kamen, würde ausreichen, ihn umzubringen. Als sie vielleicht noch fünf Meter von ihm entfernt war, schlug sie plötzlich erneut einen Haken, spritzte Iain von Kopf bis Fuß mit Sand voll und verschwand.

Iain meint, dass die Löwin ihn angriff, weil sie verwirrt, verärgert oder neugierig war.

»So nahe war ich dem Tod noch nie«, fügt er hinzu. »Nachdem sie weg war, hatte ich irgendwie das Gefühl, dass sie ins Zeltlager gelaufen war. Deshalb rannte ich zurück und sagte zu meinen Klienten, sie sollten in ihre Zelte gehen und diese verschließen. Und ich warnte auch meine Leute, dass möglicherweise ein Löwe im Camp sei. Sie schauten mich an, als wollten sie sagen: He, der Junge hat wohl zu viel Sonne abgekriegt, und nachdem ich die Löwin eine Weile nicht erblickt hatte, kam ich zu dem Schluss, dass sie wohl Recht hatten. Ich wollte gerade die Leute wieder aus ihren Zelten herausrufen, als ich acht Afrikaner in größter Hast auf den Landrover zuspurten sah, die Löwin mitten unter ihnen – nicht hinter ihnen her, sondern richtig mittendrin. Die Männer sprangen mit einem Satz auf das Autodach. Ich glaube, das alte Mädchen war völlig verwirrt – sie hatte ganz normal einen Buschbock gejagt und fand sich dann in einem Camp voller Menschen, Zelte und Autos wieder – alles Dinge, die sie noch nie gesehen hatte. Wahrscheinlich hat sie sich gefragt: ›Wie bin ich bloß in diesen Schlamassel geraten?‹ Schließlich verließ sie das Camp, blieb jedoch den ganzen Tag in Sichtweite. Aber sie saß einfach nur da und schaute uns zu. So wie die Löwin, die wir vorhin gesehen haben.«

»Wieso hilft es, wenn man den Zelteingang zumacht?«, frage ich. »Sie hätte die dünne Zeltbahn doch mit einem Tatzenhieb zerreißen können, wenn sie gewollt hätte.«

»Löwen mögen keine dunklen, geschlossenen Räume«, erklärt Iain. »Deshalb ist es so wichtig, nachts den Zelteingang zu schließen. Erst letzten August, in Simbabwe, da war ein junger Engländer, der Sohn eines Earl, auf einer Safari. Die müssen ganz ordentlich gezecht haben, jedenfalls ging er nach der Party in sein Zelt und schlief ein, bei offenem Zelteingang. Irgendwann in der Nacht wachte er dann auf und sah ganz in der Nähe eine Löwin. Er erschrak furchtbar und rannte in die Dunkelheit hinaus. Löwen sind völlig verrückt nach Dingen, die sich bewegen, genau wie alle Katzen. Sie jagte ihn jedenfalls direkt in eine Gruppe anderer Löwen. Und als die ihn erledigt hatten, war, denke ich, nicht mehr viel von ihm übrig.«

Das ist keine passende Gutenachtgeschichte im Löwenland – oder vielleicht doch. Als Leslie und ich zu unserem Zelt kommen, sichern wir jedenfalls nicht nur den Eingang, sondern schließen auch die Abdeckungen an den Fliegengitterfenstern – und können in der stickigen Luft kaum atmen. Ich liege neben meiner wunderschönen Frau und lausche dem gedämpften Brüllen in der Ferne. Iains Versicherung, Löwen mieden dunkle, geschlossene Räume, beruhigt mich nicht. Stürmten nicht die Menschenfresser von Tsavo in die Zelte der Eisenbahnarbeiter, um sich dort eine Mahlzeit zu holen? Wahrscheinlich hatten die den Zelteingang zu schließen vergessen, sage ich mir. Aber was ist mit dem Löwen, der C.H. Ryall umbrachte? Er hat die Tür zu einem nicht beleuchteten Eisenbahnwaggon geöffnet. Er hat die Tür geöffnet, um Himmels willen! Meine einzige Waffe ist mein Zehn-Inch-Kampfmesser, noch aus meiner Zeit beim Marinekorps in Vietnam. Ich stelle mir vor, wie ich – in Heldenpose – Leslie gegen ein angreifendes Raubtier verteidige, und sehe vor meinem geistigen Auge den jungen Massai im Field Museum, der hinter seinem Schild kniet, die Hand am Griff seines Simi. Ich denke an die Geschichten von den tapferen Männern, die Löwen mit einem Messer oder einer ähnlichen Waffe töteten: Lord Delamere zum Beispiel, ein früher englischer Siedler in Kenia, der von einem Menschenfresser vom Pferd gerissen wurde. Er lag halb bewusstlos am Boden, und der Löwe hielt ihn wohl für tot und packte ihn an einer Schulter, vermutlich, um ihn zu einem passenden Speiseplatz zu schleppen. Lord Delamere aber kam wieder zu sich, zog sein Messer und stach es dem Löwen mitten ins Herz. Peter Capstick, der in derselben Gegend wie Hosek, im Luangwa-Tal, einen Menschenfresser verfolgte, wurde von einem Löwen überfallen, der ihn so heftig zu Boden warf, dass seine Büchse in hohem Bogen ins Unterholz flog. Der riesige Löwe stürzte sich dann auf Capsticks Tracker, der nur mit einem Speer bewaffnet war. Das Raubtier fegte den Speer mit der Vorderpranke beiseite, sprang den Mann an und begann, ihn zu zerfleischen. Um nicht sofort zu sterben, schob der Mann ihm seinen Arm zwischen die Reißzähne. Capstick rappelte sich derweil wieder auf, griff, nachdem er seine Rifle nicht sah, den abgebrochenen Speer und rammte ihn dem Löwen ins Genick. Dabei traf er offenbar das Rückenmark, denn die Raubkatze brach augenblicklich zusammen. In *The Shadow of Kilimanjaro* erzählt Rick Ridgeway von dem Kamba-Jäger und -Tracker Elui, der an jedem Oberarm einen mit Lederbändchen befestigten Löwenhaarball trug (genau wie Hauskatzen verschlucken Löwen beim Putzen Fell, das sie später als Haarbälle wieder auswürgen). Die Wakamba, die auf dem Gebiet von Tsavo lebten, bevor es ein menschenleerer Nationalpark wurde, glauben, dass solcher Schmuck einem Mann die Stärke eines Löwen verleiht. Ridgeway zitiert Danny Woodley, den Sohn des Tsavo-Wildhüters, der beschreibt, wie Elui zu seinen »Trophäen« kam.

»Eines Tages wurde Elui bei einem Wasserloch von einem Löwen angesprungen. Er steckte dem Löwen seinen Arm ins Maul, zog mit der anderen Hand sein Messer und durchtrennte ihm die Hauptschlagader. Der Löwe sackte augenblicklich zusammen und erbrach den Haarball, den Elui von nun an an seinem Bizeps trug. Später tötete er auf die gleiche Weise eine Löwin, daher der Haarball an seinem anderen Arm.«

Nicht einen Löwen, sondern zwei. Mit einem Messer. Wenn Elui das konnte, kann ich es auch, wenn es sein muss. Ich werde Leslie bis zum letzten Atemzug verteidigen. Ich umfasse den geriffelten Griff des Messers, das in seiner Lederscheide auf dem Nachttisch neben meinem Feldbett liegt. Aber dann denke ich mir, das Beste, was ich im Falle eines Angriffs tun kann, wäre, mich in ein Mordinstrument zu stürzen und so dem Löwen die Mühe zu ersparen.

»Jambo«, ruft David, ein Mitglied des Lagerpersonals, leise vor unserem Zelt. Jambo heißt »Hallo« auf Suaheli.

»Jambo«, antworten wir. Wir stehen auf und ziehen uns beim Licht der Laterne an, während David die Spülbecken mit heißem Wasser füllt. Ich spritze mir etwas davon ins Gesicht. Es riecht wunderbar nach Lagerfeuerrauch. Nach dem Frühstück, als das Tageslicht die letzten Sterne auslöscht, brechen wir zum Arubadamm auf, um nach Scarface und seiner Familie zu suchen. Unterwegs sehen wir Paviane – unsere Verwandten! – in ihren Schlafstätten auf den

Bäumen und einen afrikanischen Schreiseeadler, der mit seinem weißen Kopf und den schwarzen Schwingen dem amerikanischen Weißkopf-Seeadler ähnelt, auf einem Ast schlummern. Flughühner flattern am Straßenrand auf, ein Nashornvogel segelt von einem Busch herab und stößt einen klagenden Ruf aus.

Die Löwen sind nicht an der Stelle, an der wir sie zuletzt sahen. Wir fahren langsam und suchen nach Spuren im weichen, rostroten Boden, bis wir ein dumpfes Murren vernehmen, das in einem tief sitzenden Husten endet – Scarface. Das Geräusch ist so laut, dass wir ihn nur fünfzig Meter entfernt glauben. Wir verlassen die Straße in Richtung des Brüllens und holpern über ein Gelände aus kurzem, trockenem Gras, das in der Morgensonne blassgolden schimmert. Clive, Rob und ich stehen auf unseren Sitzen und stecken unsere Hände durch die Dachluken.

»Da ist er«, sagt Iain hinterm Steuer.

»Ja, er ist es«, stimmt Clive zu.

Ich verbringe viel Zeit in Wäldern, mit Wandern und Flugwildjagd, und ich bin nicht schlecht darin, Wild zu erspähen, aber ich habe keine Ahnung, wovon die beiden sprechen.

»Die Ohren – wenn du einen Löwen suchst, musst du auf die Ohren achten, die aus dem Gras ragen«, unterweist mich Iain und fährt weiter, und dann sehe ich sie: zwei Dreiecke, die man für kleine Äste eines Baumstumpfs halten könnte – würden sie sich nicht bewegen. Wir sind zwanzig oder dreißig Meter von ihm entfernt, als er sich in einer geschmeidigen, nicht eben übereilten Bewegung erhebt. Der hässlich-schöne Scarface macht sich zur Löwenversion eines Bummels auf, einen Elefantenpfad entlang, über einen Hügel und zu einem Sumpf. Wir bleiben die ganze Zeit über bei ihm, in respektvoller Entfernung, damit er die Kameras nicht hört. Als ich ihn von der Seite sehe, frage ich mich, ob meine Schätzung seines Gewichts zu vorsichtig war. Er ist ein großer Kerl, und wäre er ein Menschenfresser, könnte er Sie auf drei Arten erlegen: Er beißt Sie in den Kopf und durchbohrt Ihre Schläfen mit seinen Eckzähnen (dies wäre vorzuziehen, weil Sie sofort tot wären), oder er bricht Ihnen das Genick (Tod innerhalb weniger Sekunden), oder er beißt in Ihre Brust und treibt seine Fangzähne in Ihre Lunge oder Ihr Herz (definitiv nicht die erste Wahl, da es eine Weile dauern kann, bis Sie sterben, und es möglich ist, dass er beginnt, Sie zu verzehren, noch ehe Ihre Seele sich zu Ihren Ahnen gesellt hat; es gibt schreckliche Berichte aus Afrika von Löwen, die Menschen bei lebendigem Leib fressen). Dabei wird Ihnen der Löwe zunächst mit seiner Zunge, die mit kleinen Dornen gespickt ist und die Struktur groben Sandpapiers hat und nahrhaftes Blut an die Oberfläche befördert, die Haut abziehen. Dann beißt er in Ihren Bauch, um an Ihre Eingeweide zu gelangen, die reich an Proteinen sind, besonders Ihre Leber. Er treibt die Schneidezähne in Ihre fleischigsten Teile, Ihre Oberschenkel und Ihr Gesäß, dann in die Arme, Schultern und Waden, und dann knackt er Ihre kleineren Knochen auf, um das Mark herauszuschlecken. Ihren Magen verspeist er nicht, sondern vergräbt ihn. Niemand weiß, warum Löwen nie den Magen ihrer Beute fressen. Ihre größeren Knochen überlässt er den Hyänen, die kräftigere Kiefer haben. Geier und Schakale teilen sich Ihr Gesicht und Ihren Skalp und was sonst noch übrig ist, sodass es ein paar Stunden nach Ihrem plötzlichen Ableben scheint, als hätte es Sie nie gegeben. Die Handwerker des Todes arbeiten in Afrika mit erschreckender Gründlichkeit, und davon sind wir nicht ausgenommen.

Scarface führt uns direkt zu seinem Harem und geht dann, nachdem er auf einem Hügel posiert hat, in den Sumpf, in seinem Schlepptau die Löwinnen und Jungen.

»Das wär's für den Moment«, sagt Iain. »Wir müssen am Spätnachmittag wiederkommen. Suchen wir Sam und den Rest seines Rudels.«

Wir fahren in Richtung Sattao Camp, einer Safarilodge, und treffen Andanje, der auf seinem Landrover steht und mit einem Fernglas den Horizont absucht. Er will uns zeigen, wo er das Rudel zuletzt gesehen hat. Wir folgen ihm einen abgeschiedenen Abschnitt des Voi entlang, durch das dornige Myrrhengebüsch. Ich erwähne die Umzäunungen, welche Pattersons Arbeiter aus diesem Material bauten, und wie die Löwen mit der Gerissenheit erfahrener Guerillakämpfer, die den Stacheldraht des Feindes überwinden, Wege hindurch fanden – vierbeinige Killer mit überdurchschnittlichem IQ. Ein nur 250 Gramm schweres Gehirn kann mehr ausrichten, als man glaubt.

»Ich glaube nicht, dass sie das ganze Ding verdrahtet haben«, bemerkt Iain. »Der Unterschied zwischen Mensch und Tier ist, dass wir das große Ganze sehen und Wege finden können, um unter allen möglichen Bedingungen zu überleben, aber in ihrem jeweiligen Gebiet sind Tiere so schlau wie wir, wenn nicht schlauer.« Er macht eine Pause und denkt nach. »Schau dir dieses Land an ... Ich bin überzeugt, dass sie ihre Territorien so gut kennen wie du deinen Hinterhof, mit all ihren Lauerplätzen. Sie sind gewitzt. Sie wissen, wo sie wann sein müssen.«

Eine interessante Beobachtung. Es erinnert mich an etwas, das ich mal gelesen habe: Weil der große Vorteil des Menschen gegenüber dem Raubtier Intelligenz ist, muss der Löwe auf Menschenjagd eher seinen Verstand als seine Klauen schärfen, um erfolgreich zu sein. Die Löwen, die Patterson zu schaffen machten, hatten wohl schon einen scharfen Verstand, um in ihrem Umfeld zu überleben, und feilten daran, als sie im Heranpirschen an ihre zweibeinige Beute mit dem großen Gehirn erfahrener wurden.

Capstick merkte an: »Die Hingabe des erfahrenen Menschenfresserlöwen an seine Kunst kann geradezu gruselig sein. Wie ein normaler Löwe Techniken fürs Töten und Jagen von Tieren lernt, so entwickelt der Menschenfresser Methoden des Menschenfangs. Die Tatsache, dass eine Menschen fressende Katze das am schwersten zu jagende Tier der Welt ist, liegt an der guten und schnellen Lernfähigkeit der Katze.«

Wasserböcke erstarren beim Anblick unserer Fahrzeuge, ehe sie davonspringen, ihre Hinterteile mit weißen Kreisen ähneln dem Zentrum einer Zielscheibe. Das braune Fell der eleganten, langbeinigen Grantgazellen, die in der Ferne grasen, glänzt wie poliertes Leder, und die Hörner der Männchen sind wie Lyren geformt. Wir kommen an einer großen Kaffernbüffelherde vorbei: Es sind zahlreiche pechschwarze, unheilvoll blickende Tiere, die alten Bullen unglaublich massiv – ich vermag mir nicht vorzustellen, dass ein Löwenrudel einen von ihnen erlegen könnte. Und in der Tat tötet ein Büffel häufig die Löwen, die ihn erlegen wollen. Samuel erzählt uns, dass er erst letzte Woche gesehen hat, wie ein männlicher Löwe von einem Büffel zu Tode getreten wurde. Weit entfernt nascht ein einzelner Elefant von den Zweigen eines hohen Baums, aber es sind keine Löwen in Sicht, und um halb elf wird die Suche hoffnungslos. Es ist 37 Grad Celsius heiß, und die Katzen schlafen im Dickicht.

Wir fahren zum Camp zurück, essen zu Mittag und vertrödeln den Nachmittag mit der Beobachtung einer Massai-Giraffe, die auf der anderen Seite des Flussbetts Blätter mampft. Sie geht von Baum zu Baum und sieht dabei aus wie ein Kran in Bewegung. Eine Brise mildert die Hitze der Trockenzeit, raschelt durch die Steineichen und die wie Zungen herabhängenden Samenhülsen der Tamarinden. Graue, verlockend singende Bülbüls und Glanzstare mit herrlichem Gefieder – kohlschwarze Kronen, metallisch blau-grüne Rücken und Flügel, kastanienbraune Bäuche – flitzen von Busch zu Busch. Wundervoll, aber ich bin nicht hier zur Vogelbeobachtung.

Am Spätnachmittag fahren wir wieder zu dem Sumpf beim Arubadamm. Hier räkeln sich Scarface' Harem und die Jungen auf dem Grashügel, der den Sumpf überblickt, in dem ein einsamer Elefantenbulle zufrieden grast. Iain parkt in der Nähe der Löwen, und wir fangen an zu fotografieren. Es ist nicht viel los. Die Katzen tun nichts außer herumliegen, das Maul halb offen, die Augen halb geschlossen, die Ohren zucken hie und da.

»Ich fürchte, das ist das typische Verhalten von Löwen«, sagt Iain. »Das machen sie 20 von 24 Stunden am Tag – nichts tun und Energie sparen.«

Das Licht ist grandios: ein Kupferton, der das Savannengras in Champagnertöne taucht und die Augen der Löwen zum Glühen bringt. Zwei junge, magere Weibchen pflegen sich gegenseitig mit ihren Zungen das Fell. Sie fühlen sich in unserer Gegenwart so sicher, dass sie uns unter sich dulden. Eine Löwin liegt nur etwa anderthalb Meter vom Wagen entfernt. Aber ich werde unruhig, möchte mich zu Fuß auf den Weg machen. Wildtiere von einem Fahrzeug aus zu beobachten, gibt mir ein Gefühl der Distanz, von zu wenig Spannung. Es ist, wie wenn man gefangene Tiere betrachtet, auch wenn in diesem Fall wir die Eingesperrten sind, mit dem Landrover als Käfig.

Die Sonne sinkt hinter die Chyulu Hills, und es weht eine angenehme Brise. Westlich von uns erhebt sich im Dunst ein Berg, auf dem Iain einmal mehrere Menschenschädel fand. Dies war ein Friedhof des alten Stammes der Taita gewesen. Die Löwen rühren sich. Eine kleine Herde Grantgazellen wandert in den Sumpf, um zu grasen, und die größte Löwin, das dominante Weibchen, hebt den Kopf und richtet ihren Blick auf sie, genau wie unsere Hauskatze ihren Kopf hebt, wenn sie eine Maus durch unsere Pachysandra-Betten kriechen hört. Ob nun fünf Kilogramm oder 120 – eine Katze ist eine Katze.

»Sie sucht nach einem Hinken«, beobachtet Iain, »oder irgendeinem Zeichen von Schwäche. Aber Gazellen zählen nicht zu ihrer Lieblingsbeute. Sie sind schnell, und sie haben nicht viel Fleisch auf den Rippen. Deshalb lohnt sich bei ihnen kaum die Mühe. Löwen sind faule Jäger.« Er zeigt zum Sumpf und kehrt zum Thema Katzenintelligenz zurück. »Diese Position über dem Sumpf, wo sie fast alles sehen oder wegen des Aufwinds riechen können, was herankommt, ist gut gewählt. Es ist ein ideales Büffelland. Die Sonne geht unter, sie sind ausgeruht, und sie werden bald Hunger haben.«

Doch erst irgendwann nach Mitternacht, ohne dass wir es sehen können, wird ein Tier gerissen werden. Die Löwen beginnen sich zu bewegen, und die Gazellen wittern sie und rennen davon. Ein Steppenadler kreist am Himmel, und ein Schwarm Störche oder Flamingos – ich bin zu benommen von der Hitze, um Clive zu fragen – steigt aus dem Arubasee hoch, dicht wie ein Bienenschwarm.

Als wir etwa 400 Meter vom Camp entfernt sind, sehen Iain und Clive die Löwin, die letzte Nacht die Straßenkreuzung mit Beschlag belegte. Sie hat zwei sehr kleine Junge, kaum größer als Hauskatzen, dabei. Ihr Fell sieht im Zwielicht grau aus, und sie bewegt sich so lautlos auf ihren gepolsterten Pfoten, dass sie unwirklich erscheint, ein Geist in der anbrechenden Nacht.

Das ganze Arubarudel ist verschwunden, und wir finden an diesem Morgen nirgendwo ein Zeichen von ihm, nur Fußabdrücke auf der Straße im Norden des Sees, aber auch sie verlieren sich bald im Gras. Iain fährt weiter gen Norden, über eine öde Ebene auf den Galana-Fluss zu. Wären wir auf einer Touristensafari, so würden wir jetzt Freudenrufe ausstoßen: Ein männlicher Kleiner Kudu, ein seltener Anblick, springt vor uns über die Straße. Seine braunen Flanken haben weiße Streifen, und seine gewundenen Hörner ragen wie Schlangen aus seinem Kopf. Er strahlt Kraft und Energie aus und ist so schnell, dass wir nur einen flüchtigen Blick auf ihn werfen können – als hätten wir eine Halluzination. Weiter oben treffen wir auf ein paar Kuhantilopen, die wie ein verunglücktes Experiment der Natur aussehen, scheinbar aus Teilen anderer Tiere zusammengebaut: ein schmaler, länglicher Kopf mit zu großen Ohren und zu kurzen, sichelförmigen Hörnern, die nicht wissen, wohin sie wollen: Sie drehen sich nach vorn, nach hinten und dann nach außen. Ich behaupte nicht, dass wir diese Wildtiere nicht gern sehen, aber das, was wir suchen, finden wir nicht. Wir fahren fast fünfzig Kilometer, ohne einen einzigen Löwen zu sehen. Erfreulich ist, dass wir nur einem Minibus begegnen, doch schon dieser lässt Iain murren. Zu viele davon seien auf Tsavos Wegen unterwegs. Ein notwendiges Übel – mit den Gebühren, die sie bezahlen, wird der Park unterhalten. Das veranlasst ihn zu einem kurzen Diskurs über die Gefahren, wenn man Tiere zu sehr vermenschlicht. Es macht einen zum Menschenhasser.

»Je mehr Zeit man mit Wildtieren verbringt, desto mehr identifiziert man sich mit ihnen. Aber das darf nicht zu weit gehen, weil man nach einer Weile Menschen nicht mehr mag.«

Ich selbst habe das schon gespürt und war drauf und dran, meine eigene, sich immer mehr ausbreitende Spezies zu verabscheuen. Die Felder und Prärien, auf denen ich in meiner High-School-Zeit Fasane und Hasen jagte, sind heute unter Einkaufszentren, Bürokomplexen und dem unnatürlichen Grün chemisch behandelter Rasenflächen begraben. Aus zweispurigen Asphaltstraßen, auf denen ich Farmen aufsuchte, um dort um Jagderlaubnis zu bitten, wurden vier- oder sechsspurige Verkehrsadern. Es ist manchmal schwierig, an den Wert und die Heiligkeit jeden menschlichen Lebens zu glauben, wenn es so viel davon gibt. Ich erinnere mich an zwei lange Angel- und Jagdausflüge 1995 und 1996 im arktischen Alaska, auf denen ich so wenig Leute sah, dass ich glücklich war, auf Lebenszeichen zu stoßen, wie etwa die Asche eines Lagerfeuers.

Weiter geht's. Iain nennt die trockenen, weiten Flächen MMBA – Meilen über Meilen Brutales Afrika. Die Landschaft sieht auf knapp 500 Kilometer Länge so aus, bis nach Somalia. Der Galana ist eine gänzlich andere Welt. Der breite, bräunliche Fluss, der unter dem Yatta Escarpment verläuft, ist von Dumpalmen und Buschwerk gesäumt. Dieses grüne Band erinnert mich ein wenig ans Niltal in Ägypten: Am Fluss ist alles üppig und grün, dahinter beginnt abrupt die Wüste. Wir suchen fleißig nach Löwen und finden keine. Elefanten gibt es genug, daneben Giraffen, Gazellen, Impalas, Wasserböcke, Paviane und Zebras. Wir fahren wieder zurück gen Süden, entlang einem Nebenfluss des Galana namens Hatulo Bisani (laut Clive ein Somali-Wort; erstaunlicherweise weiß er nicht, was es bedeutet). Das hiesige Vogelleben würde die gesamte Audubon-Gesellschaft in Verzückung versetzen: große Steppenadler und Gaukler, mittelgroße Nashornvögel und kleine goldene Pieper, die wie geflügelte Butterkleckse von den Büschen flattern. Die Trockenzeit hat den Hatulo Bisani zu einem Bach schrumpfen lassen; in dem überraschend grünen Riedgras auf dem Boden, über den sich in der Regenzeit der Fluss ergießt, sehen die nach Futter suchenden Reiher so weiß aus, dass sie wie das inkarnierte Weiß schlechthin wirken. Zwei Goliathreiher, die größten Stelzvögel Afrikas, wollen ihr Mittagessen fangen und starren gebannt ins Wasser. Als sie den Landrover hören, heben sie ihre Köpfe auf langen, rostroten Hälsen – sie müssen anderthalb Meter lang sein.

Iain erspäht Spuren am Straßenrand. Wir steigen aus und folgen ihnen ein paar Meter zu Fuß, bis sie im Unterholz verschwinden. In einiger Entfernung grast eine große Büffelherde. Ihre Rücken ragen aus dem Gras wie riesige schwarze Felsen.

»Diese Fußabdrücke«, denkt Iain laut, »könnten von einem Rudel stammen, das die Herde verfolgt. Sie suchen sich ein altes, schwaches Tier aus. Zwei Löwen könnten an jeder Seite der Herde sein, sie stehen in Verbindung miteinander und wissen, welches Tier sie jagen wollen. Heute Nacht könnte ein Tier gerissen werden. Wir kommen morgen Früh wieder her.«

Nach der langen Fahrt über ausgefahrene Feldwege bei 37 Grad fühlen wir uns wie Meeräschen nach Elektroschocks. Kahius Lunch stellt uns wieder her. Zwei Stunden vor Sonnenuntergang brechen wir erneut zur Löwensuche auf. Zwei Elefantenbullen weiden beim Camp. Jeder von ihnen würde bei Trophäenjägern von einst den Adrenalinspiegel hochtreiben und einen Somali-Wilddieb davon träumen lassen, seine Lehmhütte gegen eine Villa und seine Kamele und Pferde gegen BMWs zu tauschen, die eine Garage für fünf Wagen füllen. Die Stoßzähne eines der Elefanten berühren fast den Boden, als er seine massive Stirn gegen einen Baumstamm lehnt, um sich eine Pause vom Tragen all des Elfenbeins zu gönnen. Iain schätzt jeden Stoßzahn auf hundert Pfund; die des anderen Elefanten sind vielleicht etwas leichter, sagen wir neunzig Pfund – insgesamt also um die 190 Kilogramm. 1988, bevor der Elfenbeinhandel verboten wurde, bekam man 6000 US-Dollar pro Kilo. Für einen Wilddieb oder Händler bedeuteten diese zwei Elefanten also 1.140.000 Dollar – und das in einem Teil der Welt, in dem das durchschnittliche Jahreseinkommen nicht einmal die monatliche Lebensmittelrechnung einer amerikanischen Familie decken würde. Kein Wunder, dass die Tiere beinahe ausgerottet wurden.

Als wir zu einem weiteren Treffen mit Samuel am Voi fahren, startet der kleinere Elefant einen Scheinangriff. Er rennt unter lautem Trompeten auf uns zu und spreizt seine Ohren, dann dreht er plötzlich ab und trottet davon, hinter sich Staubwolken. Iain sagt, es sei ungewöhnlich, Elefanten dieser Größe in Tsavo zu sehen, da die großen eigentlich von Wilddieben getötet wurden. Nicht viele Elefanten im Park sind älter als fünfzehn Jahre, und diese wenigen sind traumatisiert und können die Nähe von Menschen nicht ertragen.

Der Elefant, der uns erschrecken wollte, hat vielleicht gesehen, wie seine Kameraden abgeschlachtet wurden, und ging jahrelang diesen Affen mit den Stöcken, die Feuer spuckten und Tod brachten, aus dem Weg. Er hat allen Grund, Menschen zu hassen.

Auch auf dieser Fahrt mit Samuel treffen wir auf keine Löwen. Wir hören allerdings Paviane in den Bäumen bellen und kreischen. Clive meint, ein Leopard sei in der Nähe. Als ich das schrille Geheul höre, stelle ich mir die einsame Katze vor, ruhig und selbstbewusst, und fühle so etwas wie Verachtung für die Paviane. Ich stelle mir ein höheres Wesen vor – sagen wir, einen Engel –, das vielleicht das Gleiche über die Bewohner Ngozos denkt, die schreiend Töpfe und Pfannen schlugen, als der Menschenfresser von Mfuwe vorbeimarschierte, mit Jesleens Stoffbeutel im Maul.

Die Kohlen im Lagerfeuer glühen, Funken sprühen zu den Sternen hoch. Beim Kochzelt spülen David und Kamal im Schein einer Kerosinlampe das Geschirr vom Abendessen ab. Iain nippt an einem Bier und erzählt eine Geschichte, um eine Bemerkung von mir zu widerlegen. Ich las einmal, dass Löwen normalerweise über Kaffernbüffel herfallen, die von der Herde ausgestoßen wurden. Dies beleidigt anscheinend die Fähigkeit des Büffels zu Loyalität und Mitgefühl für seine eigene Spezies, und Iain hebt zu seiner Verteidigung an.

»Ich leitete eine Safari durch Masai Mara, als ein Team von sieben jungen Löwen einen alten Büffel angriff. Sieben! Sie hatten ihn schon zum Teil ausgeweidet und an einem Vorderbein gekaut, ehe er zu Boden ging. Doch bevor die Löwen ihm den Garaus machen konnten, kam der Rest der Herde daher und trieb sie in den Busch. Ein paar andere bildeten einen Kreis um den verletzten Büffel, und in der Stunde danach spielte sich das herzzerreißendste Drama ab, als die Büffel das verstümmelte Bein des alten Bullen zurechtrücken wollten. Sie leckten seine Wunden. Manchmal krochen die Löwen aus dem Busch – sie gaben nicht auf, letztlich hatten sie Hunger –, aber sie wurden von den größten Bullen wieder verjagt. Nach einer Weile erkannten die anderen Tiere anscheinend, dass es für den verletzten Bullen keine Hoffnung mehr gab. Sie bewegten sich weg, doch da brüllte er erbärmlich, und sie kamen zurück und leckten wieder seine Wunden. Ich hatte drei Jagdgäste dabei, die all das mit Tränen in den Augen beobachteten. Nach einer Stunde kam der Bulle tatsächlich auf die Beine, und als die Herde sich in Bewegung setzte, ging er mit. Seine Eingeweide hingen aus seinem Bauch, und sein blutendes Bein baumelte herab. Man wusste, er würde die Nacht nicht überleben, aber vor diesen sieben Löwen hatte man ihn gerettet.«

Nachdem uns Davids »Jambo« um 4.30 Uhr morgens geweckt hat, frühstücken wir unterm Kreuz des Südens und fahren wieder gen Norden, zur Büffelherde am Hatulo Bisani. Währenddessen baut das Personal die Zelte ab und bringt sie zu unserem Wandersafari-Zeltplatz an einem Ort namens Durusikale am Galana. Ich freue mich darauf, aus diesem verdammten Landrover zu steigen, auch wenn dies unsere Chancen, die Katzen zu sehen, nach denen die Suche schon so schwierig war, reduziert. Ich denke, ich möchte mehr tun, als nur Tsavos mysteriöse Katzen zu verfolgen. Ich bin auf eine bestimmte Art Erfahrung aus, die vom Eingesperrtsein in einem Wagen unterminiert wird. Das Afrika von Dinesen und Finch-Hatton, von Ruark und Hemingway ist es, was ich will, und dahin kommt man am besten auf Schusters Rappen. »Safari« ist ein Suaheli-Wort, das aus dem arabischen Begriff für »zu Fuß reisen« gebildet ist.

Der Sonnenaufgang ist faszinierend. Einmal mehr bin ich wie magnetisiert vom übernatürlichen Weiß der kleinen Reiher im

Riedgras und von den Goliathreihern mit Flügelspannen von bis zu 2,50 Metern. Weiter vorne füllt ein riesiger schwarzer Fleck das Flussbett. Man könnte meinen, es sei Lehm – wenn er sich nicht bewegen und, als unser Wagen sich ihm nähert, den Kopf heben und zu uns herüberschauen würde. Ehe Iain anhalten kann, hören die Büffel den Motor, und 100 Tiere fliehen alarmiert über das steile Flussufer von uns weg. Ihnen folgt die ganze Herde aus vielleicht 600, vielleicht 1000 Tieren, ein eindrucksvoller Anblick, wie eine große Masse schwankender Hörner, wogender Rücken und stampfender Beine, die in ihrer Aufwärtsbewegung an eine umgekehrte Lawine erinnert. Die Büffel donnern über die Straße in den Busch, wo die Stampede endet. Sie laufen umher, Kühe und Kälber in der Mitte, und die dominanten Bullen äugen grimmig durch den aufgewirbelten Staub zu uns herüber. Ihre Flanken sind voller Schlamm, die feuchten Nasen glänzen, die dicken Hörner sind gekrümmt wie Enterhaken. Die eines der größeren Bullen sind so symmetrisch gebogen, dass sie eine auf der Seite liegende Acht bilden.

Wir machen Fotos – so nah sind wir noch nie an Kaffernbüffel herangekommen. Wieder versuche ich, mir einen Löwen vorzustellen, der stark genug ist, einen von ihnen anzugreifen.

Wir fahren langsam weiter und halten immer wieder an, um mit den Ferngläsern die Gegend abzusuchen und nach dem Gestank verwesender Tierleichen zu schnuppern. Nichts. Am Vormittag, als die Hitze drückend wird, geben wir auf und fahren gen Osten, Richtung Durusikale etwa 50 Kilometer flussabwärts. Eine kleine Zebraherde sucht in der Savanne nach Nahrung, schöne – und kräftige Kreaturen: Der Hieb eines Hinterlaufs kann den Kiefer eines Löwen brechen. Zwei Giraffen schlendern umher, fantastische Tiere; wären sie nicht so graziös, erschienen sie wie eine seltsame Laune der Natur.

Unterwegs machen wir Halt, um einen der Sob-Felsen, eine Reihe von Sandsteinfelsen, zu erklettern, mit den Ferngläsern nach Tieren Ausschau zu halten und unsere Route zu erkunden. Der messingbraune Galana, gespeist vom schmelzenden Schnee des Mount Kenia und des Kilimandscharo, fließt langsam zwischen Salzbüschen und Dumpalmen zu seinem fernen Treffpunkt mit dem Indischen Ozean. In der sengenden, rostroten Ebene hinter dem Fluss zieht eine Elefantenprozession zum Fluss, um in der Mittagshitze zu trinken und sich zu erfrischen. Einstweilen schieben wir unsere Löwensuche auf und fahren zu der Herde hinüber, um die Tiere zu zählen – es sind etwa 60. Die Kälber trotten neben ihren Müttern, eine riesige Matriarchin geht voraus, andere alte Kühe bewachen die Flanken und die Rückseite.

Wie gesagt, sind Iain und Clive Elefantenfans. Als sie die Herde zum Galana wandern sehen, wollen sie uns zu einem Platz am Fluss bringen, von dem aus wir die Tiere aus der Nähe beobachten können. Warum auch nicht? Wenn wir schon keine Löwen finden, können wir genauso gut etwas anderes tun.

Wir picknicken im Schatten einer Tamarinde, vor uns liegt ein breiter Sandstrand. Eine halbe Stunde später kommen die Elefanten, steifbeinig und täuschend langsam – tatsächlich legen sie mit einem einzigen Schritt über drei Meter zurück. Es ist erstaunlich, wie leise sie sind, fast ohne zu rascheln ziehen sie durch das Gesträuch. Es scheint, als sähen wir die Fleisch gewordene wilde Seele Tsavos.

Wir kriechen zum Ufer und beobachten und fotografieren eine Stunde lang. Es ist ein wunderbarer Anblick. Die Ohren der Tiere, so groß wie Dingisegel, klatschen, Schwänze peitschen, Rüssel krümmen sich in Mäuler oder auf Rücken, um sie mit Wasser zu besprühen. Der Elefantenrüssel ist ein unglaubliches Organ, sagt Iain, der von Clive die Rolle der Informationsquelle übernimmt. Er hat 4000 Muskeln und dient zugleich als Hand, die den Elefanten füttert, als Nase, Strohhalm, eingebaute Dusche und Waffe.

Die Muttertiere haben in allen vier Himmelsrichtungen ihre Wachposten bezogen. Die Kälber wälzen sich verspielt im Fluss und tauchen sich gegenseitig unter. Da der Wind in unsere Gesichter weht, ist sich die Herde unserer Anwesenheit nicht bewusst, doch die Matriarchin, die etwas Richtung flussaufwärts steht, scheint manchmal etwas wahrzunehmen. Sie schaut in unsere Richtung, hebt den Rüssel über ihren Kopf und schwingt ihn vor und zurück – ein olfaktorisches Periskop, das den Geruch der Gefahr einfängt (Elefanten haben schlechte Augen, aber Geruchs- und Hörsinn sind sehr gut). Sie wirkt nicht alarmiert, und das ist gut so. Elefantenbullen vollführen Scheinattacken, aber wenn eine Matriarchin angreift, zieht sie die Sache normalerweise auch durch. Diese hier wäre in drei Sekunden bei uns, und wir hätten keine Möglichkeit zu fliehen.

»Die gängige Art, wie ein Elefant einen Menschen tötet, besteht nicht darin, ihn aufzuspießen oder zu zertreten«, sagt Iain, »sondern er schlägt dich nieder, kniet sich hin und zerquetscht dich mit seiner Stirn.«

Was ich daraus schließe, ist: Er möchte verhindern, dass wir von diesen Tieren zu sehr angetan sind.

Das Camp am Fluss in Durusikale ist idyllisch: Die Zelte stehen auf einer Wiese mit Bermudagras, das gepflegt wirkt wie der Rasen eines Countryclubs. Dumpalmen und Tamarinden spenden Schatten. Ein Flusspferd wälzt sich am anderen Flussufer im Schlamm. Auf dem Hügel darüber sieht man die Silhouetten von Zebras vor dem hellen Himmel. Ich staune über die Arbeit des Personals: Innerhalb weniger Stunden haben sie das ganze Camp abgebaut, 50 Kilometer weit transportiert und wieder aufgebaut – so perfekt, als stehe es hier schon seit Wochen. Es gibt zwei neue Mitglieder:

Sergeant Adan und Corporal Hassan, beide mit den grünen Hemden und Baskenmützen des Kenya Wildlife Service, bewaffnet mit halbautomatischen G-3-Gewehren, NATO-Kaliber, 7,62 Millimeter. Sie werden während der Fußsafari in die Northern Area jenseits des Flusses unsere Wachen sein. Sie gehören zum Volk der Borana Nordkenias, nahe der Grenze zu Äthiopien. Die Borana sind ein kuschitischer Stamm, und Adan und Hassan haben die schönen, klaren Gesichtszüge und die drahtige Figur von Äthiopiern. Adan ist mit über zwei Metern der Größere der beiden. Mit meinen 1,73 Metern komme ich mir neben ihnen wie ein Kind vor.

Aber wir werden erst morgen Früh loswandern. Wieder mal auf den Wagen angewiesen, fahren wir auf einem wenig benutzten, sandigen Weg flussabwärts. An einer breiten Krümmung des Flusses erinnert sich Iain, wie er hier einmal ein großes Pavianmännchen auf einem Felsen hocken sah. Im nächsten Augenblick war der Affe tot: Eine Löwin hatte sich aus dem dichten Busch dahinter angeschlichen und ihm den Garaus gemacht, bevor er wusste, wie ihm geschah.

»Ich liebe diese Gegend«, begeistert er sich. »Sie ist rau und primitiv, Afrika ohne Fettansatz. Hier werden Dummköpfe nicht toleriert und Fehler nicht verziehen.«

Der Pavian war also entweder ein Dummkopf, oder er hatte einen Fehler begangen. Vielleicht war er dumm, weil ihm ein Fehler unterlaufen war, aber ich weiß nicht, worin dieser bestand. Vielleicht hatte er sich verirrt oder präsentierte sich als Ziel auf dem Felsen und war die entscheidende Sekunde lang nicht wachsam.

Der Weg windet sich am Fluss entlang. Wir kommen an vielen Buschdickichten vorbei. Das Gesträuch sieht aus wie Zedern und wird drei bis sechs Meter hoch, und Wildpfade führen wie schmale, gewundene Korridore in einem Labyrinth hindurch. Diese Dickichte haben etwas Unheimliches an sich, etwas, das den alten

Teil des Gehirns berührt, unser Erbe von dem winzigen Hominiden, der sich nachts vor Raubtieren und dem plötzlichen Tod im Unterholz fürchtete. Es erinnert mich ein bisschen an Vietnam und die langen Dschungelpatrouillen, als unsere Blicke immer von rechts nach links, von links nach rechts, nach oben und unten schweiften, stets auf der Hut vor Stolperdrähten, Heckenschützen, einem Hinterhalt, Zeichen von Bewegungen, deren Wahrnehmung den Unterschied zwischen einem weiteren Tag am Leben und der Heimkehr in einer Zinkkiste bedeuten konnte. Wir waren zugleich Raubtier und Beute, stark als Jäger und vorsichtig als Gejagte.

Nach einer Haarnadelkurve erscheint, getreu Tsavos Mysterien, genau vor uns eine Löwin – so plötzlich, dass man meinen könnte, ein Magier habe sie hergezaubert. Sie spaziert zielbewusst die Straße entlang, und wir fahren neben ihr her. Rob steht wieder auf seinem Sitz, sein Kopf ragt aus der Dachluke, der Motor seiner Kamera surrt. Die Löwin hat nichts Schönes an sich: Alte Kratzer und Wunden verunstalten ihr Fell wie Nähte in einem fadenscheinigen Sofa, und ihre Rippen zeugen von Magerkeit und sehniger Zähigkeit. Wenn die geschmeidigen Löwen der Serengeti das Großbürgertum der Löwenwelt darstellen, dann sind die Tsavo-Löwen das Proletariat, »Malocherkatzen«, die hart für ein dürftiges Leben schuften. Ich denke an Iains Bemerkung über Tsavo: Diese Löwin passt perfekt in ihren Lebensraum – an ihr ist kein Gramm Fett, und sie sieht nicht tolerant oder nachsichtig aus, sondern sehr zielgerichtet.

Wir folgen ihr, aber sie lässt sich nicht stören. Hie und da wirft sie von der Seite einen Blick auf uns, um unsere Entfernung oder unser Verhalten zu überprüfen. Wenn wir zu nahe herankommen, sorgt sie wieder für genügend Abstand, etwa fünf Meter. Eine Dame mit einer Mission – sie durchschreitet mit dem steten Schritt eines Infanterieveterans die Botanik.

Einen Kilometer, zwei, drei. Die Löwin hält inne und gibt leise Knurrlaute von sich. Wir nehmen an, dass sie nach ihrem Rudel ruft – aber falls es antwortet, hören wir es nicht. 400 Meter weiter bleibt sie an einem Hügel stehen und knurrt lauter – das Geräusch, halb Stöhnen, halb Husten, scheint aus ihrem Bauch zu kommen, nicht aus ihrer Kehle. Plötzlich springen zwei Junge, ein männliches und ein weibliches, aus einem Strauchdickicht in 100 Meter Entfernung. Sie laufen zu ihrer Mutter, lecken ihr Gesicht und ihre Flanken, und sie leckt die ihren.

»Mein Gott, ist das anbetungswürdig«, sagt Leslie.

Ich gebrauche für gewöhnlich Begriffe wie »anbetungswürdig« nicht, aber das trifft genau auf die Szene zu. Ich muss mich daran erinnern, dass Ihre Löwenmajestät alles andere als anbetungswürdig sein würde, wenn einer von uns jetzt aus dem Landrover stiege.

Mit ihrem Nachwuchs auf den Fersen macht sich die Löwin auf den Rückweg, und wir folgen. Die Jungen bleiben stehen und starren uns an, aber ihre Mutter wandert ohne Pause weiter.

Iain nimmt an, dass sie die Kleinen im Dickicht versteckt hat, um jagen zu gehen, wohl zusammen mit einer anderen Löwin, weil es für eine allein schwierig wäre, ein Zebra zu erlegen. Jetzt führt sie die Jungen vielleicht zur Beute, falls es eine gibt, oder zum Rudel zurück.

Es wäre schön, wenn sie uns zum Rudel führte. Wenn wir wissen, wo es ist, haben wir morgen für unseren Fußmarsch ein Ziel. Ich liebe das Wandern in der Wildnis, und noch mehr mag ich es, wenn sich dabei ein Ziel ergibt.

Die Löwin eilt weiter, und dann vollführen sie und die Jungen eines dieser Kunststücke, die eine Spezialität der Tsavo-Löwen sind: So plötzlich die Alte zunächst erschienen war, so plötzlich verschwinden die drei. Zehn Minuten später ruft Leslie: »Da sind sie!«

Sie zeigt auf die drei Löwen, die durch den Fluss waten. Auf einer Sandbank mitten im Fluss halten sie inne. Hier hüpfen die Jungen eine Weile umher. Eines hält sich mit seinen Vordertatzen am Hinterteil der Mutter fest und lässt sich von ihr ziehen, während sie nach einem Weg durch den Fluss sucht.

»Jetzt fehlt nur noch die Hintergrundmusik von *Frei geboren*«, bemerkt Iain, aber ich denke an Santiagos Traum in *Der alte Mann und das Meer*, seinen Traum von Löwen am Strand.

Sie springt ins Wasser, durchschwimmt einen tiefen, schmalen Kanal, und die Jungen paddeln hinterher. Die drei klettern ans Ufer und werden dort vom Gebüsch verschluckt. Wir sehen die Löwin ungern gehen; trotz ihres maroden Aussehens haben wir sie und ihre selbstbewusste Art lieb gewonnen. Gleichwohl ist sie furchtbar dünn, und mir wäre wohler, was ihre Zukunft betrifft, wenn wir sie und ihre Jungen wieder vereint mit ihrem Rudel gesehen hätten. Ich habe mal gelesen, dass Löwinnen hin und wieder vom Rudel verstoßen werden und dann nur geringe Überlebenschancen haben. Löwen sind trotz allem die einzigen Katzen mit sozialer Ader.

»Mach dir um sie keine Sorgen«, versichert mir Iain. »Sie weiß genau, was sie tut, und hat die Situation unter Kontrolle.«

Die Diskussion vor dem Abendessen, mit Iain als Vorsitzendem, dreht sich um Film und Literatur. Er ist ein großer Anhänger beider Genres und kann stundenlang darüber reden. Ich bin in Sachen Kino nicht auf dem neuesten Stand, aber Rob durchaus, und er verhindert, dass die Konversation in einen Monolog ausartet. Das Umschwenken auf das Thema Buch bringt Leslie und mich ins Spiel. Das Gespräch geht von Don DeLillo und Salman Rushdie, die ich kenne, bis hin zu Martin Amis und neuen indischen Autoren, die ich nicht kenne. Iains Lieblingsbuch ist Vikram Seths *Eine gute Partie*. »Ein bisschen Seifenoper«, sagt der zum Kritiker mutierte Safariführer, »aber eine verdammt gut geschriebene Seifenoper.«

Kahius Dinner – gegrillte Auberginen, Kürbissuppe und Armer Ritter mit Sahne – ist wie immer grandios. Beim Essen reden wir wieder über Wildtiere, insbesondere über *Panthera leo*, auch als wir später beim Kaffee am Lagerfeuer sitzen. Iain erzählt uns eine weitere Gutenachtgeschichte.

Ein Paar aus Texas war samt den zwei Söhnen mit Tropical Ice auf Safari. Mitten in der Nacht wachte Iain von den Schreien der Eltern auf: »Iain! Sie sind hier! Sie kommen rein!« Er taumelte aus dem Bett, öffnete den Reißverschluss seines Zelts und sah direkt vor sich eine Löwin vorbeispazieren. Noch schlimmer: Er hörte weitere Löwen im Unterholz beim Camp – und das Knirschen von Knochen. Iain rief seinen Safarigästen zu, sich auf den Boden der Zelte zu legen und sich mit ihren Matratzen zu bedecken. Es tauchten noch mehr Löwen auf, die mit den Begrenzungsseilen vor dem Zelt des Paares zu spielen schienen, als wollten sie die erschreckten Bewohner beruhigen. Die beiden Söhne, zu Tode geängstigt, füllten ihre Wasserflaschen mit Urin. Iain rief inzwischen nach seinen beiden bewaffneten Massai-Wachen um Hilfe, die bei all dem Aufruhr noch schliefen. Als sie beim Dickicht ankamen, in dem Iain das knirschende Geräusch gehört hatte, scholl ihnen Gebrüll entgegen. Die Massai wurden ihrem Ruf als furchtlose Löwenjäger nicht eben gerecht – sie flohen in Panik. Die Löwen bewachten ihre Beute: kein Mensch, sondern ein Warzenschwein. Iain versuchte, sie zu vertreiben, indem er in die Hände klatschte – dieses Geräusch erschreckt Löwen normalerweise, da kein anderes Tier dazu in der Lage ist. Auf diese Löwen hatte es keine Wirkung – dennoch trollten sie sich schließlich.

Am Tag darauf bat das Paar, die Gegend zu verlassen. Iain willigte ein. Später, als er den Landrover brachte, sah er, was er »einen entsetzlichen Anblick« nannte. Eine Löwin spazierte am Zelt der Frau entlang, das an einem Ende offen stand. Sie war drinnen und packte. So ruhig er konnte, wies Iain die Frau an, rauszukommen, aber nicht zu laufen, und in den Wagen zu klettern. Sie war gerade eingestiegen und hatte die Tür geschlossen, da bog die Löwin um die Ecke des Zelts und ging hinein. Wäre die Frau noch drinnen gewesen, hätte die Löwin sie getötet. »Vielleicht nicht gefressen«, fügt Iain beruhigend hinzu, »aber definitiv getötet, weil sie versucht hätte davonzulaufen.«

Als wir in dieser Nacht schlafen gehen, ebbt der Wind ab. Nur noch eine sanfte Brise weht aus Süden, und im Zelt ist es stickig. Ich liege wach, meine Hand an meinem nutzlosen Kampfmesser, und denke über Iains Geschichte und die Theorie oder Hypothese nach, dass die Löwen Tsavos die Veranlagung haben, Menschen zu jagen. Ich zwinge mich, an etwas anderes zu denken. Viel wurde über die Erotik afrikanischer Safaris geschrieben, und ich erwäge eine eheliche Balgerei auf dem Zeltboden, doch meine Ängste schließen dies aus, und schließlich schlafe ich ein.

Um zwei Uhr nachts wache ich aus einem schrecklichen Albtraum auf, den vielleicht das Anti-Malaria-Medikament Lariam, das ich einnehme, hervorgerufen hat. Die Liste der Nebenwirkungen ist so lang wie das Telefonbuch von Manhattan: die ganze Skala physischer und psychischer Reaktionen, von denen die häufigsten lebhafte, bizarre Träume sind. Ich kann mich nicht mehr an Einzelheiten meines Traums erinnern, aber der Schreck sitzt mir in den Knochen. Ich höre etwas in den Fluss klatschen, dann ein Rascheln im Unterholz. Mein 21.-Jahrhundert-Verstand erklärt mir, dass es ein Flusspferd ist, aber der kleine Hominide in mir sagt, es ist ein Löwe. Leslies Atmen wird zum hungrigen Löwen, der vor unserem Zelt schnauft. Jedes Knacken eines Zweiges, jedes noch so kleine Geräusch wird zum Schritt einer anpirschenden Katze. Ich sehe sie vor mir, wie sie auf die dünne Zeltwand klettert, die uns von ihr trennt, und ich weiß, dass sie nicht aus Neugier oder weil sie das

Essen im Küchenzelt oder eine Zebraherde hinterm Camp gewittert hat, hier ist, sondern dass sie uns riecht und wir es sind, hinter denen sie her ist. Tief im paranoiden Wahn stelle ich mir vor, wie sie ihre kräftigen Zähne in meine Knöchel, meine Schulter schlägt und mich wegzerrt – mich, der ich unersetzlich bin, der Augapfel meiner Mutter – und wie ich schreie und kratze und trete und um mich schlage, alles vergeblich, bis sie ihren Biss schließlich lockert, um meine Luftröhre zu zerquetschen, mir in den Hals zu beißen oder ihre Zähne durch meinen Schädel zu treiben. Das Letzte, was ich spüre, ist ihr warmer Atem in meinem Gesicht.

Solche Albträume wecken mich auf. Ich weiß nicht, wie, aber innerhalb weniger Stunden haben sich meine Gefühle vom Mitleid für einen echten Löwen in Panik vor einem imaginären gewandelt. Um zwei Uhr morgens funktioniert der höhere Verstand nicht so gut wie um zwei Uhr nachmittags, und man denkt mehr mit dem alten Verstand, dem Überrest von Urängsten.

Eingebildete Gefahren sind immer schlimmer als wirkliche. Ich bin an diesem Morgen gut gelaunt und kann mich auf Robs Kosten lustig machen. Sein Zelt ist mit Kot voll gespritzt. Klumpen hängen am Dach und an den Wänden und laufen in Streifen runter – das ganze Zelt sieht aus wie ein skatologisches Werk von Jackson Pollock. Verantwortlich dafür ist wohl das Flusspferd, das ich in der Nacht gehört habe. Es versprühte über das ganze Zelt Fäkalien, um es als seines – oder ihres – zu kennzeichnen. Sie tun das, informiert uns Clive, indem sie ihre Schwänze wirbeln lassen, während sie sich entleeren. Im wörtlichen Sinn war hier die Kacke am Dampfen.

Der Plan für die Morgenwanderung ist einfach: etwa fünfzehn Kilometer flussaufwärts zu den Sobo-Felsen, wo Simon, der Fahrer, uns abholen wird. Ich freue mich darauf, einem Löwen gegenüberzutreten – wenn auch nur, um meine Angst zu überwinden. Im Falle eines solchen Zusammentreffens hoffe ich, dass Adan und Hassan es nicht den Massai in Iains Geschichte gleichtun. Sonst hätten wir nicht viel zur Selbstverteidigung – mein treues Kampfmesser, Iains Gurkha-Kris, ein Souvenir von einer Himalajatour, und Clives Massai-Simi mit einer Kriegskeule. Die Waffe besteht aus Hartholz und ist so lang wie ein Baseballschläger, mit einem schlanken Griff und einem Knopf am dickeren Ende. Es ist eine gut ausbalancierte Waffe, und laut Clive kann er damit das Rückgrat eines Löwen mit nur einem Schlag brechen. Freilich müsste der Löwen dazu stillhalten und sich auf das Kreuz prügeln lassen.

Löwen sind nicht die einzigen gefährlichen Tiere, denen wir begegnen könnten. Im Busch verstecken sich Elefanten, Kaffernbüffel und Flusspferde, die in Afrika mehr Menschen töten als jedes andere Tier. Seit 1979, seit Tropical Ice Safaris veranstaltet, haben Iains Wachen nur selten über die Köpfe von Elefanten und noch nie auf einen Löwen schießen müssen, aber sie mussten schon sechs Hippos erlegen, die sehr aggressiv ihr Territorium verteidigten. Einmal wurde eine Frau seiner Gruppe von einem verärgerten Flusspferd gebissen und verlor ihr halbes Hinterteil. Ein Anruf mit dem Satellitentelefon brachte einen Rettungshubschrauber heran; andernfalls wäre sie an Blutverlust gestorben.

Mit Adan als Vor- und Hassan als Nachhut waten wir durch den warmen, schlammigen Galana zur Nordseite. Iain instruiert uns, dicht zusammen zu bleiben, damit wir uns nicht wie sieben mittelgroße Dinge, sondern wie ein großes Ding – ein Elefant – anhören, um Krokodile abzuschrecken. Wir sehen ein solches Reptil, zweieinhalb bis drei Meter lang, nachdem wir eine Viertelstunde gewatet sind. Aufgeschreckt und mit peitschendem Schwanz kriecht es schnell weg. Wir gehen auf von Elefanten und Flusspferden markierten Wildpfaden flussaufwärts zu den Sobo-Felsen. Noch ist es an diesem bewölkten, windigen Morgen kühl genug zum Wandern. Blasse Sonnenstrahlen dringen durch die dünnen Wolken. Der

Busch ist dicht genug, um ein Dutzend Elefanten oder Büffel zu verbergen, wir müssen also auf der Hut sein, als wir ihn durchqueren. Wir treten auf die von Gestrüpp bewachsene freie Fläche nördlich der Flussanhöhe, dann sind wir wieder im Busch. Eine Giraffengazelle erscheint in der Ferne, ein zart gebautes Wesen mit glänzendem Fell und giraffenartigem Hals. Ich wünschte, ich hätte Kurse in Evolutionslehre genommen, um verstehen zu können, was sich die Natur dabei dachte, als sie solche Tiere schuf. Manchmal denke ich gern, sie habe uns Menschen eine vielfältige und interessante Welt überlassen, auf dass wir darin leben – eine Vorstellung, die Evolutionsbiologen aufschreien ließe. Vielleicht denkt sich die Natur gar nichts; so, wie ein pensionierter Handwerker in seiner Werkstatt herumbosselt, liebt sie es, dies und das zu mischen und zu schauen, was dabei rauskommt.

Ein paar Kaffernbüffel beobachten uns aus etwa 200 Meter Entfernung. Obwohl sie nur dann aggressiv sind, wenn sie überrascht werden oder verwundet sind, behalten wir sie im Auge, genau wie sie uns. Der Unterschied zwischen der Begegnung mit Büffeln zu Fuß und in einem Fahrzeug ist wie der zwischen dem Flug mit einer Verkehrsmaschine und dem mit einem Gleitschirm. Die Kopfhaut kribbelt, das Blut fließt schneller – nicht vor Angst, sondern vor Konzentration. Der Galana ist nun nicht mehr gekrümmt und wirkt künstlich begradigt. Ein paar Zebras stehen regungslos auf einem Hügel und schauen sehnsüchtig auf den Fluss. Sie würden dafür sterben, hinunterzugehen und zu trinken, befürchten aber, dass sie tatsächlich sterben würden – ein Krokodil oder Löwe könnte am Ufer auf sie lauern. Sie sind hin- und hergerissen zwischen Angst und Verlangen. Ein Psychologe würde dies als »Wunsch-Risiko-Konflikt« bezeichnen, Iain nennt es »das Paradox des Überlebens«.

Er hält inne, schaut sich kurz um.

»Büschelohr-Spießbock.«

Das Tier ist fast 300 Meter entfernt, inmitten der Zebras. Durch mein Fernglas sehe ich eine der auffälligsten Antilopen der Welt. Ein schwarzer Streifen verläuft waagerecht an der Flanke und trennt den weißen Bauch vom braunen Rücken. Ihre Vorderläufe sind schwarz bandagiert, ein schwarzer Fleck auf der Stirn berührt fast einen anderen am Maul und kontrastiert mit den weißen Haaren am Kinn. Die büscheligen, schwarzen Ohren stehen gerade ab, und schwarze Streifen im Gesicht, unter dem Kinn und um den Hals lassen einen noch mehr den Einfallsreichtum der Natur bewundern. Ein Paar speerlanger Hörner bildet ein V über ihrem Kopf. Mit ihnen kann die Antilope, so Iain, einen angreifenden Löwen verletzen oder gar töten.

Für einen Augenblick vergesse ich unsere Mission und pirsche mich an einen Busch zwischen mir und dem Spießbock. Von hier müsste ich mit dem 300-Millimeter-Objektiv gute Aufnahmen machen können. Wegen des Seitenwinds würde die Antilope mich nicht wittern. In der Hocke und auf allen Vieren brauche ich eine Viertelstunde zu dem Busch. Als ich die Kamera hebe, merke ich, dass ich noch immer zu weit weg bin, und robbe weiter, die Kamera samt dem schweren, unhandlichen Objektiv im Arm. Nach fünf Minuten setze ich mich hin und positioniere die Ellbogen zwischen meinen ausgestreckten Beinen, um die Kamera zu stabilisieren. Der leichteste Ruck würde die Aufnahme verwackeln. Ich nehme den Spießbock ins Visier und mache ein Foto, bezweifle aber, dass ich die scharfen Kontraste der Fellmarkierung einfangen kann. Ich krieche mit erhobenem Kopf weiter und beobachte das Tier. Es erblickt mich, hält für einen Moment inne und trottet dann weg.

Wir gehen weiter, und es wird innerhalb weniger Minuten glühend heiß. Wir legen eine Rast am Fluss ein, wo Adan bloßen Auges einen Elefantenbullen in etwa anderthalb Kilometer Entfernung ausmacht. Für Leslie und mich ist das schier unbegreiflich. Selbst mit Ferngläsern erkennen wir ihn mit seiner geröteten Haut vor der roten Uferböschung kaum. Viel näher sehen wir ein Dutzend Flusspferde, deren dunkle Köpfe aus dem Wasser schauen – ihre hervorstehenden Augen auf uns gerichtet. Flusspferde verbringen fast den ganzen Tag im Wasser, um Überhitzung vorzubeugen. Ich wünschte, wir könnten das auch – die sengende Hitze erinnert an Arizona im Juli. Rob und ich kriechen vor, um Fotos zu machen. Iain ermahnt uns zur Vorsicht. Die Flusspferde tolerieren uns eine Zeit lang, aber als wir noch näher kommen, stürmt ein großer Bulle mit für solch ein schwerfälliges Tier erstaunlicher Geschwindigkeit aus dem Wasser und brüllt – nur eine Warnung, auf die wir allerdings hören.

Ein Fischadler gleitet über den Galana. Wir haben die gesamte Wildnis für uns; die meisten modernen Touristen gehen bei so hohen Temperaturen nicht kilometerweit und sind zu ängstlich, um zu Fuß zu marschieren. Welch ein Unterschied, Wildtiere unter ihren eigenen Bedingungen zu sehen! Um sie zu fotografieren, deuten wir den Wind, wie Jäger das tun, und achten auf jede kleinste Bewegung. Wir pirschen uns an eine Kaffernbüffelherde und einen kleinen Trupp Elefanten heran, und diese Erfahrungen sind weit befriedigender, als auf sie zuzufahren. Schwitzend, vorsichtig und mit Raffinesse verdienen wir uns das Recht, sie auf Film zu bannen.

Es ist wie Jagen, und doch hat es mit Jagd nichts gemein. Auch zu Fuß bleibt die Wildtierbeobachtung passiv. Der Fotograf ist das Publikum, während der Jäger beim Tanz von Raubtier und Beute mitwirkt, und das ist eine gänzlich andere Erfahrung. Ich habe versucht, dies Freunden zu erklären, die keine Jäger oder sogar Jagdgegner sind, um zu erklären, warum ich jage. Ein Freund von mir, der Autor Jim Harrison, denkt, ich verschwende damit nur meinen Atem. Wenn ihn jemand fragt, warum er jage, wird diese Frage für gewöhnlich mit moralischer Entrüstung vorgetragen, als wäre Jagen gleichgesetzt mit, sagen wir, Kindesmissbrauch. Harrison antwortet dann: »Ich bin nur weniger weit entwickelt als Sie.« Dies ist seine Art, das alte Argument vorzubringen, dass der bewaffnete Mann ein Raubtier sei, das auf einen Ruf reagiert, der aus dem Pleistozän stammt, als Jagen die gängigste Methode war, um an Nahrung zu gelangen. Jim und ich sind in der Tat Fleischjäger und erlegen nie etwas, das wir nicht verzehren. Ich denke, die meisten modernen Amerikaner und Europäer nehmen gar nicht mehr wahr, dass die Stücke Geflügel-, Rind-, Kalb- und Schweinefleisch, das sie in Supermärkten und Metzgereien kaufen, einst zu lebendigen Geschöpfen gehörten. Der Jäger weiß zumindest, woher sein Fleisch stammt, und ist dankbar dafür.

Natürlich ist es noch mehr. Als ich in den Wäldern Michigans und Vermonts Moorhühner und Schnepfen jagte, war ich wachsamer, achtete mehr auf Geräusche und Bewegungen, als wenn ich nur wanderte. Und die Jagd auf gefährliche Tiere hat etwas Ethisches, man betritt eine völlig andere Welt, so wie Wayne Hosek bei der Verfolgung des Menschenfressers von Mfuwe. Bei einer Großwildjagd in Alaska brachte mein Freund Alan Richie ein großes Grizzlymännchen mit einem Schuss seiner .300 Magnum zu Fall. Doch der Bär sprang hoch und verschwand im Dickicht. Wäre Alans Waffe eine Kamera gewesen, wären wir davongegangen und hätten das nächste Motiv gesucht, aber die Ethik des Jägers verlangt, ein verwundetes Tier niemals unnötig leiden zu lassen. Außerdem lebten wir bei diesem Ausflug von dem, was das Land für uns bereithielt, und wir wollten das Fleisch des Bären – über offenem Feuer gebratene Grizzlylende ist köstlich. Wir waren fast sicher, dass Alans Schuss tödlich gewesen war, aber »fast sicher« zählt bei der Jagd nicht – wir mussten uns vollends davon überzeugen. Es wurde dunkel. In der Ferne begann ein Wolf zu heulen, und im matten Licht drangen wir ins Dickicht vor. Beide zitterten wir innerlich. Wenn der Bär verwundet war, wäre sein Angriff wild und schnell und ließe uns nur einen Sekundenbruchteil, um zu schießen, ehe er bei uns wäre. Er lag vor uns, sein braunes Fell kräuselte sich im Wind. Wir warfen ein paar Steine auf ihn, und da er sich nicht bewegte, gingen wir langsam von hinten an ihn heran, legten unsere Gewehre ab und zogen unsere Messer.

Ich erinnere mich an diese Erfahrung und an eine Bemerkung, die Iain vor ein paar Tagen machte: dass afrikanische Safariführer früher nichts mit Fotosafaris zu tun haben wollten. Ich verstehe, warum: Es fehlt etwas Essenzielles und Elementares, eine gewisse Spannung, eine gewisse Gefahr, eine gewisse Ernsthaftigkeit, wenn man so will. Es gibt keinen Moment der Wahrheit. Es ist nicht das Echte, sondern nur Spiel.

Nun, nicht ganz ...

Wir sind auf der letzten Etappe unserer Strecke, als wir Spuren im Sand finden, die am Ufer entlang zu einem Dumpalmenhain ein paar hundert Meter vor uns führen. Die Spuren sind tief und deutlich, das heißt frisch. Iain und ich streiten darüber, wie frisch. Clive sagt: »Sehr frisch«, weil er mit bloßem Auge zwei Löwen unter den Palmen liegen sehe. Iain und ich heben unsere Ferngläser.

»Das ist ein Baumstamm«, sage ich. »Ein großer Palmenstamm.«

Iain pflichtet mir bei.

»Ich sage euch, das sind Löwen«, beharrt Clive mürrisch. »Zwei verdammte Löwen. Einer hat eine Mähne.«

Dann sagt Adan: »Löwen! Hundertprozentig!«, und der Baumstamm hebt seinen Kopf.

Durch mein Fernglas sehe ich einen untypischen Tsavo-Löwen, einen goldmähnigen Metro-Goldwyn-Mayer-Löwen, der mit seinem Kumpel im Schatten liegt und zu uns herüberstarrt. Mit den Palmen dahinter wirkt die Szenerie geradezu biblisch.

Das ist kurios, eine Vertiefung des Tsavo-Mysteriums. Ist der Löwe ein Immigrant aus den Ebenen? Oder leben zwei Arten von Löwen – mit und ohne Mähne – nebeneinander in Tsavo? Wir brauchen Fotos, sind aber viel zu weit weg.

Der Ostwind begünstigt uns. Wir beginnen mit der Pirsch das Ufer hoch, um uns den Löwen von oben zu nähern. Rob und ich haben unsere Kameras schussbereit, Adan sein Gewehr. Hassans Waffe hängt an seiner Schulter, die Mündung ist nach hinten auf uns gerichtet. Iain, der hinter ihm geht, schiebt den Lauf zur Seite. Hassan nimmt das G3 in die Arme wie ein Baby und schlendert umher, als ginge er im Hyde Park spazieren und nicht in Tsavo, mit zwei großen Löwen direkt vor ihm – eine nicht gerade Vertrauen erweckende Wache. Ich nehme mir vor, nach seinem Gewehr zu greifen, wenn ich muss.

Wir trotten hintereinander über einen Wildpfad zwischen dem Gebüsch und dem Flussufer und nähern uns den Löwen. Ziel ist, einen Löwen mit Mähne zu fotografieren – an einem Ort, wo er nicht vermutet wird. Doch es geht um mehr als nur darum, eine Katzenanomalie zu dokumentieren: Wir werden einen Löwen aus der Nähe fotografieren, und zwar zu Fuß. Was ist der Unterschied zwischen einem Bild, das vom Auto aus aufgenommen wird, und einem, das zu Fuß entsteht? Ich weiß es nicht, nur dass es einen Unterschied zu geben scheint. Ist es notwendig? Ist es dumm? Was als »mannhafter Mut« bezeichnet wurde, gilt als atavistisch wie ein zum Greifen geeignetes Steißbein. Der griechische Stoiker Epiktet sagte: »Bedenke, dass die größte Quelle allen Übels und der Gemeinheit und der Feigheit nicht der Tod ist, sondern die Angst vor dem Tod. Gegen diese Angst, so rate ich dir, härte dich ab; dahin sollen all deine Urteile, deine Übungen und deine Lektüre führen.« Da ist nach wie vor etwas Wahres dran, würde ich sagen. Der Sinn des Lebens ist nicht der Erfolg in E-Commerce oder in irgendeiner Art des

Kommerzes, sondern der Mut, die Angst vor dem Tod zu meistern, die wiederum alle anderen Ängste hervorbringt. Und eine der Übungen, um sich zu stählen, besteht darin, sich mit etwas zu konfrontieren, das einem mit einem Prankenschlag den Hals brechen kann.

Keiner von uns zittert. Wir sind stattdessen aufmerksam, unsere Sinne geschärft. Als wir auf Höhe des Palmenhains sind, geht Iain in die Hocke, wir folgen seinem Beispiel und blicken vom Rand der Böschung hinunter. Rob und ich heben unsere Kameras.

Die Löwen sind weg. Sie müssen vor Adans Stimme geflohen sein, auch wenn wir keine Bewegung wahrgenommen haben. Wir suchen unter den Palmen, am Flussufer, im Unterholz, finden aber keine Spuren. Als hätten sie sich entmaterialisiert – die Geister Tsavos.

Tsavo. Tsavo. In der Sprache der Stämme, deren Heimat diese Region war, bezieht sich der Name auf Massaker, die räuberische Massai in der fernen Vergangenheit begangen haben. Die Massai waren damals nicht kurios, sondern so gefürchtet wie die Apachen und Irokesen einst in Nordamerika. Gruppen wandernder Krieger namens *Morani*, stolz und hoch gewachsen, die sich von der Milch und dem Blut ihres Viehs ernährten, streiften von ihren Serengeti-Festungen aus umher, herausgeputzt mit Straußenfedern, Metallschmuck an Handgelenken und Knöcheln, mit Speeren und Büffelhautschilden bewaffnet. Sie überfielen andere Stämme, manchmal raubten sie Frauen, meist aber Vieh, dessen Diebstahl sie als Besitzreklamation betrachteten, da sie glaubten, Gott habe alles Vieh der Welt den Massai geschenkt. Mit Ausnahme der Zulu gab es in Afrika kein so kriegerisches Volk, angestachelt von einem anmaßenden Stolz und der Verachtung für jedermann, auch die blassen Europäer, die sie *Ilorida enjekat* – »die, die ihre Fürze einsperren« – nannten. Die *Morani* drangen in die Dornbuschebenen ein, wo die Kamba und Waliangulu lebten, und töteten sie gnadenlos. Und so kam das Land zu dem Namen Tsavo – »Ort des Schlachtens«.

Massai-Räuber, Sklavenkarawanen, Menschen fressende Löwen – kein Wunder, dass Tsavo als verflucht galt. Und es sieht an diesem Morgen, als wir flussabwärts ziehen, verflucht aus. Es ist heller als gestern – und heißer. Die staubigen Ebenen sind leer und erstrecken sich bis zum Horizont, wo der Sala Hill sich abrupt wie eine Pyramide aus der Einöde erhebt. Mein Hemd ist durchgeschwitzt, meine Augäpfel fühlen sich sonnenverbrannt an, aber Hassan und Adan schlendern umher, als wäre es ein schöner Frühlingstag in Neuengland. Adan erzählt mir, dass er auf Wildererpatrouille vierzig Kilometer am Tag zurücklegt. »Für mich ist das nicht mal Wandern«, tönt er.

Elefantenschädel tauchen auf, Reste, die Wilderer zurückgelassen haben. Sie sind so groß wie Geröllblöcke, und in ihren Augenhöhlen nisten Spornkiebitze. Frischer Elefantendung liegt in Haufen auf dem Weg, was Iain zu einer Lektion über Dickhäuter-Ökologie veranlasst. Nashornvögel, sagt er, picken Samen und Gräser aus dem Dung, verstreuen sie über die Savanne und sorgen so für neues Wachstum.

Der Schädel eines großen Büffels liegt oberhalb einer *Lugga*, eines Flussbetts. Iain und Clive durchforsten das Gebiet wie Mordkommissare.

»Vielleicht ein alter Bulle, ganz allein«, mutmaßt Iain. »Die Löwen – zwei oder drei – waren unten in der Lugga, hinter diesem großen Busch. Sie sprangen den Büffel von der Seite an, als er die Böschung runterkam.«

Doch das ist alles, was wir von Löwen zu sehen bekommen. Wir schlüpfen aus unseren Stiefeln, um durch den Galana zu der Stelle zu waten, wo Simon uns abholen wird. Als ich das Ufer runtergleite, merke ich – zu spät –, dass die Schnalle meiner Messerscheide aufgegangen ist. Mein Kampfmesser fällt ins Wasser. Es ist mehr als nur ein Messer für mich – ein Souvenir aus Vietnam, das einzige außer meinem Paar zerschlissener Dschungelstiefel. Ich suche es im schlammigen Flussgrund, kann es aber nicht finden. Adan bietet an, mir zu helfen. Er tastet eine oder zwei Minuten mit bloßen Füßen, dann sagt er »Ah!«, bückt sich und hebt das Messer hoch. Ich danke ihm überschwänglich, vielleicht zu überschwänglich, denn als ich frage, ob ich etwas für ihn tun könne, antwortet er: »Ja, bitte kaufen Sie mir einen Mercedes.« Ich schaue ihn an, um zu sehen, ob er sich über den *Mzungu* aus Amerika lustig macht. Nein, er meint es absolut ernst. Ich sage, ein Mercedes komme nicht infrage, weshalb er auf einen VW umschwenkt. Als ich erwidere, dass auch ein VW nicht drin sei, fragt er, ob ich ihm einen neuen Fernseher schicken könne, und verspricht, mir im Camp seine Adresse zu geben. Ich verkneife mir die Frage, welches Fabrikat er bevorzuge.

Simon kommt im Landcruiser (der den maroden Landrover ersetzt hat; Tsavo ist auch für solche Wagen strapaziös) und bringt uns zum Camp zurück. Auf der Fahrt erzählt er uns, dass wir nicht hätten zwölf Kilometer laufen müssen, um Löwen zu finden, denn sie hätten uns gefunden. Nur 45 Minuten nachdem wir gegangen seien, hätten sich vier Männchen an der Nordseite des Flusses blicken lassen, fast direkt gegenüber dem Camp. Simon meint, dass sie inzwischen weg seien.

Ich lege mich nach dem Mittagessen ein bisschen hin, mache mir anschließend Notizen und sitze ohne Hemd und Schuhe vor dem Zelt, mein überhitztes Gehirn ist eine totale Tabula rasa. Plötzlich kommt Iain schnell durch das Bermudagras herüber. Gestikulierend flüstert er uns zu, ihm zu folgen. Die vier Löwen sind zurück.

Mit Kameras und Ferngläsern laufen wir auf Zehenspitzen und kauern uns nieder. Am jenseitigen Flussufer, 200 bis 300 Meter stromabwärts, hocken zwei Löwen und trinken. Ihr Fell passt so gut zum Sand und zum beigen Fels, dass sie aus dem gleichen Material zu bestehen scheinen. Ich richte mein Fernglas auf sie. Sie haben keine Mähnen, und ich würde sie für Weibchen halten, aber ihre Größe spricht dagegen. Nachdem es seinen Durst gestillt hat, dreht sich ein Männchen um und erklimmt die Uferböschung, wobei man seine Hoden baumeln sieht. Es verschwindet in einer Gruppe Dumpalmen. Der andere Löwe trinkt etwas länger und schließt sich dann seinem Freund an. Einen Augenblick später geht der erste Löwe weiter zu einem Gebüsch hinter den Palmen, der andere folgt kurz darauf und dann ein dritter – eine Gruppe nomadisierender Männchen, Brüder auf der Jagd, zwar ausgewachsen, aber noch zu jung, um einem alten Kämpen wie Scarface die Führung eines Rudels streitig zu machen.

»Schaut, wie entspannt sie sind«, sagt Iain leise. »Sie verhalten sich nicht, als wären sie sich unserer Anwesenheit bewusst. Wenn doch, werden wir – weil es ihnen so egal scheint – heute Nacht Probleme bekommen.«

Grüne Meerkatzen hüpfen von den Bäumen in der Nähe und laufen zum Flussufer, um zu trinken. Spüren unsere Primatenbrüder und -schwestern denn nicht, was sich auf der anderen Seite befindet? Vielleicht sind sie zu klein, damit sich ein Löwe mit ihnen abgibt, denke ich laut. Iain schüttelt den Kopf und wiederholt, dass Tsavo-Löwen alles, was ihnen in die Quere gerät, angreifen und fressen. Ermutigend.

Als ich aufstehe und meine Notizen im Zelt holen will, zeigt sich der vierte Löwe. Löwen sehen so gut wie wir, er nimmt die Bewegungen wahr und hält inne, schaut in unsere Richtung. Ich setze mich wieder hin, hebe vorsichtig das Fernglas und habe den unbestimmten Eindruck, dass ich in das Gesicht des Löwen starre und er in meins, aus, sagen wir, zehn Meter Entfernung. Seine angewinkelten Vorderbeine bilden Dreiecke, seine Schultern sind Berge aus Muskeln, Sehnen und Nerven, die sich wie Flugzeugkabel unter seinem Fell abzeichnen. Er ist so unbeweglich, als wäre er eine Statue. Wie die anderen hat auch er keine Mähne.

Ich denke über die zwei ungelösten Rätsel nach: Niemand weiß, warum Tsavo-Männchen keine Mähne haben, weil niemand weiß, warum andere Löwen eine haben. Angesichts der eingehenden Studien der Serengeti-Löwen in den letzten 35 Jahren, angefangen bei George Schallers Pionierwerk aus den 60er-Jahren, könnte man annehmen, dass letztere Frage schon lange beantwortet sei. Mir fällt ein anderer interessanter Punkt der Hypothese von Gnoske und Kerbis Peterhans ein. Die beiden Forscher glauben eine historische Tendenz bezüglich des Menschenfressens in Gebieten wie Tsavo identifiziert zu haben. Wenn das stimmt, dann könnten tatsächlich Löwen ohne Mähne mit größerer Wahrscheinlichkeit Menschen jagen.

Was wiederum zu einem anderen – eher persönlichen, dringlicheren – Gedanken führt.

»Was meinst du damit, dass wir Probleme kriegen, wenn sie wissen, dass wir hier sind, und es ihnen irgendwie egal zu sein scheint?«, flüstere ich Iain zu.

»Sie greifen nicht an, könnten aber ins Camp kommen.«

Er erklärt nicht, was ihn zu dieser Befürchtung bringt, und ich frage nicht nach.

Wir sitzen um unser abendliches Lagerfeuer und lassen uns von Clive unterhalten, der sich als Geschichtenerzähler und hervorragender Nachahmer des australischen Akzents und britischer Mundart erweist. In einen gestreiften *Kikoy* gewandet, erzählt er witzige Volkssagen aus dem Süden Englands, wo er zur Welt kam, und obwohl der Humor dieser antiquierten Geschichten aus dem 18. Jahrhundert nicht gerade auf das 21. Jahrhundert übertragbar ist, bringt uns Clives Vortrag zum Lachen.

Clive geht ganz in seiner Vorstellung auf. Iain hat sich einem anderen Thema zugewandt und plaudert mit Rob über Rockbands und mit Leslie und mir über Romane, diesmal über die Werke von Gabriel Garcia Marquez. Ich trage zum Gespräch bei, indem ich behaupte, die Eröffnung von *Hundert Jahre Einsamkeit* sei die beste in der ganzen westlichen Literatur: »Viele Jahre später sollte der Oberst Aureliano Buendia sich vor dem Erschießungskommando an jenen fernen Nachmittag erinnern, an dem sein Vater ihn mitnahm, um das Eis kennen zu lernen.« Mitten in dieser intellektuellen Diskussion beginnen die Löwen über dem Fluss zu brüllen. Kein anderes Geräusch kommt dem nahe: tief und voll tönend. *Waauu-waauu-unh-unh-unh.* »Euer Witz und euer Geist beeindrucken uns nicht«, scheinen sie zu sagen. »Ihr seid Fleisch für uns. Fleisch-Fleisch-Fleisch.«

Der Endpunkt der gestrigen Wanderung ist der Startpunkt für heute. Bei der Fahrt dorthin sehen wir an einem Strand in einiger Entfernung zwei Mitglieder des Löwenquartetts, die aber bald wieder verschwinden. Ein Krokodil sonnt sich auf einer Sandbank – sein graugrüner Panzer glänzt im Morgenlicht. Um acht Uhr laufen wir los, Adan voraus, Iain an Stelle des gelangweilten Hassan als Nachhut. Es ist offensichtlich, dass unsere beiden Askaris auf Iain wenig Eindruck machen. Er vermisst den Ranger, der ihn auf seinem Marsch vom Kilimandscharo zum Meer begleitete, ein über 1,90 Meter großer Turkana namens Muhammad, dem Iain vorbehaltlos vertraute. Auf den fünfzehn Kilometern zur östlichen Grenze des Parks von Sala Gate sehen wir Elefanten, Giraffen und Karminspinte, solch prächtige Vögel, dass einem das Herz stehen bleibt. Wir finden weder das Junggesellen-Quartett noch die magere Löwin, die wir vor drei Tagen gesehen haben.

Frustriert beschließe ich, das morgige Gespräch mit Chap Kusimba, dem Anthropologen des Field Museums, zu verschieben, und dringe in Iain, konzentrierter nach Löwen zu suchen. Uns bleiben nur noch knapp drei Tage in Tsavo.

Am ersten dieser drei Tage fangen wir dort an, wo die Löwin mit ihren Jungen den Galana überquerte: an einer breiten Krümmung ein paar Kilometer flussabwärts von Durusikale. Im feinen Sand bei einer Gruppe Dumpalmen bemerken wir Fußabdrücke. Der Abendwind verwischt in Tsavo alle Spuren sehr schnell, deshalb müssen diese hier letzte Nacht oder heute Früh entstanden sein. Auf der Sandbank, auf der die Jungen mit ihrer Mutter tollten, und am anderen Ufer finden wir noch mehr. Eine Spur führt uns in den Busch und zum Liegeplatz eines Löwen – einem Flecken platt gedrückten Grases –, aber wir verlieren sie danach, weil die Erde wieder hart wie Asphalt und mit hohem gelben Gras bedeckt ist.

»Versteht ihr jetzt, warum sie in diesem dummen Film Geister genannt werden?«, murmelt Iain. »Sie lauern immer im Hinterhalt. Sie bleiben versteckt, kommen raus, töten und verstecken sich wieder. Sie sind Gespenster.«

Sein Kommentar bestätigt sich etwas weiter flussaufwärts, als wir auf die Spuren der zwei Männchen treffen, die wir gestern gesehen haben. Wieder folgen wir ihnen, wieder verlieren wir sie. Die Löwen könnten irgendwo und nirgendwo sein. Als Adan sich in das Gesträuch wagt, sein Gewehr im Anschlag, vergleiche ich Tsavo-Löwen allerdings mit den Vietcong: Meister des Verbergens, des Zuschlagens und Verschwindens, die sich nur zeigen, wenn sie es wollen. Wie Hosek in Sambia fange ich an, das, was Oberstleutnant Patterson vor hundert Jahren durchmachte, zu schätzen. Es ist ein Abenteuer, die Löwen zu verfolgen, aber ich würde mich nicht darum reißen, sie zu finden und zu töten – und mich gleichzeitig um den Bau einer Eisenbahnbrücke kümmern zu müssen.

Eine Löwin gähnt nach ausgiebiger Mahlzeit. Sie gehört zum Harem eines dominanten Männchens mit dem Spitznamen Scarface (»Narbengesicht«), das in der Nähe des Arubadamms im Osten des Tsavo-Nationalparks ein Rudel von 23 Tieren anführt.

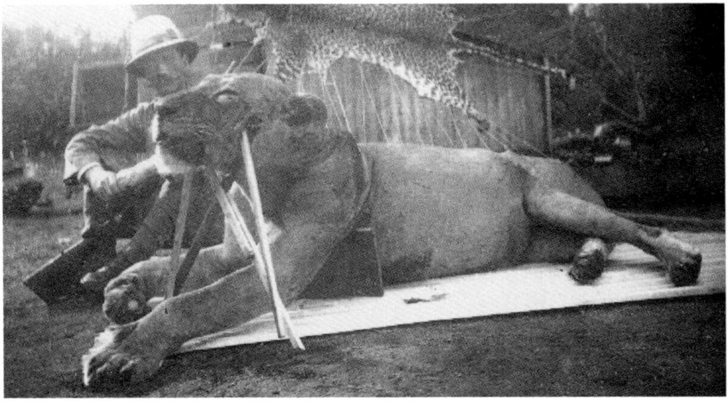

GEGENÜBER, OBEN: Gegen Ende seiner Militärlaufbahn und im Anschluss an seine Versetzung nach Ostafrika kämpfte der britische Bauingenieur John Henry Patterson im Ersten Weltkrieg.

GEGENÜBER, UNTEN: Eine Gruppe indischer Arbeiter, welche die Gleise für die Uganda-Bahn legen, bei einer Rast. Patterson berichtet, 28 dieser Leute seien von den Menschenfressern von Tsavo getötet worden. Möglicherweise betrug die wirkliche Zahl der Löwenopfer, Afrikaner eingerechnet, bis zu 135.

OBEN: Patterson lugt von hinten über den Körper eines der beiden Menschenfresser, die die Spitznamen Ghost und Darkness erhielten. Männliche Tsavo-Löwen sind in aller Regel deutlich größer und schwerer als ihre »durchschnittlichen« Artgenossen in der Serengeti. Man nimmt an, dass dies das Ergebnis einer jahrzehntausendelangen Entwicklung ist, in der sich der Tsavo-Löwe seiner Hauptbeute, dem riesigen wilden Kaffernbüffel, angepasst hat. Es könnte sich beim Tsavo-Löwen aber auch um einen Nachkommen des längst ausgestorben geglaubten Urlöwen handeln.

OBEN: Colonel John Henry Patterson (sitzend) überwachte 1898 und 1899 den Bau der Eisenbahnbrücke über den Tsavo-Fluss. Zwei Menschen fressende Löwen verzögerten die Arbeiten und brachten sie teilweise völlig zum Erliegen. Patterson, der während seines Dienstes in Indien Erfahrungen bei der Tigerjagd gesammelt hatte, brauchte fast neun Monate, um die beiden Raubkatzen aufzuspüren und zu erschießen.

GEGENÜBER, UNTEN: Dr. Craig Packer und seine Assistentin Peyton West ließen sich eine ebenso einfache wie geniale Methode einfallen, um das Verhalten von Löwen in freier Wildbahn zu erforschen: Sie arbeiteten mit zwei Löwenattrappen, die, mit Mähnen unterschiedlicher Länge und Farbe bestückt, vier verschiedene Identitäten annehmen konnten.

GEGENÜBER: *Im semiariden Dornbusch Ostafrikas sind große Beutetiere wie dieses Zebra selten. Hier tut sich eine Löwin mit ihren Jungen an einem Festmahl gütlich, wie es in der kargen Landschaft von Tsavo die Ausnahme ist.*

OBEN: *Diese männlichen Löwen könnten spielerisch ihre Kräfte messen. Möglicherweise handelt es sich aber auch um einen ernst zu nehmenden Kampf zwischen einem Rudelführer und seinem jugendlichen Herausforderer. Einige Wissenschaftler meinen, die Mähne diene dem Löwen dazu, Rivalen abzuschrecken. Doch wie ist das an Orten wie Tsavo, wo bei weitem nicht alle Löwenmännchen eine Mähne tragen?*

RECHTS: Iain Allan zählt zu den erfahrensten Safari Guides in Kenia. Hier sucht er während unserer Fahrt durch Tsavo im Februar 2000 das Land nach Großwild ab. Allan schätzt Tsavo, weil »es wild und primitiv ist und keine Dummheiten oder Fehler duldet«.

UNTEN: Allan und sein Partner Clive Ward an einem Lagerfeuer in der Nähe des Galana-Flusses. Die zwei Männer – beides erfahrene Bergsteiger, die Gipfel rund um den Globus bezwangen – haben sich darauf spezialisiert, Trekkingtouren zum Gipfel des Kilimandscharo zu führen. Außerdem leiten sie Wandersafaris durch Teile von Tsavo, die Touristen ansonsten verschlossen bleiben.

Wir gehen weiter flussaufwärts und trennen uns für eine Weile: Iain und Hassan wandern auf der Landseite des Buschkorridors, Clive, Adan, Leslie und ich auf der Flussseite. (Rob ist in der Parkzentrale, um Kusimba, Andanje und die Löwenschädel-Sammlung des Parks zu fotografieren.) Der Sand ist nahezu weiß und knirscht unter den Füßen wie Schnee an einem kalten Wintertag. Mehr Löwenspuren verschwinden auf breiten Sandsteinterrassen, die so symmetrisch gespalten sind, als wären sie von Menschenhand gemacht. Clive gibt mir eine kurze Lektion über Tsavos Geologie und dann, als wir einen zwei Meter hohen Steinhaufen sehen, über die Oromo, die hier vor Jahrhunderten umherstreiften und ihre Toten in solchen Gebilden bestatteten. Clive sagt, er habe etwas über die Oromo gelesen, und zwar in der Bibliothek der Royal Geographical Society, die er als »großes Informations-*Suppository*« bezeichnet.

Ich beschließe, es Iain zu überlassen, die Wortverwechslung (*suppository* – Zäpfchen statt *supply* – Ansammlung) zu korrigieren.

Wieder vereint, setzen wir unseren Weg fort. Ich fühle mich seltsam vertraut mit dieser fremden Umgebung und frage mich, ob es am genetischen Gedächtnis liegt, von einem Ahnen vermacht, der hier vor zehntausend Generationen lebte.

Noch immer keine Löwen. Dann findet Adan weitere Abdrücke.

»Die sind sehr frisch«, flüstert Iain. »Jetzt haben wir sie.«

Ein trockener Wind weht durch die Akazien, die Palmwedel rascheln. Ein Flughuhn, das anderthalb Meter vor uns auffflattert, erschreckt mich. Große Raubtiere geben ihre Anwesenheit bekannt, ohne selbst gesehen oder gehört zu werden. Halten sich diese Herrscher in der Nähe auf, so sind die Sinne alarmiert, weil vielleicht dein Leben davon abhängt. Ich hatte diese Wahrnehmungsschärfe in Vietnam jeden Tag erfahren, als das Raubtier ein bewaffneter Mann war, mehrmals in Alaska beim Anblick von Grizzlyspuren und einmal in Arizona, als ich bei der Wachteljagd auf frische Pumaspuren stieß. Aber ich habe sie noch nie so intensiv gespürt wie in diesem verfluchten Dickicht von Tsavo. Da ist auch etwas anderes. Unbewaffnet und zu Fuß im Reich des Löwen unterwegs zu sein, erfordert eine Art der Unterwerfung, die der vor dem Angesicht Gottes nahe kommt, und man spürt eine Demut, die nichts von Erniedrigung hat. Ich bin mir meiner Stellung völlig gegenwärtig, dass ich hier als Mensch nicht herrsche, sondern mich einem höheren, stärkeren und erfahreneren Wesen beugen muss.

Iain bleibt plötzlich stehen, rümpft die Nase und fragt: »Riecht ihr das?«

Ich schüttle den Kopf. Mein Geruchssinn ist nicht geschärft. Ich leide unter Allergien – und meine Nase hat tatsächlich zu laufen angefangen. Eines der Dinge, gegen die ich allergisch bin, sind Katzen.

»Da ist was Totes, das vor sich hin modert.« Iain zeigt auf ein Dickicht.

Dann dreht der Wind, und ich rieche etwas, das ein bisschen wie ein Skunk, ein bisschen wie eine Woche alter Abfall stinkt.

Adan und Hassan dringen in den Busch vor, während wir Unbewaffneten im Freien bleiben. Als sie zurückkommen, erzählen sie, sie hätten nichts gefunden außer Hyänen- und Schakalspuren, die darauf hinweisen, dass der Kadaver, was immer es war, von den Löwen zurückgelassen wurde und jetzt den Aasfressern gehört.

Iain wird nachdenklich.

»Ich glaube nicht, dass die Menschenfresser von Tsavo schon immer Menschenfresser waren. Wie alle Tsavo-Löwen sind sie Opportunisten, die alles fressen, was ihren Weg kreuzt.«

»Klar«, wirft Clive ein. »Lass 3000 Kulis herkommen, und die Löwen werden sie natürlich jagen. Sie wären dumm, wenn sie es nicht täten.«

Iain schaut den Fluss hoch und führt seine Gedanken weiter.

»Wenn einer von uns jetzt versuchen würde, allein zum Camp zu gehen, hätte er wahrscheinlich keine Chance. Die Löwen würden sehen, dass er allein ist, und über ihn herfallen.«

Wir gehen weiter – niemand wird überfallen –, kommen zum Palmenhain gegenüber vom Camp, in dem die vier Männchen gewesen waren. Viele Spuren, dunkle Flecken im Sand, wo die Löwen uriniert haben – sonst nichts.

Der nächste Tag ist ähnlich fruchtlos, was Löwen anbelangt, aber wir sehen ein einsames Spitzmaulnashorn in 400 Meter Entfernung. Es ist das erste seiner Art, das Iain seit fünfzehn Jahren in der Wildnis gesehen hat, und er freut sich über den Anblick.

An unserem letzten ganzen Tag in Tsavo durchwandern wir das Buschgelände, in dem die Löwin ihre Jungen versteckt hatte, in der Hoffnung, sie noch mal zu sehen. Wir reden nicht, achten darauf, wohin wir treten, suchen nach Spuren und gelangen in ein kleines Wäldchen alter Dumpalmen.

»Eine perfekte Filmkulisse, nicht wahr?«, sagt Clive halblaut. Die Stämme der hohen Bäume sind von Elefanten blank gerieben, und die Pfade zwischen den Bäumen bilden schattige Flure, von denen einige in der Regenzeit von Schwemmgut blockiert wurden: Barrikaden aus Holz und Palmwedeln, hinter denen sich ein Dutzend Löwen verstecken könnte. Wir erwarten, jeden Augenblick ein tiefes, drohendes Knurren zu hören – was erst dann eintritt, als wir den Hain hinter uns lassen und wieder im Busch sind. Es ist jedoch kein Knurren – eher ein lautes Grunzen oder Brüllen.

Alles passiert ganz schnell. Eine Staubwolke wälzt sich aus einem Dickicht, Adan wirbelt herum, hebt sein Gewehr, und Iain ruft Leslie und mir zu: »Hinter mich!« Wir sind sicher, von einem Löwen angegriffen zu werden, da erscheint keine zwanzig Meter rechts von uns ein Elefant: eine junge, zwei oder drei Tonnen schwere Kuh, die verärgert mit dem Kopf schlenkert. Sie stampft und scharrt in der Erde und läuft dann auf uns zu. Adan feuert einen Schuss über ihren Kopf ab, um sie zu vertreiben. Sie ist unbeeindruckt und trompetet, ihre Ohren sind ausgestellt, Staub wirbelt umher, als sie ihren großen Kopf vor- und zurückwirft. Iain ruft Adan etwas in Suaheli zu. Dieser schießt erneut, und für einen Moment denke ich, er habe sie erschossen – ein Lichtreflex lässt eine Staubwolke an ihrer Schulter wie ein Einschuss wirken. Im nächsten Augenblick, als die Elefantendame wegrennt, erkenne ich, dass er wieder über ihren Kopf geschossen hat.

Iain geht auf Adan los, in Suaheli, aber es ist offensichtlich, dass der dem Ranger eine ordentliche Standpauke hält. Ich bin Adan dankbar und verstehe nicht, warum Iain so zornig ist.

»Ranger sollten wissen, dass man Elefanten nicht mit Schüssen vertreiben darf«, erklärt Iain. »Das Weibchen war alt genug, etwa fünfzehn, um gesehen zu haben, wie Wilddiebe andere Elefanten erschossen haben. Ihr hättet in den Achtzigern hier sein müssen, um das richtig einschätzen zu können. Elefanten sind durch Schüsse traumatisiert. Sie sind sehr intelligent, und es ist nicht nötig, über ihre Köpfe zu schießen. Ein Klatschen in die Hände genügt, oder sogar ein Winken. Das hätte Muhammad getan, ich hab es einmal gesehen. Bei einer Fußsafari wollen wir lediglich Wildtiere beobachten, ohne sie zu stören, ohne dass sie überhaupt mitkriegen, dass Menschen in der Nähe sind.«

Ich bin noch nicht einmal aus Tsavo heraus, und schon werde ich wehmütig. Als wir in Richtung Manyani Gate fahren, weiß ich, dass ich die Savannen vermissen werde: die Elefantenherden im roten Staub, das kupferfarbene Glitzern des Galana und das Licht des afrikanischen Spätnachmittags, das mein Auge trifft wie ein Licht vor langer Zeit, in einem früheren Leben. Nachdem ich sie zehn Tage gesucht oder beobachtet habe, sind die Löwen von Tsavo noch rätselhafter als vorher. Ich habe nichts gelernt, außer, wie wenig ich weiß – was ja immer der erste Schritt in Richtung Wissen ist.

Ehe wir nach Nairobi zurückkehren, machen wir eine Pilgerfahrt zur »Menschenfresserhöhle«.

Als Rob in der Parkzentrale fotografierte, erzählte ihm Kusimba, dass seine Ausgrabungsarbeiten ziemlich enttäuschend verliefen. Sie fanden weder die Kupferarmreifen, die Patterson gesehen haben wollte, noch irgendwelche menschlichen Überreste. Kusimbas folgert daraus, dass sein erster Eindruck richtig war: Die legendäre Höhle war nie eine Löwenhöhle, sondern eine Taita-Begräbnisstätte. Er brachte Rob dorthin, und dieser zeigt sie nun uns. Nach dem Tor von Tsavo-West fahren wir einen guten Kilometer zu einer verlassenen Landebahn und einem Park. Iain und Clive sind so gespannt wie Leslie und ich. Die beiden Führer lassen sich nun von Rob lotsen. Nach einer Weile kommen wir zu einer Schlucht, einer der vielen im Labyrinth der Ngulia Hills. Rob ruft: »Hier ist es!«

Ein Hohlweg zwischen zwei großen Felsblöcken verläuft unter einem Überhang und endet in einer Höhle. Ein Feigenbaum spannt seine Äste darüber, und seine Wurzeln klammern sich wie Tentakel an eine Seite des Eingangs.

»Das sieht aber nicht sehr Furcht erregend aus«, sagt Iain und widerlegt damit Pattersons Beschreibung. Ich merke, dass seine Meinung über den Briten nicht besser geworden ist.

Der kühle, schattige Ort ist in der Tat fast idyllisch. Aber wir versuchen auch nicht, eine Brücke in der afrikanischen Wildnis zu errichten und zugleich zwei clevere Katzen zu jagen, die unsere Arbeitskräfte als Fast Food betrachten. Für Patterson, der die Schreie der Arbeiter noch in den Ohren und die grausigen Überreste seines Dieners vor Augen hatte, nach den endlos scheinenden Nächten mit seinem Gewehr im Anschlag, war die Höhle »Furcht erregend«.

Und angesichts der mangelnden Kenntnisse über das Verhalten von Löwen zu jener Zeit war es verständlich, dass er eine Begräbnishöhle für eine Löwengrube hielt. Gebieterischer Zuchtmeister oder nicht – er machte das Beste aus dem, was er hatte.

Allerdings finde ich Pattersons Charakterisierung seiner Widersacher als »Bestien« und »Verbrecher« fragwürdig. Nach unserem Morgenmarsch denke ich an einen Tag in Tsavo. Wir beobachteten eine Zebraherde, die am anderen Ufer des Camps zum Trinken herunterkam. Die Tiere hatten lange auf dem Riff über dem Fluss gewartet und litten unter dem »Paradox des Überlebens«. Sie waren ausgedörrt, aber die ganze Herde stand still, schaute verlangend und verängstigt zum Fluss, bis ihr Durst ihre Todesangst besiegte. Die Tiere rannten nicht einfach drauflos, sondern wateten in ordentlichen Reihen. Zehn oder zwölf Tiere tranken, während die anderen warteten, bis sie an der Reihe waren, und die Hengste hielten Wache. Wenn sie ihre Köpfe senkten, bildeten ihre gestreiften Rücken eine Studie über geometrische Ästhetik. War eine Gruppe gierig und trank zu lange, so stießen die Hengste ein paar laute, knappe Schreie aus – ein seltsames, erschütterndes Geräusch zwischen Wiehern und Bellen.

Auch ein Laie sollte nicht anthropomorphisieren, aber für mich schienen die Hengste zu sagen: »Ihr habt genug, beeilt euch, wir haben nicht viel Zeit.« Irgendwie identifizierte ich mich mit ihnen. Sie waren Löwenbeute, genau wie ich; doch diese Erkenntnis verletzte meine Menschenwürde nicht. Die Beleidigung galt meinem menschlichen Stolz. Nichts gegen Stolz, außer wenn er übertrieben ist und andere und deren Recht auf Stolz und Würde ignoriert, ob Mensch oder Tier. Wenn ich an Pattersons Stelle gewesen wäre, hätte ich die Löwen ebenso entschlossen verfolgt – schließlich war es seine Hauptaufgabe, die Brücke fertig zu stellen und seine Arbeiter zu beschützen –, aber ich glaube, ich hätte die Löwen mehr respektiert und sie nicht als grausame Untiere betrachtet, die gegen irgendein gottgegebenes Gesetz verstoßen.

Ich hatte nur wenig über Tsavos Löwen gelernt, aber ich hatte etwas über mich selbst erfahren. Zu erkennen, dass mich mit den vorsichtigen, ängstlichen Zebras etwas verband, war nicht erniedrigend, sondern ein Eingeständnis meines wahren Platzes in der Natur, auf der Bühne, auf der das Drama von Raubtier und Beute stattfindet.

Ein Ausflug ins Museum

Die Menschenfresser hatten umziehen müssen, von der Stanley Field Hall in einen Ausstellungssaal an einem Nebenkorridor, und die Massai-Morani waren in einen Lagerraum im Keller verbannt worden, erstarrt im ewigen Kampf gegen Widersacher mit zwei Reißzähnen, denen sie nun nicht mehr gegenüberstanden. Dieses Bild schien mir sinnbildlich für die modernen Massai zu sein, denen immer weniger Ressourcen zugestanden werden, ohne Löwen, gegen die sie kämpfen könnten. Sie posieren für die Kameras der blassen Menschen, »die ihre Fürze einsperren«, und ihre Speere mit den langen Schneiden sind nur noch Symbole wie die Hellebarden der Londoner Towerwächter. Die einzigen vertrauten Exponate im Saal waren die Elefanten, die jedoch von einer neuen Attraktion in den Schatten gestellt wurden, die an diesem herrlichen Junimorgen Besucherscharen ins Field Museum lockte: das nachgebildete Skelett eines fast dreizehn Meter langen Tyrannosaurus Rex namens Sue. Die Warteschlangen reichten von den Drehkreuzen im Saal durch die Türen und auf die Straße hinaus. Dank einer Sondergenehmigung war es mir möglich, an den Schlangen vorbei in den Saal zu gehen, wo ich nun auf Tom Gnoske wartete. Ich war erfreut, dass die große Struktur nichts von ihrer Kraft, Staunen hervorzurufen, eingebüßt hatte und dass mir, zwei Tage vor meinem 59. Geburtstag, nicht die Fähigkeit zu staunen abhanden gekommen war. Das Museum war vor kurzem renoviert worden und nun besser ausgeleuchtet als vorher, und der polierte Marmor glänzte wie der eines römischen Palastes. Die Renovierung war Teil eines großen öffentlichen Projekts, das Bürgermeister Richard M. Daley, Sohn des berühmt-berüchtigten Bürgermeisters Richard J. Daley, verstorbener Chef der Chicagoer Politmaschinerie, in Auftrag gegeben hatte. Das Museum, das Shedd Aquarium und das Adler Planetarium bildeten nun einen Campus mit breiten Alleen, Parks und Blumengärten. Im Osten bot der grüne Michigansee eine Illusion des Ozeans. Im Süden standen das McCormick Place Convention Center und das Soldier Field, auf dem die Chicago Bears bei Regen, Schnee und Matsch noch immer gladiatorenhafte Kämpfe austrugen. Ein überdachtes, klimatisiertes Stadion mag vielleicht Dallas oder Houston angemessen sein, nicht aber der »City of the Big Shoulders«. Im Norden erhoben sich die Türme von Loop und Michigan Boulevard in den makellosen Himmel und schufen eine Skyline, so spektakulär wie die Manhattans und vielleicht noch spektakulärer, da sie weniger überfüllt, weniger aggressiv wirkte.

Äußerlich, atmosphärisch und geographisch war dies alles sehr weit von Tsavo entfernt, doch ein roter Faden gemeinsamer Geschichte verband die Großstadt des Mittleren Westens mit der ausgedörrten Landschaft, wo indische Arbeiter in jenen schrecklichen Nächten im Jahr 1898 schrien: »Gib Acht, Bruder, der Teufel kommt!« Wie Julian Kerbis Peterhans mir am Telefon sagte: »Die Geschichte der Tsavo-Löwen ist eine Chicagoer Geschichte.«

Die Beschäftigung mit dieser Geschichte hatte mich etwa vier Monate nach meiner Rückkehr aus Afrika von meinem Wohnsitz in Connecticut zurück nach Chicago geführt. Kerbis Peterhans und Gnoske planten eine Expedition zum Tana-Fluss in Ostkenia. Von dort aus würden sie nach Uganda und zur Kyambura-Schlucht fliegen, dann weiter ins Luangwa-Tal in Sambia, dem Jagdrevier des Menschenfressers, den Wayne Hosek einige Jahre zuvor getötet hatte. Geplant waren Feldstudien zu den Löwenpopulationen und die Erbringung von Beweisen für ihre These, dass es nicht nur eine, sondern zwei Löwenspezies in Afrika gibt und dass eine Art direkter Nachfahre eines Löwen ist, der zur Zeit des Wollhaarmammuts lebte.

Wie die wissenschaftlichen Expeditionen früherer Tage würde die von Gnoske und Kerbis Peterhans ein echtes Abenteuer mit einem Zweck sein. Die meisten modernen Abenteuer sind Evel-Knieval- (der erste Mann, der mit einem Motorrad über den Snake River sprang) Events, bei denen man künstliche Hindernisse überwindet und ebensolche Gefahren meistert, um irgendein sinnloses Ziel zu erreichen. Eine Herausforderung, die das menschliche Wissen bereichern sollte, interessierte mich sehr. Ich hoffte, über die beiden Männer schreiben zu können, die Risiken und Mühen, die sie auf sich nahmen, um etwas Neues zu entdecken, und war nach Chicago gekommen, um sie zu treffen und die Möglichkeit, mich anzuschließen, zu erörtern. Doch zunächst musste ich mich davon überzeugen, dass sie keine mythologische Bestie suchten, eine Art Löwen-Yeti, der in ihrer Vorstellung existierte. Schließlich vertraten die besten Köpfe in diesem Gewerbe seit Jahrzehnten die Meinung, dass alle afrikanischen Löwen derselben Spezies angehörten; die einzige bekannte Unterart, vielleicht mit Artrang, war der seltene asiatische Löwe, von dem nur etwa 300 im Reservat des nordindischen Gir-Waldes überlebten. Wer waren diese beiden Burschen, die wagten, etwas anderes zu behaupten?

Gnoske sah mich am Informationsschalter warten. Er trug Jeans und ein zerschlissenes blaues Hemd, ein stämmiger, knapp 1,80 Meter großer, breitgesichtiger Mann mit dünnem, hellbraunem Haar, Schnauzer, lebhaften grau-blauen Augen und einem Lächeln. Als wir uns miteinander bekannt machten und uns die Hände schüttelten, erkannte ich sofort, dass er genauso wie ich aus Chicagos Arbeiterschicht stammte. Der Akzent verriet ihn – dieses breite, nasale »a« und die Angewohnheit, »o« wie »a« auszusprechen, sodass der Name der Stadt nicht wie bei Frank Sinatra (»My kind of town, Chicag*ou*«) klingt, sondern eher wie bei Boss Daley: »Chicag*a*«.

Gnoske führte mich an Sue vorbei, deren Rippengehäuse wie der Rahmen eines kleinen Schiffes aussah, zu einem Aufzug, der uns in den obersten Stock brachte. Hier war die »Handwerkerabteilung« des Museums, und sie war nicht gerade hübsch: Lange Flure, so dämmrig wie Bergwerksstollen, verliefen unter Röhrenleitungen, an kammerartigen Büros, Forschungsräumen und Ausstellungskästen vorbei. Es roch nach Mottenkugeln und Konservierungsmitteln. Etwas an dieser quasi industriellen Atmosphäre gefiel mir: Hier wurde wirklich gearbeitet. Wenn der Marmorsaal unten der Ausstellungsraum war, dann war dies die Werkstatt.

Gnoskes Büro in der Vogelabteilung sah aus wie die Bühne eines antiken Dramas, bis auf ein paar Computerterminals. Ergonomisch geformte Stühle gab es nicht. Da standen hölzerne Schreibtische, wie ich sie seit der Schulzeit nicht mehr gesehen hatte, und schon damals wirkten sie antiquiert; Glasschränke voller staubiger Bücher, in den zweckmäßigen Einbänden von früher; Koffer von Exkursionen mit eingravierten Ländernamen; Schwarz-Weiß-Fotos längst verstorbener Wissenschaftler und Forscher in einstigen Terrae incognitae, die man heute mit Flugzeugen innerhalb von 24 Stunden erreichen kann. Ein Bild zeigte Carl Ackeley neben einem aufgehängten, vierzig Kilo schweren Leoparden. Ackley, ein berühmter Naturforscher und Tierpräparator, der für amerikanische Museen viele afrikanische Tiere sammelte und ausstopfte, hatte den Leoparden auf einer Expedition Ende der 20er-Jahre leicht verletzt. Mit 40 Kilogramm war die Katze gerade mal halb ausgewachsen, aber ein vierzig Kilo schwerer angeschossener, zorniger Leopard ist nicht dasselbe wie ein gleich schwerer, sagen wir, Bernhardiner. Er sprang Ackeley an, der ihn tatsächlich mit bloßen Händen tötete, indem er ihn auf den Rücken zwang und ihm mit den Knien die Rippen brach, die seine Lunge durchbohrten. Eine bemerkenswerte Tat der Selbsterhaltung, wenn man berücksichtigt, dass er nicht gerade besonders kräftig gebaut war. Er steckte dennoch Schläge ein. Auf dem Bild scheint er weiße Boxhandschuhe zu tragen – nach dem Kampf sahen seine Hände aus, als sei er in ein Scharmützel mit einem Schredder geraten.

»Er hatte Glück, dass er die Katze angeschossen hatte«, bemerkte Gnoske. »Das machte sie langsamer. Sonst hätte Ackeley es wohl nicht geschafft.«

Wir kommen auf Löwen und Gnoskes Faszination – Obsession wäre passender – für Löwen zu sprechen.

Es begann nur wenige Monate nach seiner Geburt in Andersonville, einem überwiegend von Schweden bewohnten Teil Chicagos. Gnoske verliebte sich in einen Stofflöwen und nahm ihn überallhin mit. In den folgenden vier Jahren weigerte er sich, mit irgendjemandem zu sprechen außer mit ihm und, manchmal, seiner Mutter. Das schüchterne Kind war fasziniert von wilden Tieren, besonders von Löwen und Tigern, und schaute, schon ehe es in den Kindergarten kam, jeden Sonntagabend *Im Reich der wilden Tiere* mit Marlin Perkins an.

Einmal nahm ihn sein Vater, um sein Interesse an der Natur zu fördern, ins Field Museum mit. Er besichtigte mit ihm die Highlights – Dinosaurier, Elefanten, Buschmänner, den 250-Kilo-Gorilla, der im Lincoln Park Zoo gelebt hatte. Zu jener Zeit – 1969 – waren die Menschenfresser von Tsavo von dem Raum, in dem ich sie siebzehn Jahre zuvor besichtigt hatte, in einen düsteren, mysteriösen Ausstellungssaal, der großen afrikanischen Tieren gewidmet war, umgezogen. Hier sah der junge Gnoske erstmals die Löwen, deren unbemähnte Köpfe, lebensechte Augen und große Statur ihn sogleich in ihren Bann zogen. Und sein Vater erzählte ihm die gleiche Geschichte, die ich von meinem Vater und Hosek von seinem Vater gehört hatten. Sie erschreckte ihn, und er vergaß sie nie wieder.

An der Gordon Technical High School, einer römisch-katholischen Jungenschule im Norden der Stadt, war Gnoske Running Back im Footballteam und entwickelte ein Interesse daran, Vögel und Säugetiere zu malen. 1984 wurde er mit einem Teilstipendium im Art Institute aufgenommen, hörte dort aber nach zwei Jahren auf, um in der zoologischen Abteilung des Field Museums einen Teilzeitjob zu übernehmen und die Anatomie seiner Modelle zu studieren. Nach zwei Jahren erhielt er eine Vollzeitstellung als Präparator in der Vogelabteilung. In seiner Freizeit entwickelte sich der Autodidakt zur Autorität in Sachen Großkatzen, indem er alles las, was es in der Museumsbibliothek darüber gab. Besonders interessierten ihn historische Berichte über Menschen jagende Löwen, Tiger und Leoparden.

»Ich wurde richtig gut in der Vogelpräparierung«, sagte er zu mir, dort in seinem voll gestopften Büro. »Schließlich ging ich auch zum Vogelsammeln, weil Kuratoren Familien haben und nicht viel Zeit auf Expeditionen verbringen wollen.«

Auf solch einer Reise in Ugandas Ruwenzori-Gebirge (Berge des Mondes) im Jahr 1990 nahm sich Gnoske Zeit, um seiner Nebenbeschäftigung nachzugehen. Er fuhr nach Nairobi und heuerte einen Führer an, der ihn zum Masai Mara brachte, wo er das erste Mal die klassischen Löwen des afrikanischen Graslands sah. Später in jenem Jahr reiste er erneut zum Ruwenzori, und dort, in den Bergen, wo einer der Arme des Nil entspringt, machte er Beobachtungen, die ihn schließlich auf seine obsessive Suche brachten. Die Löwen, die er hier am Fluss und seinen Seitenarmen sah, schienen in viel kleineren Rudeln zu leben als jene, die er im Masai Mara gesehen hatte: ein oder zwei Weibchen mit ihren Jungen statt ein

Harem. Die Männchen hatten keine oder nur angedeutete Mähnen. Das wäre jedem aufgefallen, aber ein anderes Detail war weniger augenscheinlich. Gnoskes Künstleraugen, geschärft durch seine Anatomiestudien, entging es jedoch nicht.

»Die Männchen hatten schmale Gesichter und kleinere Köpfe als die Rudelmännchen, die ich in Kenia gesehen hatte, deren Köpfe so groß wie Basketbälle waren. Ich sagte mir: ›Irgendwas ist an diesen hier anders, zweifellos.‹ Ich bin ein visueller Mensch. Die meisten Wissenschaftler drücken sich in Zahlenbegriffen oder in Wörtern aus, doch ich benutze eine andere Sprache. Ich wusste, ich würde das, was ich sah, beweisen müssen. Ich konnte nicht einfach sagen, ein Löwe hat einen kleineren Kopf als ein anderer. Ich würde es mit Messungen belegen müssen, um zu zeigen, dass meine Augen mich nicht trogen.«

Er prägte sich seine Beobachtungen ein, kehrte nach Chicago zurück und vergrub sich wieder in seine Forschungsarbeit – er suchte in der Literatur nach Hinweisen auf mähnenlose Löwen. Seine Recherche führte ihn von George Schallers 1979 publizierter Monumentalstudie *The Serengeti Lion* (deutsch: *Der Serengeti-Löwe*) bis zu den Berichten über die früheste Afrikaforschung zurück. Hier fand er in Schilderungen von David Livingstones Reisen von 1849 ins heutige Botswana ein paar Zeilen. Kurz nach der Entdeckung des Ngami-Sees erschossen der berühmte schottische Forscher und seine Begleiter zwei Löwen. Einer hatte abgenutzte Zähne und stumpfe Klauen, der andere perfekte Zähne, und beide, schrieb Livingstone, »waren einer Mähne bloß«. 1896 erlegte ein Kurator des Field Museums, Daniel Elliot, in Somalia einen mähnenlosen Löwen und schrieb in seinem Bericht, dass man in Somalia selten Löwen »mit einer ordentlich langen Mähne« finde. Gnoske las eine weitere interessante Bemerkung über eine Expedition von 1913 unter der Leitung Edmund Hellers, eines Zoologen, der später Assistenzkurator für Säugetiere des Museums wurde. Heller, der in Athi und Serengeti extensive Feldstudien betrieben hatte und mit *Panthera leo massaicus* sehr vertraut war, gab die Entdeckung einer neuen Unterart von Löwen nahe der Nilquelle bekannt. Er nannte sie *Panthera leo nyanzae* und merkte an, dass sie einen unverhältnismäßig kleinen Kopf habe. Elf Jahre später fand J. A. Allen von New Yorks American Museum of Natural History einen weiteren kleinköpfigen Löwen am Oberlauf des Weißen Nil und nannte ihn *Panthera leo azandicus*.

Dass Taxonomen nun keine Unterschiede mehr zwischen afrikanischen Löwen verzeichneten, verwirrte den zum Amateurzoologen mutierten Künstler und machte ihn neugierig. Waren mähnenlose Löwen weiter verbreitet als allgemein angenommen? Wenn ja, warum hatten sie keine Mähnen? Könnten Heller und Allen Recht gehabt haben?

Gnoske ging zu einem Bücherschrank und zog mehrere Bände heraus – Schallers Buch und alte, in Leder gebundene Ausgaben mit vertrockneten, an den Ecken vergilbten Seiten: *Travel and Adventure in South-East Africa* von Frederick Selous, dem Jäger und Forscher, welcher der erste britische Gouverneur Rhodesiens, heute Simbabwe, wurde; Hollisters *East African Mammals*; R. Cummings *A Hunter's Life*.

»Als ich diese alten Berichte mit meinen Beobachtungen in Afrika verglich, spürte ich, dass ich etwas entdecken musste. Meine Motivation bestand darin zu beweisen, dass mähnenlose Löwen gar nicht so ungewöhnlich sind. Ich hielt sie für ein weit verbreitetes Phänomen, ließ mich darüber jedoch nicht aus, bis ich sicher war, ein wirkliches unbemähntes Exemplar gesehen zu haben.«

Anfang der 90er-Jahre reiste er mehrmals nach Uganda – mit Kerbis Peterhans, der einzigen Person, der er vertraute. Die beiden Männer hatten sich etwa zehn Jahre zuvor angefreundet, als Kerbis

Peterhans im Museum für seine Doktorarbeit recherchierte. Ich traf Kerbis Peterhans, nachdem Gnoske und ich uns zum Mittagessen in die Cafeteria des Shedd Aquarium begeben hatten. Sie waren ein seltsames Paar, in jeder Weise unterschiedlich. Gnoske war ein Sohn des Proletariats, Kerbis Peterhans gehörte, wie sein Doppelname suggerierte, der Oberschicht an, war an Chicagos Goldküste aufgewachsen und hatte die exklusive Francis Parker School besucht. Gnoske, der breitschultrige, bullige Ex-Footballspieler – Kerbis Peterhans, der agile, schlanke Tenniscrack. Gnoske, der die Kunstakademie abbrach – Kerbis Peterhans, der Professor für Naturwissenschaften an der Roosevelt University, mit Examina in Biologie und Zoologie und einem Doktortitel von der University of Chicago in Paläoanthropologie. Gnoske, 35 Jahre alt und Single – Kerbis Peterhans, zwölf Jahre älter und verheiratet.

Was sie verband, war die Faszination für Großkatzen, die auch bei Kerbis Peterhans früh entstand. Er wuchs gegenüber dem Lincoln Park Zoo auf und schlief dort mit dem gleichen Raubkatzengebrüll ein, wie es die Kinder in abgelegenen afrikanischen und indischen Dörfern hörten. Seine Mutter hat ein Kinderfoto von ihm im Halloween-Kostüm: ein Löwenanzug mit braun gefärbter Perücke.

»Meine Eltern waren geschieden, und meine Mutter musste als Architektin arbeiten«, sagte er. »Ich war ein Schlüsselkind, und nach der Schule hing ich im Zoo herum. Ich freundete mich mit den Wärtern an, mit denen ich die kleineren Tiere füttern durfte. Da gab es keine Vorbehalte, keine Sorge um Erlaubnis oder Sicherheit. Diese Erfahrung weckte mein Interesse an Zoologie.«

Und die Geschichte der Menschenfresser von Tsavo weckte sein Interesse an Katzen, die Menschen jagen. Für seine Doktorarbeit untersuchte er Knochenfunde prähistorischer Ausgrabungsstätten, um herauszufinden, ob unsere Ahnen die normale Kost für primitive Katzen waren. Das Ergebnis: Ja, das waren sie. Knochen des

Australopithecus, die man in Südafrika ausgrub, ließen vermuten, dass er für Leoparden das darstellte, was Mäuse für Hauskatzen sind. Der spätere *Homo sapiens* war größer, stärker und vor allem klug genug, vorauszudenken und Waffen zu erfinden, und konnte eher vermeiden, auf dem Speisezettel der Großkatzen zu landen; doch er blieb ein Leckerbissen. Kerbis Peterhans hatte in seiner Doktorarbeit geschrieben, dass die Paläoanthropologie der Gattung *Panthera* zu Dank verpflichtet sei: Viele fossile Funde frühmenschlicher Evolution sind Speisereste – von großen Raubkatzen ausgeschiedene Menschenknochen.

»Löwen und Tiger fressen Menschen«, sagte er, als ich gerade ein Club Sandwich und Pommes mampfte. »Primaten gehören zu ihrer Nahrung, und wir sind Primaten. Bis zum Aufkommen von Feuerwaffen waren wir ihre Beute. Meiner Meinung nach lautet die Frage nicht: ›Warum fressen die Tsavo-Löwen Menschen?‹, sondern: ›Warum fressen nicht alle Löwen Menschen?‹«

Uff, wieder mal diese schaurige Wahrheit! Das Vorbild allen Lebens, Schöpfer epischer Gedichte, der Pyramiden und des Tadsch Mahal, des Flugzeugs, des Automobils und des Mikrochips, ist in *Pantheras* Augen ein träger, angreifbarer Zweifüßer – leichte Beute.

Gnoskes Vorstellungen über mähnenlose Löwen quälten Kerbis Peterhans. Der Vogelpräparator war etwas auf der Spur, und vielleicht hatte dieses Etwas mit seiner eigenen Arbeit zu tun.

Bei ihren Reisen durch Uganda konzentrierten sie sich auf neuzeitliche Fälle von Löwen, die Menschen fraßen, und sie fanden Beweise für ein eigentümliches Verhalten. Im Südwesten des Landes hatte ein ausgewachsener männlicher Löwe seine eigene Version von »Essen auf Rädern« gefunden: Er legte sich an einer häufig von Radfahrern benutzten Straße im hohen Gras auf die Lauer, wartete auf einen arglosen Radler, fiel über ihn her, schleppte ihn zurück ins Gras und fraß ihn auf. Im Queen-Elizabeth-Nationalpark zeigte eine Löwin eine Vorliebe für Betrunkene. Ihre Methode bestand darin, im Schatten bei einer Dorfkneipe auf heraustorkelnde Schluckspechte zu lauern. Dann schlich sie sich an, überwältigte ihr Opfer von hinten und zerrte es fort, um es zu verspeisen. Das wäre eigentlich ein guter Grund für Enthaltsamkeit. Als Gnoske und Kerbis Peterhans das Dorf besuchten, hatte die Löwin bereits dreizehn Menschen getötet, die meisten waren Gäste der Kneipe gewesen. Trotzdem schwankten nach Mitternacht – der Abendessenszeit für Fleischfresser – nach wie vor Betrunkene aus dem Etablissement.

Diese Löwen verhielten sich eigentlich nicht sonderlich bizarr, bemerkte Kerbis Peterhans beiläufig. Wenn sie sich an vierbeinige Beute heranpirschen, suchen sie nach Anomalien – Hinken, Stolpern, irgendwelchen Zeichen von Schwäche oder einer Verletzung. Vielleicht betrachtete der »Essen-auf-Rädern«-Löwe die mühsamen Bewegungen eines Radfahrers auf einer ausgefahrenen Piste als nicht normal, und für die Löwin waren die torkelnden Saufbolde – wie für einen Großstadträuber – leichte Beute.

Die folgenden Jahre pendelten Kerbis Peterhans und Gnoske zwischen Chicago und Afrika. Sie fanden die falsche Menschenfresserhöhle in Tsavo und die offenbar echte Höhle in der Kyambura-Schlucht. Ihre Recherchen führten sie auch in Museen in Europa, Afrika und Nordamerika, um die Felle, Schädel und Skelette neuzeitlicher und ausgestorbener Löwen zu studieren. Ziel war es, Gnoskes visuellen Eindruck zu untermauern, dass bestimmte Löwen atypisch kleine Köpfe und große Körper hatten.

»Tom hat diesen exzellenten Künstlerblick«, sagte Kerbis Peterhans. »Er schaut sich einen fossilen Schädel in einem Londoner Museum an und dann einen neuzeitlichen Schädel in Nairobi und erkennt, dass sie gleich gebaut sind. Den meisten Menschen würde das nicht auffallen. Doch dann sind sorgfältige Messungen nötig, um den Eindruck zu bestätigen.«

Es gibt nur wenige vollständige Löwenskelette in den Museen dieser Welt, und sie sind schwer zu finden. Die beiden Männer hatten bislang zehn untersucht, und sie sagten, diese hätten ihre Hypothese von zwei Löwenarten in Afrika unterstützt.

Wir gingen in Gnoskes Büro zurück, wo er zwei Kästen hervorholte, aus jedem einen Löwenschädel zog und diese nebeneinander auf seinen Schreibtisch legte. Der eine stammte von einem erwachsenen Savannenlöwen und war offensichtlich größer als der andere, der einem erwachsenen »Büffellöwen« gehört hatte. Den Spitznamen gaben die beiden Forscher dieser Löwenart, weil sie hauptsächlich Büffel jagt. Sie benutzten den Begriff abwechselnd mit »Nillöwe«, da sie das Tier meist in Flusstälern oder bei Seeufern – Lebensräumen der Büffel – beobachtet hatten.

Der Schädel des klassischen Savannenlöwen ist laut Gnoske durchschnittlich 38 Zentimeter lang und 25 Zentimeter breit und trocken fünf Pfund schwer; Büffellöwenschädel sind durchschnittlich 33 mal 20 Zentimeter groß und 3,5 Pfund schwer. Es gibt noch andere Unterschiede. Die sphenopalatale Öffnung, durch die eine Nasenarterie führt, ist bei Savannenlöwen größer als bei Büffellöwen. Erstere haben auch einen ausgeprägteren Sagittalkamm, eine Art Grat auf dem Schädel, an dem die oberen Kiefermuskeln haften, und einen deutlicheren pterigoiden Verlauf des Unterkiefers, an dem die unteren Kiefermuskeln befestigt sind.

Weiter unten ist eine Verbindung der Schulterknochen namens Deltoidkamm bei Büffellöwen größer, und diese haben auch längere und stämmigere Schultern.

Die Terminologie verwirrte mich, und ich fragte nach. Gnoske und Kerbis Peterhans erklärten es mir Schritt für Schritt.

Die sphenopalatale Öffnung: Sie wussten nicht, warum sie bei Savannenlöwen größer war, nahmen aber an, dass sie eine größere Nasenarterie unterbringen muss, was darauf hinweist, dass diese

Löwen einen besseren Geruchssinn haben. Warum? Nun, vielleicht weil sie in großen Rudeln lebten, das heißt »sozialer« sind. Sie brauchen einen effizienteren Geruchssinn, um andere Löwen zu lokalisieren. Doch diese Erklärung, betonten beide, war reine Spekulation.

Der Sagittalkamm könnte bei Savannenlöwen größer sein, um kräftigere Kiefermuskeln zu stützen. Das Gleiche gilt für den Unterkiefer. Savannenlöwen brauchen kräftigere Kiefer als Büffellöwen, nicht zum Töten ihrer Beute (weil sie nur wenig jagen), sondern um in Kämpfen um die Kontrolle übers Rudel wirkungsvolle Bisse auszuteilen. Aufgrund ihrer kleineren und kompakteren Figur liegt ihr Schwerpunkt tiefer, weshalb sie schwerer zu Fall zu bringen sind. Der Savannenlöwe ist Krieger, der Büffellöwe Jäger. Trotz seiner größeren Statur würde Letzterer wohl im Kampf gegen Ersteren unterliegen. »Es wäre wie ein Kampf zwischen einem Pitbull und einem Schäferhund«, sagte Gnoske, um es zu illustrieren. »Der Pitbull würde wohl gewinnen. Der Schäferhund ist etwas größer, aber der Pitbull hat in Relation zu seiner Körpergröße einen größeren Kopf und stärkere Kiefermuskeln.«

Der Deltoidkamm ist beim Büffellöwen größer, weil er – entsprechend Gnoskes und Kerbis Peterhans' Szenario – mehr jagt. Größere Deltoidkämme stützen größere Deltoidmuskeln, die nötig sind, um große Beute zu überwältigen. Allen Turner, ein afrikanischer Naturforscher, hatte die Theorie entwickelt, dass der Deltoidkamm von Büffellöwen im Laufe der Zeit aufgrund der dauernden Muskelanspannung beim Ringen mit den fast tonnenschweren Rindern noch ausgeprägter wird.

Die beiden Forscher kamen vom Skelett des Löwen auf dessen äußere Struktur zu sprechen und stellten fest, dass erwachsene Savannenmännnchen stets üppige Mähnen haben, während sich Büffellöwen, die eher in tiefer gelegenen Gebieten leben, mit verschiedenen Mähnen zieren: von spärlichen Schöpfen, Kragen und Backenbärten bis zum Haarschmuck, der etwa die Hälfte desjenigen ihrer Serengeti-Vettern ausmacht. Asiatische und Büffellöwen haben im Vergleich mit Savannenlöwen kürzere Mähnen und dickere Schwanzquasten. Und mit dem Tiger teilen sie eine Besonderheit: eine Bauchwamme, einen dicken, herunterhängenden Hautlappen an ihren Bäuchen, welcher den Löwen der Savanne fehlt. Interessant ist, dass die Löwen in Höhlenmalereien sowohl mit verkürzten Mähnen als auch mit Bauchwamme abgebildet wurden. Der ausgeprägte Deltoidkamm bei Büffellöwen hat Ähnlichkeit mit einer Nahtstelle an den Schulterknochen ausgestorbener Katzen wie des Säbelzahntigers und der prähistorischen Raubkatze mit dem schrecklichen Namen *Smilodon fatalis*, die beide große Beute töten konnten. Eine mögliche Erklärung für solche Unterschiede – nur eine Möglichkeit, betonte Gnoske – wäre, dass Büffellöwen und die Löwen von Indiens Gir-Wald den »primitiven Zustand« des Löwen repräsentieren, sie also eine Art fehlendes Bindeglied oder lebendiges Fossil darstellen, das sich seit der Zeit der Höhlenmalereien im Steinzeitalter nicht weiterentwickelt hat.

Schließlich gab es noch Unterschiede im Verhalten und in der sozialen Struktur. Die Löwengesellschaft in der beutereichen Savanne ist matriarchal: Die Weibchen sind für die Jagd, die Männchen für die Kontrolle und die Verteidigung der großen Rudel, der Löwenversion der Großfamilie, zuständig. An Flussbetten im beutearmen afrikanischen Buschland ist die Löwengesellschaft patriarchal und durch kleinere Rudel gekennzeichnet, die von einem einzigen Paar mit Jungen bis zu einem halben Dutzend Tieren – Kernfamilien – reichen. In Tsavo etwa beobachteten Gnoske und Kerbis Peterhans, wie ein Büffelbulle 45 Minuten lang die Angriffe eines einzigen männlichen Löwen abwehrte, während ein Weibchen mit drei Jungen zusah.

Angenommen, es gäbe markante Unterschiede zwischen Büffellöwen und den Löwen der Savanne – was ist dafür verantwortlich? Da fossile und historische Beweise nur skizzenhaft sind, können Gnoske und Kerbis Peterhans lediglich eine Erklärung liefern, die teils auf Fakten, teils auf wissenschaftlichen Sagen beruht.

Die Fakten: Paläontologen vertreten die Meinung, die mähnenlosen Löwen der 30.000 Jahre alten Höhlenzeichnungen seien um ein Viertel größer gewesen als Neuzeitlöwen. Gnoske und Kerbis Peterhans behaupten jedoch: Die Skelette ausgestorbener Löwen, die sie in Museen studiert haben, sind tatsächlich identisch mit jenen von Büffel- oder Flusslöwen.

Paläontologen sind sich auch sicher, dass die Gattung *Panthera* vor Jahrmillionen in Mittelasien entstanden ist. Sie jagte wilde Rinder, Ahnen unseres Viehs. Infolge langsamer Umweltveränderungen vor ein bis zwei Millionen Jahren wanderten die Herden an Flusssystemen entlang nach Westasien, Südeuropa und schließlich Afrika. Die großen Raubtiere folgten ihnen, sodass asiatische Löwen zu historischen Zeiten im heutigen Nahen Osten, in Griechenland, den Balkanländern und Südfrankreich lebten – daher auch die vielen Hinweise auf Löwen in der Bibel und anderen historischen Texten. Herodot erwähnt in seinen *Historien*, dass die Löwen seiner Zeit (5. Jh. v. Chr.) Wildrinder und Büffel jagten, die in Griechenland und der Türkei umherstreiften.

Gnoske und Kerbis Peterhans vermuten, dass die Jordansenke, die den Euphrat mit dem Nil verband, für primitive Löwen einen Korridor bildete, über den sie nach Afrika und Eurasien einwanderten. Im Laufe der Zeit breiteten sich diese Katzennomaden, die Huftierherden verfolgten, auch an Afrikas Gewässern aus. In dieser Epoche, so nehmen sie weiter an, war die Gesellschaftsstruktur der Löwen aller Wahrscheinlichkeit nach nicht anders als die anderer Katzen der Gattung *Panthera* (Leopard, Jaguar und Tiger): Sie waren Einzelgänger oder lebten höchstens in kleinen Familienverbänden, genau wie Leopard, Jaguar und Tiger heute. In sozialer Hinsicht war dies der primitive Zustand des Löwen.

Irgendwann emigrierten einige Löwenpopulationen, vielleicht vom großen Angebot an Beutetieren angelockt, von den Flusstälern in die afrikanischen Savannen. Doch dort standen sie vor einem Problem: Es gab zwar auf dem Grasland viele Beutetiere, die zudem für den Räuber weniger gefährlich waren als Büffel, aber Gnu, Zebra und Gazelle waren auch viel schneller und wendiger. Die Löwen entwickelten daher spezielle Merkmale, um dies wettzumachen. Sie leben in großen Jagdverbänden, in Rudeln. Die Geschlechterrollen veränderten sich, als die Löwengesellschaft eine Art feministischer Revolution durchlief, welche den Savannenlöwen zum einzigen sozial lebenden Vertreter der Großkatzen machte. Gruppen aus Schwestern und Tanten kümmern sich gemeinsam um die Jungen und wurden zugleich die hauptsächlichen Jäger.

Jeder Tourist in einem afrikanischen Nationalpark und jeder TV-Konsument, der Natursendungen im Fernsehen mag, hat schon Löwinnen gesehen, die in disziplinierten Jagdgruppen ausziehen, Zebra- oder Gnuherden in die Zange nehmen oder eine »Treibjagd« veranstalten, wobei zwei Löwinnen sich auf die Lauer legen und drei oder vier weitere die Beute auf sie zu treiben. Warum wurden die Weibchen zu Jägerinnen? Um einen Büffel zu töten, sind große Kraft und Härte vonnöten; um schwer zu fangende Tiere in der Savanne zu erwischen, bedarf es Geschick und Flexibilität – Attribute, die bei Löwinnen besser ausgeprägt sind als bei Männchen. Sie sind kleiner und flinker, und sie haben keine Mähnen, welche die Männchen in Ebenen zu auffällig und auch langsamer machen.

Da Büffel und andere große Beutetiere wie junge Elefanten und Flusspferde jetzt auf dem Speisezettel nach hinten rückten, war maskuline Kraft nicht mehr so wichtig. Und weil er nun als Jäger nahezu veraltet war, entwickelte sich der Savannenlöwe zur erstklassigen Kampfmaschine. Die Weibchen lebten in eng verbundenen Gruppen zusammen, und somit konnte er sich nicht eine Einzelne im gebärfähigen Alter aussuchen und mit ihr durchbrennen, um zu zweit die Tage in Wonne zu verbringen. Nimm dir eine, und du hast auch ihre Schwestern sowie ihre Mutter samt Tanten am Hals. Eingeschränkter Zugriff auf fruchtbare Löwinnen führte zu Konkurrenz um ihre Gunst, und so entwickelten erwachsene Männchen massive Köpfe und Kiefermuskeln, kürzere, kompaktere Körper und üppige Mähnen. Doch die Löwen an den Gewässern sahen so aus und verhielten sich so wie schon im Pleistozän. Der Menschenfresser von Mfuwe, dessen ausgestopfte Überreste drei Stockwerke unter uns betrachtet werden können, ist ein klassisches Beispiel seiner Art: ein einsiedlerischer, mähnenloser Schurke mit im Verhältnis zum restlichen Körper kleinem Kopf.

Und somit schwenkte die Unterhaltung kurz zum Thema, das mich zum ersten Mal nach Tsavo geführt hatte. Wenn die zwei Forscher auch nichts weiter zustande brächten, so wollten sie doch bald das jahrhundertealte Mysterium lösen, was Ghost und Darkness dazu veranlasst hatte, solch gefräßige Konsumenten von Menschenfleisch zu werden. Sie arbeiteten an einer Studie über Faktoren, die zum Menschenverzehr führten, Faktoren, die sie bei ihrer Arbeit in Tsavo bestimmen konnten: den traditionellen aus Verletzungen, Krankheiten oder hohem Alter; dann die Dezimierung »normaler« Beute; den Zugriff auf tote oder sterbende Menschen; eine »gesellschaftliche Tradition« des Menschenfressens; die Rolle des Lebensraums und der Vegetation; Viehraub, der zu Konflikten zwischen Fleischfresser und Mensch führte.

Ich dachte an eine Beobachtung in Tsavo, die einen Aspekt von Gnoskes und Kerbis Peterhans' Hypothese zu widerlegen schien: dass dieses große Männchen, Scarface, anscheinend der Anführer eines vielköpfigen Rudels war, nicht anders als bei Serengeti-Löwen. War dies eine Anomalie, und falls ja, wie erklärten sie sich diese? Die Frage fiel mir ein, weil ich mit dem Einsortieren der Fakten, Theorien und Annahmen beschäftigt war, die ich fieberhaft aufgeschrieben hatte. Auch war ich mehr daran interessiert festzustellen, welche Bedeutung all die Vermutungen für Menschen außerhalb professioneller Kreise haben würde. Wenn die beiden Männer beweisen konnten, das der Büffellöwe eine eigene Unterart war, wie würde sich das auswirken? Okay, eine solche Entdeckung würde nicht gerade die Massen mobilisieren, aber wie würde die Wissenschaftlergemeinde reagieren? Wieder mal: Was hatte all das zu bedeuten?

Als hätte er die Frage geahnt, lieferte Kerbis Peterhans die perfekte Antwort.

»Wenn sich dies als wahr erweisen sollte, wird es die Vorstellung von der Rolle der Löwenweibchen revolutionieren. Darüber hinaus wird es Vorstellungen von anderen Unterarten revolutionieren, von denen man annimmt, dass sie geographisch bestimmt seien. Es muss eine signifikante geographische Entfernung geben.«

Als Beispiel führte er afrikanische und asiatische Löwen und zwei ausgestorbene Unterarten, den Berberlöwen, der in Nordwestafrika lebte, und den Kaplöwen Südafrikas, an.

»Wir sagen, dass, weil Büffellöwen und Rudellöwen im selben Gebiet leben, aber anders aussehen und handeln, sie als Unterarten durch Morphologie, Verhalten und Ökologie bestimmt werden können.« Er hielt inne und richtete sich dann an einen unsichtbaren Dritten im Raum. »Die Leute schauen wegen Toms Hintergrund scheel«, sagte er. Er meinte damit, dass andere Wissenschaftler aufgrund Gnoskes mangelnden akademischen Würden an der Wissenschaftlichkeit seiner Thesen zweifelten. »Deshalb achte ich besonders darauf, genügend Daten zu sammeln und nicht die falschen

Schlüsse daraus zu ziehen.« Wieder Pause. »Zwei Mitarbeiter des Field Museums, die in den meisten Wissenschaftsjournalen publizieren, haben überhaupt keine formelle Ausbildung. Auch nicht [Richard] Leakey selbst, doch er wird ›Dr. Leakey‹ genannt. Tom hat so viele bemerkenswerte Beobachtungen gemacht, dass dies, auch wenn nur wenige standhalten, eine gewaltige Leistung ist.«

Dieses Schulterklopfen verdiente die passende Erwiderung, und Gnoske unterbrach ihn, um zu sagen, sein Kollege helfe ihm sowohl als Mentor als auch beim Navigieren in akademischen und gesellschaftlichen Kreisen, wo er sich immer unsicher fühle.

»Als wir in Kenia waren und den Botschafter Südafrikas trafen, kam Julian gut mit ihm zurecht; ihm fällt der Umgang mit der High Society nicht schwer. Wir wurden vom Botschafter eingeladen, um im Krüger-Nationalpark Löwen zu studieren.«

Das hieß, fügte Gnoske äußerst ruhig hinzu, dass er sich sicher genug fühle, um seine Ideen jetzt zu publizieren, und das Einzige, was ihn hindere, sei Kerbis Peterhans' Bestehen auf mehr Beobachtungen, mehr Daten, mehr Messungen.

Damit waren wir bei ihren Zukunftsplänen angelangt, für die sie zwei Phasen vorgesehen hatten.

Zunächst wollten sie ihre Untersuchungen von Löwenschädeln und -skeletten abschließen, wobei sie sich auf jene im American Museum of Natural History und im British Museum beschränkten, in dem sich die Schädel von siebzig Löwen befanden, die der Brite Wilfred Thesiger im Sudan und in Äthiopien erlegt hatte. Thesiger hatte geschrieben, dass mehrere der Löwen keine oder verkümmerte Mähnen hatten. Die beiden Forscher hofften, mit weiteren Messungen zu beweisen, dass es heute noch zwei Arten von Löwen gibt.

»Es kann keine Überschneidungen geben«, betonte Kerbis Peterhans. »Die Unterschiede müssen eindeutig sein.«

Wenn künftige Studien Überschneidungen ergeben würden, könnte die Hypothese, dass Büffellöwen physisch anders und näher am Aussterben sind, widerlegt werden. Das würde jedoch nicht widerlegen, dass es mehrere Variationen im Verhalten und in der sozialen Struktur afrikanischer Löwen gibt.

Und dann die zweite Phase: die Expeditionen zum Fluss Tana in Ostkenia, in Ugandas Queen-Elizabeth-Nationalpark und ins Luangwa-Tal in Sambia. An allen drei Orten wollten Gnoske und Kerbis Peterhans das Verhalten von Löwen studieren, mit dem Schwerpunkt auf Jagdmethoden, und Daten über Mähnenlängen sammeln. Ihre Reisen nach Tsavo und Untersuchungen an von Jägern und Rangern getöteten Löwen hatten sie davon überzeugt, dass dichte Vegetation und Dorngebüsch fehlende Mähnen nicht erklärten, denn viele Löwen mit dichten Mähnen wurden in bewaldeten Gebieten erlegt. Sie nahmen an, dass bei Löwen mit unterschiedlichen Mähnen die Mähnenlänge von Klima und Höhenlage bestimmt wird. Der 950 Kilometer lange Tana war für die Überprüfung dieser Theorie ideal. Von der Quelle in 5200 Meter Höhe im Aberdare-Gebirge fließt er durch bewaldete Hügel hinunter in Buschebenen, keine hundert Meter über dem Meeresspiegel, weiter in äquatoriale Regenwälder, ehe er in den Indischen Ozean mündet. Wenn ihre Höhen-Klima-Theorie stimmte, müssten Löwen in den hohen, kalten Lagen dichte Mähnen, jene in tiefer gelegenen, heißeren Gebieten spärliche Mähnen haben. Auf der Hälfte seiner Länge bietet der Tana, eine üppige Schneise in ansonsten trockenem Gebiet, auch die Art Flusslandschaft, die der Hypothese nach der typische Lebensraum für Büffellöwen ist. Wenn sie ergründeten, ob Löwen ihre Vorderbeine benutzen, um Büffel oder andere große Tiere zu Fall zu bringen, könnten Gnoske und Kerbis Peterhans feststellen, ob diese Fleischfresser tatsächlich massive Körper entwickelten, um große Beute zu überwältigen. Umgekehrt konnten sie die Kadaver erlegter Tiere wie Gerichtspathologen untersuchen, um deren Todesart zu bestimmen. (Ich denke an Iain Allans Beschreibung der beiden Männchen, die am Galana einen Büffel töteten. Sie benutzten ihren Verstand ebenso wie ihre Muskeln.)

Das Unternehmen würde kostspielig und gefährlich werden – die größte Gefahr stellten dabei nicht Löwen, sondern andere Menschen dar, und sie trug auch zu den hohen Kosten bei: Banden von Somali-Shifta machten den mittleren Abschnitt des Tana unsicher, und für eine Expedition brauchte man sieben oder acht bewaffnete KWS-Ranger als Leibwächter, die alle für bis zu sechs Wochen bezahlt werden müssten. Gnoske und Kerbis Peterhans versuchten gerade, die nötigen Gelder zusammenzukratzen. Sie waren mit ihrem ehemaligen Vorgesetzten Dr. Bruce Patterson in Streit über ihre Forschungsarbeit geraten und standen nun allein da. Sie versprachen, mich auf dem Laufenden zu halten, und wenn die Expedition zustande käme, sei ich herzlich eingeladen, daran teilzunehmen. Ich vermochte zwar nicht einzuschätzen, ob ihre Ideen stichhaltig waren, war aber überzeugt, dass sie an etwas arbeiteten, das zu etwas Interessantem führen könnte. Vielleicht gelang es diesen beiden Chicago-Boys, das vorherrschende Wissen über den Haufen zu werfen.

Nun, wegen einer Armada von Gründen, von denen die meisten mit Geld zu tun hatten, scheiterte die Tana-Expedition schon in den Anfängen. Als ich das nächste Mal nach Tsavo kam, waren nicht Gnoske und Kerbis Peterhans dabei, sondern zwei Wissenschaftler, die ihnen in fast allen Punkten widersprachen und dachten, die zwei Männer vom Field Museum jagten einer Chimäre nach.

Die Jagd nach der Chimäre

Dein Blut ist kalt und marklos dein Gebein:
hast keine Spiegelkraft in jenen Augen,
die aus dir glotzen.
Macbeth

16. Mai 2001 – Camp Kanderi, Tsavo-Ost

Ich wache kurz vor sechs auf, aus einem Albtraum gerissen vom Geräusch des heißen Wassers, das ein Helfer vor meinem Zelt in den Eimer gießt. Der Albtraum war eine dieser von Lariam ausgelösten Geschichten, die fast einer Halluzination gleichen. Literarisch gesehen, sind Lariam-Träume eher prä- als postmodern und haben eine logische Struktur – Anfang, Mitte und Ende. Kaum öffne ich die Augen, ist der Traum auch schon verflogen. Ich kann mich nur erinnern, dass ich einen spirituellen Kampf mit einer vage satanischen Macht ausfocht und dass ich gewann. Doch trotz dieses Triumphes bleibt ein ungutes Gefühl, während ich mir nach Rauch riechendes Wasser ins Gesicht spritze, mich anziehe und beobachte, wie die Morgensterne einer nach dem anderen verschwinden.

Dieses ungute Gefühl verfliegt beim Frühstück im Kantinenzelt mit den anderen: Dr. Craig Packer und seiner Studentin Peyton West von der Universität von Minnesota; Ogeto Mwebi, einem ruhigen Kenianer, der die Osteologische Abteilung des Nationalmuseums von Kenia in Nairobi leitet; dem Zoologen Dennis King und seiner

Freundin Sarah Hamilton; unserer Safariausrüsterin Verity Williams und dem Fotografen Bob Caputo – nicht mit mir verwandt, wie schon an unserer Statur zu erkennen ist: Mit einer Größe von 1,95 Meter überragt er mich um mehr als zwanzig Zentimeter.

Das Frühstück wird im Eiltempo abgehandelt – Toast, Cornflakes, Kaffee. Wir müssen hinaus, bevor es zu heiß wird und die Löwen in Deckung gehen. Wir bilden Teams, von denen jedes ein bestimmtes Ziel hat, und verlassen unser Camp am Rande des Kanderi-Sumpfes. Peyton und ich steigen in den Landrover, den sie und Craig aus Tansania mitgebracht haben. Wir fahren nach Westen, nach Ndololo, weil sich dort ein Löwenrudel rumtreiben soll. Der Landrover hat schon viel mitgemacht und sieht entsprechend aus. Peyton geht geschickt mit ihm um, auch die Rechtssteuerung macht ihr nichts aus, was mich nicht überrascht. Immerhin hat sie den größten Teil der letzten Jahre damit verbracht, diese ramponierte Kiste durch die Serengeti zu steuern, um herauszufinden, weshalb Löwen Mähnen haben. Die nächsten 23 Tage wird sie in Tsavo verbringen und die Frage aus der entgegengesetzten Richtung angehen: Weshalb haben die Löwen hier keine Mähnen?

Außerdem wollen sie und Craig herausfinden, ob die Löwen von Tsavo wirklich anders sind. Dazu werden sie sie mit zwei Löwen-Dummys konfrontieren, die sie auch schon in Tansania benutzt haben. Die Dummys sind Craigs Erfindung. Sie wurden nach seinen Angaben in Hongkong angefertigt, und jeder Dummy kann mit einer von vier Mähnenimitationen in verschiedener Länge und Farbe ausgestattet werden. Um zu gewährleisten, dass die Farben echt wirken, hatte Craig den Herstellern in Hongkong Mähnenhaare von echten Löwen zur Verfügung gestellt. So kann jeder Dummy vier Identitäten annehmen, denen Craig Namen gegeben hat: Fabio (eine lange gelbe Mähne), Julio (lang und schwarz), Romeo (kurz und schwarz) und Lothario (kurz und gelb).

Die beiden Wissenschaftler haben noch eine Menge anderer Ausrüstungsgegenstände mitgebracht: eine Wärmebildkamera, die Körperwärme registriert und die Ergebnisse in digitale Bilder umwandelt; ein GPS zum Registrieren der Standorte von Rudeln; Nachtsichtgeräte und Tonbandaufzeichnungen diverser Tierstimmen zum Anlocken von Löwen.

Während meiner Recherchen hatte ich immer wieder von Craig gehört; er gilt als einer der führenden Experten für die Löwen der Serengeti, ein Nachfolger von George Schaller. Nachdem ich ihn an der Universität von Minnesota aufgesucht hatte, erfuhr ich, dass Tsavo ihn schon seit langem interessierte. Dann hatte ihn sein Freund, der Dokumentarfilmer Simon Trevor, gedrängt, dorthin zu reisen und die ungewöhnlichen Löwen zu studieren. Es sah also so aus, als hätten wir alle das gleiche Interesse, und so beschlossen wir, uns zusammenzutun. Nach mehreren Telefongesprächen und E-Mails erarbeitete Packer einen Plan für eine dreiwöchige Expedition. Ich kümmerte mich inzwischen um die Finanzierung. Und so kam das Projekt schließlich zustande – mit großzügiger Hilfe von Gnoske und Kerbis Peterhans, die Craig und Peyton ihre Tsavo-Forschungserlaubnis »liehen«.

Wir verfolgen alle das gleiche Ziel, nur die Motivation ist verschieden. Peyton ist hier, um Forschungen anzustellen, damit sie, wenn sie nächsten Monat nach Minneapolis zurückkehrt, ihre Dissertation schreiben und eines Tages Dr. Peyton West werden kann. Craig ist hier, um sie zu beraten und Tsavo und seine Löwen aus nächster Nähe kennen zu lernen. Und ich bin hier, weil ich hoffe, dass ihre Arbeit ein wenig Licht auf das Geheimnis von Tsavo werfen wird.

Obwohl ich Peyton erzählt habe, dass ich vor sechzehn Monaten einige Löwen ohne oder mit verkümmerten Mähnen gesehen habe, bleibt sie skeptisch. »Ich halte das offen gestanden für ausgeschlossen«, hatte sie gestern am Lagerfeuer verkündet. Dann hatte sie schnell hinzugefügt, sie wolle mich nicht des Lügens oder der Spinnerei bezichtigen; sie sei jedoch überzeugt, dass es sich bei den Löwen um Halbwüchsige gehandelt haben musste, die von Amateurbeobachtern wie mir oft mit ausgewachsenen Tieren verwechselt würden. Craig ist der gleichen Ansicht. Eigentlich hätte ich nicht protestieren dürfen – schließlich hat Craig ein Vierteljahrhundert lang Löwen in der Serengeti und im Krüger-Nationalpark in Südafrika studiert –, aber ich protestierte trotzdem und wies darauf hin, dass die Löwen, die ich gesehen hatte, zu groß gewesen waren, um als Halbwüchsige zu gelten, und dass sie außerdem deutlich sichtbare Hoden gehabt hatten, was ein Zeichen der Geschlechtsreife ist. Craig und Peyton erklärten sich daraufhin bereit, ihr abschließendes Urteil erst zu fällen, wenn sie die Löwen selbst gesehen hatten.

Ein paar Meter vor uns huschen vom Landrover aufgeschreckte Frankoline auf beiden Straßenseiten entlang, die Männchen mit leuchtend gelben Brustlätzen. Sie bleiben am Boden, bis wir sie fast überfahren, dann erheben sie sich mit heftigem Geflatter ihrer bräunlichen Flügel in die Luft. In der Ferne ragt das gefleckte Periskop eines Giraffenhalses aus der *Nyika*-Wildnis empor (*Nyika* ist der Sammelbegriff für die dornige Gestrüpplandschaft von Ostafrika).

Neben all den Problemen, die Amerika und den Rest der Welt zurzeit beschäftigen, scheint es ziemlich belanglos zu sein, weshalb manche Löwen Mähnen haben und andere nicht. Ich muss wieder an ein Gespräch denken, das ich vor drei Tagen in Nairobi mit zwei Freunden, Wayne Long und seiner Frau Marianne Fitzgerald, geführt habe. Ich war ihnen vor knapp einem Jahr begegnet, kurz nachdem ich Gnoske und Kerbis Peterhans interviewt hatte – im Rahmen der Recherchen zu einem Artikel über die Luftbrücke der

Vereinten Nationen, die den Opfern des endlosen Bürgerkriegs im Süden des Sudan helfen sollte. Marianne, eine Engländerin, die seit vielen Jahren in Kenia lebt, engagiert sich für Hilfsprojekte und hat eine private Organisation gegründet, die sudanesische Flüchtlinge in Kenia mit Nahrung und Medikamenten versorgt und auch den unter der Dürre leidenden Kenianern hilft.

Während wir unsere Bekanntschaft beim Abendessen erneuerten, erklärte ich ihr und Wayne, was mich nach Afrika zurückgeführt hatte. Ich erklärte ihnen die Theorie von Gnoske und Kerbis Peterhans und berichtete von der bevorstehenden Expedition nach Tsavo mit Packer und West. Marianne, die mir gerade erzählt hatte, dass vier Mitarbeiter ihrer Organisation, Männer vom Stamm der Samburu, kürzlich aus dem Hinterhalt von Turkana-Banditen erschossen worden waren, sah mich mit einer Mischung aus Unglauben und Verbitterung an.

»Das ist der Unterschied zwischen Afrika und dem Westen. Im Westen habt ihr Zeit, euch um Dinge wie das Beobachten von Löwen und das Vermessen ihrer Schädel zu kümmern. Hier versucht jeder zu überleben – und das Tag für Tag. Es ist ein wenig so wie im alten Athen. Die Athener hatten ihre Sklaven für die Schmutzarbeit, damit Plato und Aristoteles und die anderen dasitzen und nachdenken konnten.«

Ein wenig übertrieben, nahm ich an, aber ihre Bemerkung weckte Erinnerungen an die Bilder, die ich im Süden des Sudan gesehen hatte – Jungen, denen Landminen die Beine weggerissen hatten, eine von einer Streubombe der sudanesischen Luftwaffe zerstörte Missionskirche, eine Mutter, die sechs Tage durch den Busch gelaufen war, um ihr malariakrankes Kind ins nächste Krankenhaus zu bringen. Daran erinnerte ich mich und auch an ein Titelbild von *Newsweek*, das ich auf der Heimreise an einem Zeitungsstand im Londoner Flughafen Heathrow gesehen hatte. Es zeigte einen blonden, stämmigen amerikanischen Jungen mit dem Guss des Kuchens, den er gerade in sich hineinstopfte, auf seinen Lippen. Über seinem Foto stand die Schlagzeile »Sind wir zu fett?« Das war keine so bedeutungslose Frage wie »Weshalb haben Löwen Mähnen?« Das Bild war obszön, wenn man es neben das von einem der ausgemergelten Geschöpfe hielt, die im Südsudan dahinvegetieren. Tsavo und die Serengeti sind das, was Touristen – und Schriftsteller und Wissenschaftler – von Afrika sehen wollen, aber das wahre Afrika sind Millionen und Abermillionen von Menschen, die unter erbärmlicher Armut, Aids, Malaria, Dürre, Hunger, korrupten Regierungen, überbevölkerten Städten und endlosen Bürgerkriegen leiden.

Daran muss ich immer denken. Dieser riesige Nationalpark hat weniger Ähnlichkeit mit dem Afrika, in dem die Afrikaner leben müssen, als der Yellowstone Park mit dem Ventura Freeway in der Hauptverkehrszeit.

Und dennoch kann ich mich seiner wilden Schönheit nicht entziehen. Unter Kumuluswolken, die ein kräftiger Südwind über den Himmel treibt, zeigt sich das Land jetzt in einem üppigeren Grün als bei meinem ersten Besuch; dies ist die Regenzeit, obwohl sie später gekommen und spärlicher ausgefallen ist als normalerweise, und die Akazien schmücken sich mit blassgelben Blüten. In der Nähe von Ndololo entdecken wir Spuren auf der Straße, steigen aus, um sie genauer zu betrachten, und stellen fest, dass sie von Hyänen stammen. Ein Ranger des KWS sieht uns und fordert uns auf, wieder einzusteigen; er sagt uns, dass sich neun Löwen in der Nähe herumtreiben.

»Ich habe sie erst vor kurzem gesehen, als sie sich mit ein paar Elefanten anlegten«, erklärt er, und als wir ihm zu verstehen geben, dass wir uns auf einer Löwenforschungsexpedition befinden, führt er uns zu ihnen. Peyton informiert Craig und Bob über Funk – sie sind nicht weit hinter uns –, und bald treffen sie uns und den Ranger an einem ausgetrockneten Wasserloch, wo die Löwen, zehn insgesamt, Weibchen, Halbwüchsige und Junge, die Überreste eines Kaffernbüffels benagen, der schon vor geraumer Zeit das Zeitliche gesegnet haben muss. Der Gestank ist abscheulich. Die gewaltigen, von getrocknetem Blut geschwärzten Rippen ähneln den geteerten Spanten eines Bootes, und Hunderte von Maden quellen aus der dicken Haut, an der eine Löwin zielstrebig zerrt. Peyton nimmt einen Skizzenblock zur Hand und zeichnet das Muster und die Anzahl der Flecken am Maul der Löwin. Muster und Anzahl der Maulflecken unterscheiden sich von Löwe zu Löwe – sie sind eine Art Löwen-Fingerabdruck. Peytons Blick wandert rasch vom Block zur Löwin und wieder zurück; ihre Handbewegungen sind so schnell wie die eines von ungeduldigen Kunden umringten Straßenmalers.

Peyton, eine schlanke, blauäugige 32-jährige Blondine mit hellem Teint, ist auf Umwegen zur Wissenschaft gelangt. Nach Abschluss eines Englischstudiums in Yale bekam sie einen Job als Einkäuferin für ein Schmuckgeschäft in New York, wo sie in einem fensterlosen Raum sitzen und teure Klunker an Filialen im ganzen Land verschicken musste. Das war nichts für sie.

Sie kündigte und ging nach San Francisco, wo sie an einer literarischen Zeitschrift mitarbeitete. Auch das war nicht das Richtige, aber bei der Mithilfe im Zoo von San Francisco entdeckte sie ihre Leidenschaft für wilde Tiere. Obwohl sie in den Naturwissenschaften nie geglänzt hatte, erwachte in ihr der Wunsch, Biologin oder Zoologin zu werden. Sie kehrte nach Yale zurück, belegte die entsprechenden Kurse und arbeitete auf Teilzeitbasis im mikrobiologischen Institut der Universität und in Zoos in Connecticut. Nach zwei Jahren Studium wusste sie, was sie wirklich interessierte – das Verhalten von Tieren –, und sie bewarb sich bei den auf diesem Gebiet führenden Institutionen des Landes.

Schließlich akzeptierte Craig Packer sie als eine seiner Studentinnen an der Universität von Minnesota, wo er McKnight Distinguished Professor im Fach Ökologie, Evolution und Verhalten war – ein gewichtiger Titel, der seinem Ruf entsprach. Peyton wird nie vergessen, wie sie ihn kennen lernte.

»Ich hatte gehört, er sei ein Hypochonder, der fluchtartig den Raum verlasse, sobald ein kranker Mensch in seine Nähe komme. Ich hatte Husten und 39 Grad Fieber; deshalb steckte ich mir ein Hustenbonbon in den Mund, bevor ich in sein Büro ging. Als ich den Mund aufmachte, um mich vorzustellen, klebte das Bonbon in meiner Kehle fest. Da ich es nicht schlucken konnte, spuckte ich es aus, und es landete direkt in Craigs Schoß.«

Craig nahm Peyton trotz dieses Kontaminationsversuchs in sein Graduiertenprogramm auf, und wenig später war sie in Afrika und versuchte herauszufinden, weshalb Löwen Mähnen haben.

Das oder die Männchen, die das Rudel beherrschen, sind nirgendwo zu sehen, und das ist vielleicht gut so. Der Ranger erzählt uns, dass ein großer Löwe erst kürzlich einen Kleinbus mit Touristen angefallen hat. Sie hatten den Löwen in flagranti ertappt – er paarte sich gerade mit einer Löwin – und den Fahrer dazu überredet, näher heranzufahren. Der Löwe hatte sich brüllend auf den Bus gestürzt und mit seinen Pranken zwei Fenster zertrümmert, bevor der entsetzte Fahrer Gas geben und davonfahren konnte. In Anbetracht der Umstände war die Reaktion des Löwen verständlich und sogar bewundernswert, aber dieser Angriff bestätigte nur den Ruf der Tsavo-Löwen als schlechte Gastgeber. Schließlich haben die »Touristenlöwen« in der Masai Mara nichts dagegen, sich beim Kopulieren fotografieren zu lassen. Vielleicht hatten die Voyeure in dem Bus nicht die neueste Ausgabe des *Rough Guide to Kenya* gelesen, in dem Besucher ausdrücklich gewarnt werden, dass »die Löwen des Tsavo für ihre Wildheit berüchtigt« sind.

Nachdem Peyton ihre Skizzen gemacht hat, schätzt sie das Alter der Löwen anhand der Farbe ihrer Nasen. Löwennasen werden mit der Zeit dunkler, von rosa bei Neugeborenen bis tiefschwarz im Alter von acht Jahren. Peyton vermutet, dass die ausgewachsenen Löwinnen weniger als acht Jahre alt sind, ausgenommen die mit den atrophierten Brustmuskeln und den abgerundeten Zähnen, die auf hohes Alter hindeuten. Keine der Löwinnen ist in guter Verfassung. Ihre Rippen sind deutlich zu sehen, ihr Fell ist mit Kletten übersät, und eine, die sich mit unsicheren Schritten bewegt, scheint eine Hüftverletzung zu haben. Sie und drei andere trotten zu einem Wasserloch, um zu trinken. Sie werden von Ibissen in schwarz-weißen Priestergewändern beobachtet. Die verletzte Löwin wagt sich ein wenig zu weit vor und versinkt bis zur halben Höhe ihrer Beine in rotem Schlamm, kämpft sich wieder heraus und humpelt dann davon, um im Schatten eines Strauchs mit weißen Blüten zu ruhen. Peyton zerrt die schwere Wärmebildkamera vom Rücksitz des Landrovers auf den Vordersitz, schließt sie an und richtet sie auf die Löwin, um ihre Verletzung zu lokalisieren. Sie lässt mich hineinschauen, und ich sehe das digitalisierte Bild einer Löwin in einem Mosaik aus Farben: Rot, Gelb, Blau, Grün und Schwarz, wobei Gelb die wärmsten und Schwarz die kühlsten Stellen anzeigt. Die sirrende Kamera irritiert die Löwin einen Moment, aber sie döst bald wieder ein, während die anderen weiterhin an den von Maden wimmelnden Gebeinen des Büffels nagen.

»Ich habe noch nie erlebt, dass Löwen so widerliches Zeug fressen«, sagt Craig. Sein und Bobs Wagen stehen jetzt neben unserem.

Ich erwähne Iains Beobachtung, dass die Löwen von Tsavo »Arbeiterkatzen« sind, die für ihren Lebensunterhalt schwer schuften und nehmen müssen, was sie kriegen können.

Craig nickt. »Ja, eine raue Umwelt, schwierige Beute ...« Er lässt den Satz unvollendet.

Wir fahren weiter zur Zentrale des Parks, einer Ansammlung von niedrigen, weiß getünchten Bungalows in der Nähe des Voi Gate, wo wir mit Dennis King verabredet sind. Wir bitten den stellvertretenden Oberaufseher um die Erlaubnis, Lockrufe benutzen und die Straßen verlassen zu dürfen (was in Tsavo verboten ist). Außerdem erkundigen wir uns, was er von Minisendern und Betäubungspfeilen hält, die im Park verpönt sind. King ist eine merkwürdige, aber durchaus bekannte Figur in Tsavo, wo er in den letzten vier Jahren ständig mit einem ramponierten Landrover mit einem hochklappbaren Holzschild herumkurvt, auf dem »Forschung« steht. Dieses Schild soll den Fahrern der Touristenbusse sagen, dass King in offizieller Angelegenheit unterwegs ist und dass sie ihm nicht folgen sollen, wenn er querfeldein fährt; allerdings ist nicht klar, was er eigentlich erforscht. Der KWS hat ihm die Erlaubnis erteilt, die Löwen zu studieren, weil so wenig über sie bekannt ist, aber ohne finanzielle Unterstützung durch eine Universität, ein Museum oder eine internationale Tierschutzorganisation ist er auf sich allein gestellt und schlägt sich mit etwas durch, das er »private Spenden« nennt, von denen gegenwärtig der größte Teil von seiner Freundin Sarah zu kommen scheint. Die Folge davon ist, dass King bisher nicht sonderlich viel über die Löwen von Tsavo herausgefunden hat. Er hat sich mit uns zusammengetan, um von Craigs und Peytons Erfahrung zu profitieren. Und wir haben uns mit ihm zusammengetan, weil er damit geprotzt hat, er könne uns zu Löwenrudeln führen und uns somit eine Menge Zeit ersparen, aber es ist schon jetzt abzusehen, dass er in dieser Beziehung wenig verlässlich ist. Craig und Peyton haben nur die Brauen gehoben, als er behauptete, so etwas wie Löwenrudel gebe es überhaupt nicht; das sei nur ein Wort, das Wissenschaftler benutzten, um Gruppen von Löwen zu beschreiben, die sich begegnen, wieder auseinander gehen und dann erneut zusammenkommen, ungefähr so wie zufällig zusammentreffende Atome. Damit kreierte er eine ganz neue Idee, um es vorsichtig auszudrücken.

Verity, die Safariausrüsterin, hat uns gewarnt, dass er ein schwieriger, reizbarer Mensch sein kann, und obwohl uns das bisher nicht aufgefallen ist, verraten seine blassblauen Augen gelegentlich ein gewisses Ressentiment, als wären wir Eindringlinge in seinem Revier. Er ist einer dieser entwurzelten Engländer, die mir im Laufe der Zeit überall auf der Welt über den Weg gelaufen sind, wie zum Beispiel Clive Ward; aber wo Clive fröhlich und redselig ist, ist Dennis verdrossen und maulfaul; wenn man ihm eine Frage stellt, reagiert er mit unverständlichem Gemurmel oder einem herablassenden Lächeln. Aber er kann seine Ansichten auch unverhohlen äußern. Gestern Abend habe ich am Lagerfeuer die Theorie von Gnoske und Kerbis Peterhans umrissen und ihn gefragt, was er davon hält. »Totaler Blödsinn«, hat er erwidert. Craig und Peyton scheinen der gleichen Meinung zu sein, aber sie drücken es wesentlich höflicher aus, und sei es nur deshalb, weil sie mit der Forschungsgenehmigung des Field Museums in Tsavo sind. Das ist auch einer der Gründe dafür, dass sich Ogeto Mwebi uns angeschlossen hat – er gehört zum Team des Museums.

Wir hoffen natürlich, dass Dennis' Vertrautheit mit den Parkbehörden uns den Weg ebnen wird, aber der stellvertretende Oberaufseher, ein Mann, der geduldig zuhört und wenig spricht, äußert sich nicht eindeutig zum Thema Querfeldeinfahren; er meint nur, dass wir darauf verzichten sollten, wenn Touristenfahrzeuge in der Nähe sind, weil deren Fahrer dann auf die Idee kommen könnten, sie dürften es auch. Aber er ist strikt gegen Minisender und Pfeile, obwohl Craig ihm versichert, dass er in der Serengeti über hundert Löwen aller Altersstufen ohne schädliche Nachwirkungen betäubt hat.

»Das liegt an der Schmusetiertheorie, dem Daphne-Faktor«, murmelt Dennis draußen, nach dem Gespräch.

Das ist eine unfreundliche Anspielung auf Daphne Sheldrick, die Frau von David Sheldrick, dem Gründer und Oberaufseher von Tsavo-Ost. Sie hat großen Einfluss darauf, wie der Park verwaltet wird, und will ihn so ursprünglich wie möglich erhalten. Obwohl sie Elefanten liebt, hat sie auch viel für Löwen übrig, gerade deshalb, weil sie so niederträchtig sind. In *The Shadow of Kilimanjaro* erklärt sie Rick Ridgeway: »Wenn Sie einen Tsavo-Löwen sehen, dann sehen Sie einen echten Löwen. Er wird nicht daliegen und die Beine in die Luft strecken, damit Sie ihn fotografieren können. Er wird Sie vermutlich fressen wollen, weil er ein Löwe ist, der sich seinen Unterhalt schwer erkämpfen muss.«

Daphne ist der Ansicht, dass Minisender und Pfeile die scharfen Kanten ihrer Löwen abstumpfen könnten. Ich möchte alles über die Löwen erfahren, aber nicht zu diesem Preis. Ich will keinen künftigen Tsavo-Löwen sehen, der es duldet, wenn ihn Leute bei der Paarung fotografieren, sondern einen, der sich stattdessen mit wütendem Gebrüll auf sie stürzt. Wir brauchen nicht alles über alles zu wissen. Manche Dinge sind im Nebel des Mythischen und Geheimnisvollen ganz gut aufgehoben. Während Dennis und Craig etwas über »herzloses Pack, das von Spendengeldern lebt« murmeln, applaudiere ich insgeheim Daphne Sheldrick, obwohl ich weiß, dass sie mich verachten würde, wenn sie wüsste, dass ich jage und das Jagen gutheiße, wenn es richtig gemacht wird. Ich würde ihr sagen, dass Jäger, wahre Jäger, die Tiere ebenso sehr lieben wie sie.

Während Bob und ich im Camp zu Mittag essen, betrachten Craig und Peyton Dennis' Fotos. Eines zeigt einen Löwen mit einer vollen, schwarzen Mähne, ein »Problemtier«, das heißt, eines das Nutzvieh angefallen hat und das deshalb in den Park umgesiedelt wurde. Zwei der möglichen Söhne dieses Löwen, sagt Dennis, haben kurze, verkümmerte Mähnen. Zumindest bestätigt er, dass es im Park Löwen mit Mähnen gibt (wie das Prachtstück, das ich unter den

Palmen in der Nähe der Sobo Rocks gesehen habe), aber er weiß nicht, ob es einheimische oder importierte sind. Das führt zu ausgedehnten Spekulationen. Craig und Peyton meinen, dass es nur zwei mögliche Erklärungen gibt. Wenn Löwen mit und ohne Mähnen derselben einheimischen Population angehören, könnte es sich bei den mähnenlosen Tieren um eine Abart handeln, und das wäre verblüffend, denn es wäre der erste dokumentierte Fall einer solchen Abartigkeit bei Säugetieren. Unwahrscheinlich, höchst unwahrscheinlich, zweifelt Craig. Und damit zur zweiten Möglichkeit. Wenn Löwen mit voll ausgebildeten Mähnen in Tsavo Importe und mähnenlose hier heimisch sind, weil sie sich der Hitze oder einem anderen Umweltfaktor angepasst haben, dann wäre das, wie Craig es ausdrückt, »ein interessantes Beispiel für eine Variation innerhalb einer Spezies«. Was besagt (obwohl weder er noch Peyton es aussprechen), dass Gnoske und Kerbis Peterhans doch nicht völlig falsch liegen.

Aber unsere beiden Wissenschaftler bleiben skeptisch, wenn es um die Mähnenlosigkeit geht; sie glauben, dass die kahlen oder kurzhaarigen Löwen, die wir gesehen haben, jugendliche Nomaden sind, die darauf warten, dass sie erwachsen werden und ein Rudel übernehmen können. Abermals erwähne ich Scarface und biete an, sie zu der Stelle in der Nähe des Arubadamms zu bringen, wo ich ihn gesehen habe. Viel Glück, spottet Dennis. Er nennt denselben Löwen Orion, und er hat ihn und sein Rudel (oder seine Gruppe, als die Dennis sie lieber bezeichnet) über einen längeren Zeitraum hinweg beobachtet. Vor vier Monaten sind sie verschwunden und seither nicht mehr gesehen worden. Er hat keine Ahnung, warum. Ein weiteres Tsavo-Geheimnis.

Dennoch brechen wir auf. Schließlich besteht die Chance, dass Scarface alias Orion wieder auftaucht. Wir durchstreifen die ganze Gegend, umrunden den See, von dem Klaffschnäbel in Schwärmen so dicht wie Heuschrecken hochflattern, und fahren dann über die Ebene zum Sumpf. Wir sehen Giraffen und Gazellen, und das war's. Eine lange Fahrt nach Voi bringt uns gleichfalls nichts ein als einen echt afrikanischen Moment, in dem die Sonne hinter den Taita Hills versinkt und ihre letzten Strahlen das gelbbraune Grasland in ein goldenes Licht tauchen und die Hörner der Kaffernbüffel, die vor uns über die Straße trotten, aufleuchten lassen, während in der Ferne Elefanten trompeten.

18. Mai

Peyton lacht. »Er sieht so schwachsinnig aus«, sagt sie von dem Löwenmännchen, das nicht weit vom Arubasee entfernt unter einem Baum liegt. Ich betrachte die Tsavo-Löwen ein wenig als mein Eigentum, und ihre Bemerkung geht mir gegen den Strich, als hätte sie einen guten Freund beleidigt. Das Problem ist, dass der Bursche tatsächlich debil wirkt. Seine Augen sind schmale Schlitze, die Zunge hängt heraus, während er in der Hitze hechelt, sein Fell ist ebenso mit Kletten übersät wie seine kurze, struppige Mähne, die aussieht, als hätte sie ein betrunkener Friseur geschnitten. Unter einem nahen Strauch döst eine Löwin. Neben dem Männchen liegt ein angefressener Büffelkadaver mit von Geiern ausgepickten Augen und stocksteif ausgestreckten Beinen. In seiner blutigen Bauchhöhle tummeln sich Fliegen und Maden, und das ganze Ding stinkt im Südwind wie ein riesiger, überreifer Limburger Käse. Bob, der im anderen Wagen sitzt, schlägt mir über Funk vor, eine Fortsetzung zu Pattersons Buch zu schreiben und es *Die Madenfresser von Tsavo* zu nennen. Wieder fühle ich mich persönlich angegriffen. Meine Tsavo-Löwen, legendär wilde Geschöpfe, werden der Lächerlichkeit preisgegeben.

Andererseits kann man den Burschen vor uns als mähnenlos bezeichnen; die Farbe seiner Nase deutet darauf hin, dass er ausgewachsen ist; aber Peyton will einen eindeutigen Beweis und imitiert einen Hyänenruf, damit der Löwe aufsteht und einen Blick auf seine Hoden zulässt. Er fällt nicht auf den Trick herein, bleibt liegen und wedelt mit dem langen Schwanz die Fliegen fort. Wir warten.

Endlich erhebt sich Burr Boy, wie Peyton ihn genannt hat, um ein paar Happen Büffel zu sich zu nehmen. Er macht sich methodisch über die Schulter her und reißt das rote, glänzende Fleisch heraus. Wie um seine Kraft zu demonstrieren, packt er ein Gelenk und zerrt den 400 Kilogramm schweren Kadaver in eine günstigere Position. Über Funk fragt Craig: »Wie sehen seine Hoden aus?« Obwohl Burr Boy nur fünfzehn Meter von uns entfernt ist, greift Peyton zum Fernglas. »Groß und schaukelnd«, erwidert sie. Einen Moment lang herrscht Schweigen, und dann sagt Craig: »Nun ja, schließlich sind wir hier, um das zu sehen«, womit er einen ausgewachsenen Löwen mit einer verkümmerten Mähne meint. Ich betrachte meine Ehre als gerettet, fürchte aber, dass dieses eine Exemplar nicht ausreicht, um die beiden Skeptiker zu überzeugen. Über Funk diskutieren sie das Mähnenwachstum, während ich über die gestrige »Packer-Vorlesung« nachdenke. So nennen Bob und ich Craigs tägliche Auslassungen über Biologie, Evolution und Verhalten. Sie sind kurz und klar, sogar brillant. Das müssen sie auch sein, damit ich sie verstehen kann, obwohl ich vieles davon wieder vergesse, wenn ich nicht den braven Schüler spiele und mir Notizen mache – aber das ist mein Fehler, nicht der von Craig. Von der gestrigen Vorlesung habe ich mir Notizen gemacht; sie begann mit Craigs Behauptung, für ihn sei Darwin der Mann des Jahrtausends.

Darwins Gesetz der natürlichen Auslese besagt, dass purer Eigennutz die Tierwelt regiert. Selbstlosigkeit ist hier seltener als auf dem Börsenparkett. Oberflächlich betrachtet, scheint die Löwengesellschaft dieses Prinzip zu ignorieren. Die Weibchen gehen gemeinsam auf die Jagd, bilden Gruppen aus Schwestern und Tanten und beteiligen sich an der Aufzucht von Jungen anderer Löwinnen. Wenn im Rudel mehr als nur ein Männchen lebt, bekommt das dominierende die Mädels, aber die anderen helfen bei der Verteidigung des Rudels gegen äußere Feinde. Jahre eingehender Studien haben Craig überzeugt, dass eine Löwin ohne eigene Jungen nicht einfach nur nett sein will, wenn sie der Schwester bei der Aufzucht des Nachwuchses hilft. Es geht ihr darum, dass indirekt auch ihre Gene erhalten bleiben, wenn Jungtiere mit ähnlichen Genen überleben. Für die Männchen gilt das Gleiche. Sie sind nicht wie Soldaten im Krieg, die edelmütig ihr Leben für irgendeine Idee oder Sache aufs Spiel setzen; sie wollen nur, dass Artgenossen mit gemeinsamen Genen fortbestehen. Deshalb passt das kooperative Verhalten sich Darwins Gesetz der natürlichen Auslese an. Löwen arbeiten zusammen und helfen einander, aber der wahre Grund dafür ist Eigennutz – die Erhaltung des Genpools des Rudels.

Dann ging Professor Packer zu Teil zwei über, dessen Titel »Der Pfauenschwanz« sich anhörte wie der einer Sherlock-Holmes-Geschichte. Manche Arten entwickeln Merkmale, die auf den ersten Blick nachteilig zu sein scheinen und es in gewisser Hinsicht auch sind. Der lange, hinderliche Schwanz macht ein Pfauenmännchen zu einer leichteren Beute, aber er ist nützlich zum Anlocken von Weibchen. Ein Pfau mit einem außergewöhnlich langen und prächtigen Schwanz hat größere Chancen, sich zu paaren und seine Gene weiterzugeben. Das gleicht die kürzere Lebensspanne aus, die ihm infolge seiner Verletzlichkeit wahrscheinlich beschieden sein wird. Die Mähne der Löwen gehört gleichfalls in die Kategorie einer Zierde, die Beeinträchtigung und Vorteil zugleich ist. Obwohl bisher noch niemand genau weiß, was eine voll entwickelte Mähne einen Löwen kostet, sind sich Peyton und Craig doch sicher, dass ihr Hauptzweck darin besteht, Weibchen anzulocken, und ihr Nebenzweck, rivalisierende Männchen zu beeindrucken und zum Nachdenken zu zwingen, bevor sie angreifen. Aber weshalb lässt eine solche Haarpracht die Herzen der Weibchen höher schlagen? Eine interessante Theorie besagt, dass die Weibchen mancher Arten, zu denen auch die Löwen gehören, einen angeborenen ästhetischen Sinn haben und Männchen mit einem bestimmten Merkmal den Vorzug geben vor solchen, denen es daran mangelt oder bei denen es weniger gut entwickelt ist. Aber ästhetische Aspekte allein sind sicher nicht der Maßstab; es gibt noch zwei mögliche Erklärungen. Das Merkmal, in diesem Fall die Mähne, signalisiert gute Gene oder ist ein Anzeichen dafür, dass das betreffende Männchen, ob es nun gute Gene hat oder nicht, gesund und wohl genährt ist, was besagt, dass es ein guter Nahrungsbeschaffer und Beschützer ist, mit dem sich zu paaren nicht verkehrt sein kann.

Peytons Experimente in der Serengeti (die hier in Tsavo wiederholt werden sollen) deuten darauf hin, dass Löwinnen dunkle Mähnen hellen vorziehen und dass lange schwarze Mähnen auf Rivalen mehr Eindruck machen als kurze helle. Um die Theorie der guten Gene zu testen, hat Peyton von den Serengeti-Löwen Haarproben gesammelt, die auf ihren Testosterongehalt hin untersucht werden sollen.

Damit sind wir wieder bei Burr Boy angelangt, einem Männchen, das zwar kaum Mähnenhaare, dafür aber eine Freundin hat. Bewirkt die Hitze in Tsavo, das tiefer liegt als die Serengeti, dass die Nachteile einer Mähne die Vorteile überwiegen? Peyton holt die Wärmebildkamera aus ihrem Gehäuse und richtet sie auf Burr Boy. Nach ein paar Minuten reicht sie sie an mich weiter. Burr Boy erscheint in einem Kaleidoskop aus leuchtenden Farben. Sie zeigen einen dramatischen Temperaturunterschied zwischen seiner oberen und seiner unteren Körperhälfte – rund drei Grad Celsius. Das deutet darauf hin – beweist nicht, aber lässt vermuten –, dass er von der Hitze gestresst ist und schwer arbeiten muss, um seine untere Körperhälfte kühl zu halten.

Burr Boy hat seinen Imbiss beendet und legt sich wieder hin, speichelnd und mit von Blut rot gefärbten Barthaaren. Melinda, wie die Löwin bei uns nun heißt, trottet zu dem Kadaver, verzichtet aber aus irgendeinem Grund auf das saftige Schulterfleisch und konzentriert sich stattdessen darauf, ein Ohr abzureißen. Es ist zäh, und in ihrer Frustration schlägt sie die Zähne hinein und zerrt den Kadaver ein paar Meter mit sich, eine weitere Zurschaustellung schier unglaublicher Kraft. Melinda dürfte ungefähr 125 Kilogramm wiegen, etwa so viel wie ein Footballstürmer, aber der kann bestimmt keine 400 Kilogramm mit den Zähnen bewegen. Schließlich schafft sie es, das Ohr abzureißen, kostet es und spuckt es aus, bevor sie zu ihrem Lagerplatz zurückkehrt.

Zwei Schakale tauchen auf und nähern sich vorsichtig gegen den Wind. Melinda bemerkt sie trotzdem, setzt sich auf, schiebt den Kopf vor und richtet ihre hellen, messingfarbenen Augen auf die Aasfresser. Das Starren eines Löwen kann ziemlich entnervend sein. Die Schakale verstehen die Botschaft und bleiben stehen, aber das genügt der Löwin nicht. Mit einem hustenähnlichen Grunzen springt sie auf und sprintet auf sie zu, wobei ihre Hinterpfoten Staub aufwirbeln. Die Schakale machen kehrt und flüchten, aber nicht weit. Melinda setzt ihr Nickerchen fort, während im Westen, wo die Sonne einem roten, von den Chyulu Hills herabfunkelnden Neonauge gleicht, ein Trupp Paviane über die Savanne zieht, deren Gras sich im Wind wiegt. Ich habe das Gefühl, in die Jugendjahre der Erde zurückversetzt zu sein: Die beiden Großkatzen schlafen neben dem blutigen Kadaver ihres Beutetiers, während die Schakale geduldig auf ihre Chance warten und Paviane über die windige Ebene wandern.

19. Mai

Wir stehen vor dem Morgengrauen auf, und das Kreuz des Südens erstrahlt an einem Himmel, der so schwarz ist wie zur Zeit unseres Schlafengehens. Ein hastiges Frühstück, bei Laternenlicht verschlungen, und Craig und ich fahren in dem Landcruiser los, den ich von Verity Williams gemietet habe. Die staubige Piste, die aus dem Camp herausführt, sieht im Licht der Scheinwerfer aus wie weiße Asche, und aus dem Gestrüpp am Straßenrand funkeln uns zwei Hyänenaugen an. Wir fahren nach Osten. Der neue Tag deutet sich am Horizont an und beginnt dann mit einer Eruption von Licht, während wir nach Süden zur öden Ndara-Ebene abbiegen. Von seinem grünen Buschhut abgesehen, sieht Craig aus, als wäre er für einen Tag am Strand angezogen: T-Shirt, Shorts, Sandalen. Seine fünfzig Jahre haben seinen kohlschwarzen Bart mit Grau gesprenkelt, aber er hat ein jungenhaftes Lachen und einen Sinn für Humor, der gelegentlich so scharf ist wie ein Skalpell; man merkt erst, dass man geschnitten worden ist, wenn man das Blut sieht. Der schlaksige Texaner aus Fort Worth hat seinen Südstaatenakzent schon vor langer Zeit abgelegt und gegen den neutralen des Mittleren Westens eingetauscht, als er das Medizinstudium in Stanford (sein Vater ist Arzt) zugunsten der Biologie aufgab. Nach der Arbeit mit Jane Goodall, der berühmten Primatologin, im Gombe National Forest in Tansania ließ ihn das Studium der Tiere nicht mehr los. Der Besuch der Universität von Sussex in England brachte ihn in Kontakt mit John Maynard Smith, dem Evolutionsbiologen, dessen Fachrichtung auch Craigs Spezialgebiet wurde. 1978 hielt er sich kurze Zeit in Japan auf und studierte die dortigen Affen, doch dann kehrte er auf Einladung eines Freundes nach Tansania zurück. Dort übernahm er das Serengeti Lion Project und führte die Forschungsarbeiten fort, mit denen George Schaller 1966 begonnen hatte.

»Anfangs war mir nicht so recht wohl bei der Sache«, erzählt er mir, während sein Blick unablässig über die Straße und die umliegende Landschaft wandert. »Ich hatte mich mit Primaten beschäftigt, Geschöpfen mit einer aktiven Intelligenz. Die haben Löwen nicht. Ich dachte, Löwen würden langweilig sein. Sie zu beobachten, ist langweilig. Manchmal denke ich, dass es nur eines gibt, das noch langweiliger ist als das Beobachten von Löwen – ein Löwe zu sein.«

Dennoch hat er sich an die Arbeit gemacht und dabei festgestellt, dass seine Vorgänger herausgefunden hatten, was Löwen tun, aber nicht, warum.

»Das war Schaller. Von ihm stammen die grundlegenden Parameter dessen, was Löwen tun. Ich machte mich auf die Suche nach dem Warum. Schaller ist ein Was-Mann, ich bin ein Warum-Mann.«

Wir fahren weiter. Vor uns erstreckt sich die Ndara-Ebene, die mich mit ihrer trostlosen, staubigen roten Flachheit an das australische Outback erinnert, in dem ich einmal ein paar Wochen verbrachte. Craig bringt die Sprache auf Dennis, der – abwechselnd defensiv und arrogant – ihm und Peyton auf die Nerven zu gehen beginnt. Auch sein Mangel an Professionalität ärgert ihn. Weil er so etwas nicht besitzt, haben Craig und Peyton ihm einen Stapel der Datenblätter gegeben, die sie in Tansania benutzen, und auch etliche der vorgedruckten Karten mit Löwengesichtern, die beim Identifizieren einzelner Tiere helfen. Nach vier Jahren in Tsavo kennt Dennis die Aufenthaltsorte von nur wenigen Rudeln und hat lediglich eine vage Vorstellung davon, wie viele Löwen ihnen angehören. Er weigert sich beharrlich, Rudel als Konzept, geschweige denn als Tatsache zu akzeptieren. Ein aufmerksamer Tourist könnte sich ebenso viel Wissen aneignen, wie es Dennis besitzt, und zwar in kürzerer Zeit. Um allem die Krone aufzusetzen, hat er angefangen,

Craig und Peyton wegen der Art zu kritisieren, in der sie ihrer Arbeit nachgehen; er missbilligt ihre Querfeldeinexkursionen und die Experimente, die sie mit den Löwen-Dummys planen.

Obwohl ich mich selbst lediglich als Chronist dieser Expedition betrachte und die beiden Wissenschaftler als ihre Leiter, hat es bei bestimmten Dingen, die zumeist den zwischenmenschlichen Bereich betreffen, manchmal den Anschein, als wäre ich der Boss, aber nicht, weil ich ein kleiner Eisenhower mit einem Talent für den Umgang mit schwierigen Leuten bin. Ich bin für einen Teil der Ausgaben verantwortlich und auch dafür, dass alles glatt geht und alle miteinander auskommen. Ich will nicht, dass sich Weiße wie in einem Roman von Joseph Conrad im Herzen der Finsternis gegenseitig an die Kehle gehen, aber ich muss zugeben, dass auch ich anfange, mich über Dennis zu ärgern. Ich habe ihm 200 Dollar für Sprit und andere Unkosten gegeben und ihm und Sarah freien Zugang zu unserem Kantinenzelt gewährt, und sie haben einen derartigen Appetit an den Tag gelegt, dass für Peyton einmal nur ein fast leerer Teller übrig geblieben ist. Gestern Abend war ich besonders wütend, als Dennis den von Bob angebotenen Scotch mit der Bemerkung ablehnte, er zöge meinen Malt-Whisky vor. »Macallan?«, sagte er grinsend. »Das hört sich besser an.« Ein bisschen unverschämt, nicht wahr? Merkwürdig, wie Leute, die so zufällig zusammengewürfelt wurden, einander auf die Nerven gehen und kleine Unstimmigkeiten sich zu schwer wiegenden Problemen auswachsen können. Ich muss an Conrads *Ein Opfer des Fortschritts denken*, wo eine ähnliche Situation eskaliert und ein einsam im Dschungel lebender Händler schließlich seinen Partner während eines Streits um einen Löffel voll Zucker ermordet.

Niemand wird mit der Axt über Dennis herfallen und er auch nicht über einen von uns, aber um keine Missstimmung aufkommen zu lassen, versuche ich es mit ein bisschen Psychologie und sage, dass Dennis vermutlich »verbuscht« ist, ein Ausdruck für das Verkümmern sozialer Fähigkeiten, zu dem es kommt, wenn man zu lange abseits der menschlichen Gesellschaft gelebt hat. Natürlich kann es sein, dass Dennis dieses abseitige Leben vorzieht. Craig und ich überlegen, ob er vielleicht nicht hier ist, um wissenschaftlich zu arbeiten, sondern vielmehr, um hier zu sein, fern von Menschen, und das Wort »Forschung« nur als Vorwand benutzt. Wir bezweifeln, dass ihm viel daran liegt, neue Entdeckungen zu machen, die in Fachzeitschriften veröffentlicht werden und ihm Ansehen verschaffen. Er gleicht einem einsamen Goldgräber, der kein Gold finden, sondern nur danach suchen will.

Meile um Meile nur verdammtes Afrika. Abgesehen von einigen Impalas sind die einzigen Anzeichen für Leben Frankoline und Flughühner, die ständig am Straßenrand aufflattern. Für meine Pointer-Hündin Sage wäre das hier der Himmel, aber ich fürchte, dass sie kaum eine halbe Stunde in diesem Himmel bleiben würde, bevor ein hungriges Raubtier sie ins Hundejenseits beförderte. Wir fahren nach Osten, dann an einer mit einem Steinhaufen markierten Kreuzung nach Süden, passieren ein trockenes Wasserloch mit den Abdrücken von Büffeln und Elefanten. Hinter einer Kurve tritt Craig abrupt auf die Bremse. Fünfzehn Meter vor uns liegen drei männliche Löwen neben der Straße, zwei auf der einen Seite, einer auf der anderen, und alle drei fast so mähnenlos wie Weibchen. Craig schaut durchs Fernglas und registriert die Farbe ihrer Nasen, die mehr schwarz als rosa sind. Ungefähr sechs Jahre alt dürften sie sein, also junge Erwachsene, aber trotzdem Erwachsene.

»Das ist wunderbar!«, ruft Craig begeistert. »Genau das, was wir sehen wollten! Sie haben tatsächlich keine Mähnen.«

Ich empfinde die tiefe Genugtuung eines Missionars, dem die Heiden erklären: »Ich schwöre meinen Göttern ab und akzeptiere Jesus Christus als meinen Herrn und Heiland.«

Pole, pole – ganz langsam – fahren wir weiter. Die Löwen erheben sich mit träger Eleganz und trotten in das Myrrhengestrüpp, und wir folgen ihnen in gebührendem Abstand. Zwei sind stämmige Burschen, rund 180 Kilogramm, schätze ich, während der Dritte, möglicherweise jünger, um die 25 Kilogramm weniger wiegt. Dennoch ist er am stärksten behaart – er hat einen flauschigen, ockerfarbenen Brustlatz und einen Backenbart. Sie legen sich eine Weile hin; dann geht der Größte der drei zu den anderen und stubst sie freundschaftlich an, woraufhin diese aufstehen und ihm in den Schatten eines ausladenden Strauches folgen. Dort legen sie sich wieder hin. Wir schauen zu, wie sie dösen, und da Löwenbeobachtung alles andere als ein aufregender Sport ist, schlafen auch wir ein. Fünf männliche Wesen, die verschiedenen Arten angehören, schlummern in der Mitte von Nirgendwo. Um elf wachen wir wieder auf und stellen fest, dass die Löwen sich nicht bewegt haben; sie liegen so still wie drei goldfarbene Pfützen im Sonnenlicht.

Auf der kurzen Fahrt zurück zur Straße befestige ich Streifen von Toilettenpapier als Wegmarkierung an den Zweigen der Sträucher. Wir wollen am späten Nachmittag noch einmal wiederkommen.

»Dennis hätte vermutlich etwas gegen diese Entweihung«, bemerkt Craig.

Auf der Straße angekommen, merken wir uns zwei hohe Akazien und schalten dann den Zähler ein, um die Entfernung bis zur Kreuzung zu messen. Diese primitive Art des Navigierens ist ein Zeichen dafür, wie wenig über die Löwen von Tsavo bekannt ist. In der Serengeti sind die Standorte von Löwenrudeln fast Straßennamen, und Craig kennt jedes von ihnen und seine Familiengeschichte bis zurück zu den Urgroßeltern.

Als wir mit einem Konvoi aus drei Wagen zurückkehren – Peyton und Ogeto in einem, Craig und ich in einem anderen und Bob in seinem Landcruiser mit einem an einer Halterung an der Tür befestigten 600-Millimeter-Objektiv –, folgen wir den Toilettenpapier-Markierungen und finden die Löwen an derselben Stelle. Peyton betrachtet sie und reiht sich in die Schar der Gläubigen ein. Es ist sechzehn Uhr, die magische Stunde, und das Licht eignet sich bestens zum Fotografieren; allerdings ist nicht viel da, das das Fotografieren lohnt. Das Löwentrio ist eine Studie in Reglosigkeit und hat keinerlei Ähnlichkeit mit dem Bild, das Daphne Sheldrick für Rick Ridgeway malte. Sie liegen flach auf dem Rücken, mit in schamloser Pose ausgestreckten Beinen, und wir müssen sie praktisch mit den Stoßstangen antippen, damit sie sich bewegen und Bob Fotos und Peyton Aufnahmen mit der Wärmebildkamera machen kann. Ich frage mich, wie Löwen sich ihre Muskelkraft bewahren; wenn ein Mensch so inaktiv wäre wie ein Löwe, hätte er schon nach kürzester Zeit den Muskeltonus eines Puddings.

Die drei brauchen Namen. Peyton nennt den größten Baby Huey, den zweiten Meathead (weil sein herabhängender Unterkiefer ihm ein stupides Aussehen verleiht) und den dritten Fur Boy, weil er von allen dreien die meisten Haare hat. Währenddessen wird mir der Genuss einer weiteren Packer-Vorlesung zuteil, ich habe aber Mühe, seinem Gedankengang zu folgen. Es geht darum, dass Kleine Pandas genetisch relativ eng mit Waschbären verwandt sind und Große Pandas mit Großbären. Schließlich kommt Craig auf die drei Löwen, aber mir wird nicht klar, was sie mit den Pandas zu tun haben.

»Möglicherweise sehen wir vor uns Löwen, die sich ihrer Umwelt angepasst haben«, erklärt er. »Die asiatischen Löwen haben auch kurze Mähnen.«

Ich erwähne Gnoske und Kerbis Peterhans. Sie behaupten, dass die Tsavo-Löwen und die asiatischen Löwen einen gemeinsamen Vorfahren haben und die verkümmerte Mähne deshalb ein Erbfaktor ist.

»Nein, nein«, widerspricht Craig. »Es macht mehr Sinn anzunehmen, dass das hier afrikanische Löwen sind, die sich einem heißeren Klima angepasst haben.«

»Und weshalb macht das mehr Sinn?«

»Weil die anderen Tiere, die ich in Tsavo gesehen habe, wie Schakale und Gazellen, anders aussehen als die, die mir in der Serengeti begegnet sind. Sie haben kürzere Haare. Also liegt die Vermutung nahe, dass diese kurzen Mähnen nicht ererbt, sondern eine Anpassung sind.«

Als sie ihre Wärmebilder hat, beschließt Peyton, ein in der Serengeti entwickeltes Experiment durchzuführen: Die Aufzeichung des Gebrülls einer Löwin wird zwei oder mehr Männchen vorgespielt, um herauszufinden, ob der Löwe mit der dickeren oder dicksten Mähne der Erste ist, der reagiert, der Erste, der das Weibchen erreicht. Peytons bisherige Arbeit hat bewiesen, dass dies fast immer der Fall ist; das deutet auf einen Zusammenhang zwischen einer üppigen Mähne und männlicher Libido hin. Fur Boy mag zwar am behaartesten ein, aber er ist zugleich der Kleinste und wahrscheinlich sechs bis zwölf Monate jünger als seine Kumpane.

Während Craig, Bob und ich bleiben, wo wir sind, fahren sie und Ogeto ein paar hundert Meter weiter, wo Peyton – ziemlich tapfer, finde ich – aus dem Landrover aussteigt und einen Lautsprecher auf dem Dach befestigt. Sie steigt wieder ein und steckt eine Kassette in den Rekorder. Ein tiefes, kehliges Grunzen, gefolgt von Gebrüll, hallt durch die hereinbrechende Dämmerung. Sofort sind alle drei Männchen hellwach. Meathead hebt den Kopf und dann auch Baby Huey; aber zu unser aller Überraschung ist Fur Boy der Erste, der aufspringt und angespannt in die Richtung starrt, aus der das Gebrüll kommt – ein beängstigendes Geräusch, obwohl ich weiß, dass es nur eine Aufzeichnung ist. Fur Boy trabt entschlossen los, während die anderen beiden ein Stück hinter ihm nebeneinander verharren; dann setzen auch sie sich in Bewegung und holen auf. Fur Boy legt ein flotteres Tempo vor und gewinnt mühelos das Rennen zum Landrover. Doch statt einer brünstigen Löwin findet der arme Kerl nur ein Fahrzeug, in dem ein Weibchen einer fremden Art sitzt. »Wo bist du, Mädchen?«, scheint er ein wenig irritiert zu fragen, während er umherstolziert und schnuppert. Es ist ein faszinierender Anblick, wie er sich durch das kurze Gras bewegt, eine Vorderpfote hebt und einen Augenblick hochhält, bevor er sie lautlos wieder absetzt; seine Pupillen sind in dem schwindenden Licht geweitet. Craig kichert.

»Er denkt, wir haben das Weibchen versteckt. Er würde es gern befreien. Rapunzel, Rapunzel, lass deinen Schwanz herunter. Oder hebe ihn hoch.«

Schließlich gibt Fur Boy auf. Als wir abfahren, liegen alle drei Löwen wieder neben der Straße, in der gleichen Positur, wie Craig und ich sie am Morgen angetroffen haben.

Sie hatten sich genauso verhalten, wie Serengeti-Löwen es unter ähnlichen Umständen getan hätten – ein kleiner Hinweis darauf, dass Tsavo-Löwen vielleicht doch nicht so anders sind, wie Gnoske und Kerbis Peterhans glauben. Craig und Peyton sind mit dem Erfolg des Experiments zufrieden.

»Das ist einer der Vorteile unserer Arbeit«, sagt er, während wir im Dunkeln zum Camp zurückfahren. »Wir können dafür sorgen, dass etwas passiert. Das zu erleben, was wir heute in wenigen Minuten bewerkstelligt haben, würde Jahre dauern, wenn man der Natur ihren Lauf ließe.«

20. Mai

Galdessa ist ein Safaricamp für die oberen Zehntausend am Ufer des Galana-Flusses. Seine großen, luftigen, strohgedeckten *Bandas*, rustikal-elegante Unterkünfte mit Duschen und Toiletten mit Wasserspülung, erstrecken sich über einen Kilometer weit am Südufer des Flusses, verbunden durch gut markierte Pfade, die durch das Gesträuch führen. Die Pfade enden an einem großen Speisesaal, möbliert mit bequemen Stühlen und Tischen aus einheimischen Hölzern und dekoriert mit Büffelhörnern und -schädeln, die dem Raum die Atmosphäre eines heidnischen, der Tierverehrung geweihten Tempels verleihen.

Gespeist wird von Porzellan, und Wein wird in Stielgläsern serviert – Plastikgeschirr sucht man hier vergeblich. Es gibt auch eine Bar und eine Lounge, in denen Leute, die sich die Preise leisten können (600 US-Dollar pro Tag), ihren Gin trinken und dabei dem Gebrüll der Löwen und Leoparden und dem Trompeten der Elefanten lauschen können. In dieser schicken Umgebung haben Peyton und ich das Gefühl, in eine andere Welt geraten zu sein. Unser Camp am Kanderi-Sumpf ist recht komfortabel, und Veritys Firma, Ker und Downey, ist eine der erfahrensten in ganz Kenia – sie haben Hemingway für seine letzte Safari ausgerüstet. Aber da unsere Mittel beschränkt sind, können wir uns bei weitem nicht alles leisten, was Ker und Downey zu bieten haben, und müssen gewisse Unbequemlichkeiten in Kauf nehmen, etwa Freiluftlatrinen und Zelte mit Reißverschlüssen, die nicht richtig funktionieren (was mich etwas beunruhigt, weil ich immer an Iains Warnung denken muss, in einer Löwengegend nie das Zelt offen zu lassen).

Marcus Russell, braunhaarig und mit braunen Augen und einem glatt rasierten Gesicht, dem man seine 43 Jahre nicht ansieht, begrüßt uns. Begleitet wird er von seinem vierjährigen Sohn Blade, einem Kerlchen, das so reizend ist, dass man es stehlen möchte, und von seinem engsten Mitarbeiter und Tracker Saitoti, einem 1,85 Meter großen Massai, der seine volle Stammestracht – Gewand, Umhang, Perlenketten, Kupferarmbänder – angelegt und Muskeln wie Schiffstaue hat. Marcus fungiert als Manager von Galdessa Camp. Er ist einer der Zwillingssöhne von Bill Russell, einem namhaften Tsavo-Oberaufscher, und hat sein ganzes Leben im Busch verbracht und eine Zeit lang als Geheimscout für Leakeys Wildererbekämpfungseinheiten gearbeitet. Wir haben gehört, dass er praktisch alles über Tsavo weiß, und deshalb sind wir hergekommen. Wir wollen ein paar Untersuchungen in dieser Gegend anstellen, und die kennt Marcus genau.

»Hier in Tsavo gibt es massenhaft Löwen mit Mähnen«, berichtet er, als wir uns im Speisesaal niedergelassen haben. »Massenhaft. Ich habe sie gesehen und fotografiert. Sehen Sie.«

Zum Vorschein kommt ein Fotoalbum, das Löwen mit schwarzen, gelben und sogar kastanienbraunen Mähnen zeigt. Obwohl keiner von ihnen die Maßstäbe der Serengeti erreicht, sind sie üppiger behaart als alles, was ich bisher gesehen habe. Könnten das Problemtiere sein, die in den Park umgesiedelt wurden?

»Habe nie von einem Problemlöwen gehört, der hierhergebracht wurde. Problemleoparden, ja, aber von Problemlöwen weiß ich nichts. Problemlöwen werden auf den Farmen rund um den Park erschossen oder vergiftet.«

Also existieren beide Typen nebeneinander?

»Sie können Rudel sehen mit drei Männchen, von denen zwei Mähnen haben und eines mähnenlos ist. Wir haben vier Männchen hinter dem Camp, alle mähnenlos, und zwei mit dicken gelben Mähnen.« Marcus gestikuliert wie ein Wilder und redet so schnell und mit einer solchen Eindringlichkeit, dass ich mich frage, ob er seine Cornflakes mit Kokain zuckert. »Wir haben hier erst kürzlich

Löwen mit Mähnen gesehen. Wenn Sie sich die Aufzeichnungen aus der Zeit der Menschen fressenden Löwen von Tsavo ansehen, aus der Zeit, als ich noch ein Kind war – damals haben sich die Weibchen offensichtlich mit Löwen mit und ohne Mähne gepaart. Aber ich habe mehr Löwen ohne Mähne als solche mit gesehen. Ich würde sagen, das Verhältnis ist sechzig zu vierzig. Weshalb sie keine Mähne haben? Keine Ahnung. Die Hitze? Vielleicht, aber an anderen heißen Orten leben Löwen mit Mähnen. Die Wart-ein-Weilchen? Anderswo gibt es auch Dornsträucher und Löwen mit Mähnen. Ich habe mit Massai-Hirten in der Gegend westlich von Tsavo-West gesprochen und von ihnen gehört, dass es auch dort mähnenlose Löwen gibt. Fragen Sie Saitoti ...« Er unterbricht sich, stellt Fragen auf Massai, und Saitoti antwortet. »Da haben wir's. Löwen ohne Mähnen. Ich versichere Ihnen, diese Tsavo-Löwen sind genetisch anders. Wenn Sie mich fragen, dann sage ich, dass es genetische Unterschiede gibt.«

Peyton ist anderer Ansicht.

»Wie würden Sie es dann erklären?«

»Es gibt eine Menge Faktoren, die erklären könnten ...«

»Nein, es ist genetisch bedingt«, unterbricht Marcus sie, und seine Worte kommen wie Maschinengewehrfeuer. »Sie sind größer. Am Hatulo Bisani lebt ein Rudel von sechzehn Löwen; dort gibt es eine Menge Büffel, und denen folgen sie. Zum Rudel gehören drei Männchen, zwei mit hellen Mähnen, aber der Anführer ist ein gewaltiger Löwe mit einer schwarzen Mähne. Der größte Löwe, der mir je begegnet ist, und ich habe Millionen gesehen. Ich bin in Tsavo aufgewachsen. Er war so groß.« Marcus springt auf und legt seine Hand auf eine Stelle etliche Zentimeter oberhalb seiner Taille. »Und seine Körpermasse war entsprechend. Er war der Boss der sechzehn: er, die anderen beiden ausgewachsenen Männchen, sieben Junge, sechs Löwinnen. Gestern habe ich am Hatulo Bisani zwei weitere Weibchen gesehen, und ich glaube nicht, dass sie zu seinem Rudel gehörten. Sie waren weiter weg, unten bei der Büffelsuhle. Sie fraßen von einem toten Büffel, mager, lethargisch, beide in schlechter Verfassung. Löwen haben hier ein ziemlich hartes Leben, und deshalb sind sie härter. Sie sind auch wesentlich aggressiver. Vor kurzem ging ich am Fluss entlang« – er deutet auf den Galana, der zwischen Reihen von Dumpalmen funkelt –, »da brüllt mich eine Löwin von der anderen Seite des Flusses her an. Dann springt sie in den Fluss und versucht, mich zu erwischen. Ein andermal war ich mit zwei Gästen unterwegs, hübschen Damen wie Sie, Peyton, und der Landrover blieb in der Nähe von zwei Löwen stehen. Ich stieg aus, stellte mich vor den Wagen und klatschte in die Hände – Löwen mögen dieses Geräusch nicht, und gewöhnlich verziehen sie sich –, ich klatschte also in die Hände und rief: ›Verzieht euch!‹ Ich zog eine richtige Show ab. Aber diese Löwen kamen direkt auf mich zu, und ich konnte gar nicht schnell genug wieder einsteigen. Was Sie unbedingt vermeiden müssen, ist, sich einem Tsavo-Löwen zu nähern, wenn er sich gerade paart. Das habe ich einmal getan, und er hat den Landrover angegriffen und die Reifen zerbissen.«

Der Wortschwall versiegt kurz, dann hält Marcus einen erbitterten Monolog über die Art, wie die großen und zum Teil riesigen Rinderfarmen verwaltet werden. Da die Fleischpreise im Keller sind, bringen sie nicht viel ein. Sie wurden an Araber verkauft, die Somalier für die Arbeit mit dem Vieh angeheuert haben. Somalier! Und das in der Nähe des Tsavo! Das ist genauso, als ließe man den Fuchs in den Hühnerstall. Schon jetzt gibt es Berichte über Elefantenwilderei nördlich des Galana. Die Somalier haben vergiftete Köder ausgelegt, um die Löwen umzubringen, die aus dem Park herauswandern, und das Gift tötet alles, das davon frisst: Hyänen, Geier. Deshalb sieht man in Tsavo kaum noch Geier – vergiftet.

Was immer seine Theorien über die Tsavo-Löwen wert sein mögen – jedenfalls liegt ihm der Naturschutz am Herzen, und er umreißt einen ehrgeizigen Plan, eine der Farmen zu kaufen, auf ihrem riesigen Gelände Häuser zu bauen und sie dann zum Verkauf anzubieten. Das wäre dann ein Schutzgebiet in Privatbesitz, in dem jeder, der das Geld dazu hat, sein Stück des afrikanischen Paradieses besitzen wird, und es wird Ranger und Führer geben.

Währenddessen kuschelt sich Blade an Peyton, die sich schon längst in den süßen kleinen Jungen mit seinem Schopf aus sandfarbenem Haar verliebt hat.

»Fall der hübschen Dame nicht auf die Nerven«, mahnt Marcus.

Peyton sagt, dass es sie nicht störe und dass sie Kinder möge, und Marcus stellt fest, dass man das merke. Dann gesteht er mit einem sehnsüchtigen Blick auf die blonde Wissenschaftlerin, dass er und Blades Mutter sich getrennt haben. Peyton äußert sich nicht dazu, setzt eine betont gleichmütige Miene auf, und Marcus fährt fort, seine Pläne zu beschreiben. Als er schließlich damit fertig ist, erwähnen wir unsere Absicht, die Löwen zu studieren, die im Galana-Korridor leben. Mit einem weiteren Blick auf Peyton lädt er uns zum Bleiben ein. Noch ist keine Saison, und das Camp wird noch zwei Wochen geschlossen sein; er bietet uns an, zum Schnäppchenpreis von 50 US-Dollar pro Person und Tag bei ihm zu wohnen.

»Sieht aus, als hätte Marcus sich in dich verliebt«, sage ich, während wir auf der Straße zum Hatulo Bisani davonfahren, um nach dem großen, schwarzmähnigen Löwen zu suchen.

Peyton lächelt ein wenig wehmütig.

»Typen wie ihn trifft man immer wieder. Sie stecken stets voller hochfliegender Pläne, aus denen dann doch nichts wird.«

Ich frage sie, was sie von Marcus' Behauptungen hält. Wenn es in Tsavo Löwen mit und ohne Mähnen gibt und sie sich sogar kreuzen, weshalb haben dann manche Mähnen und andere nicht?

Sie zuckt die Achseln. Es ist schwierig, die Exaktheit der Geschichten nachzuprüfen, die man über den Tsavo hört; die Legenden haben sich zu Fakten verhärtet. Peytons Aufgabe ist es, die mythologische Kruste aufzuweichen und zum Kern wissenschaftlich beweisbarer Wahrheiten vorzustoßen. Sie schweift für einen Moment ins Philosophische ab und denkt laut über den Preis nach, den wir für Wissen zu bezahlen haben; manchmal muss dafür sogar das Erstaunliche, das Geheimnisvolle, geopfert werden.

Am Hatulo Bisani grasen Elefanten, jede Menge, reißen mit ihren Rüsseln die grünen Riedgräser ab und überschütten sich mit Wasser, das sie aus dem Rinnsal aufsaugen, das sich durch die Mitte des Flussbetts windet. Büffel suhlen sich. Afrika-Nimmersatte schlafen auf den Bäumen, und Reiher halten Ausschau nach Fischen und Krebsen; ihre langen Hälse sind ausgestreckt oder in einer S-Form gebogen, die plötzlich verschwindet, wenn der Kopf vorschießt und der Schnabel ein Beutetier packt. Der Himmel verdunkelt sich, und es fällt leichter Regen. Die Überreste des Büffels, von dem die beiden mageren Löwinnen gefressen hatten, liegen auf einer Felsplatte. Die Rippen sehen aus wie Fassdauben, die Haut ist in Fetzen gerissen, und der Gestank ist selbst aus einiger Entfernung stark. Einige Zeit später reißen die Wolken auf und ziehen, von Sonnenstrahlen durchbrochen, mit dem Südwind über die grünen Gipfel der Taita Hills. In Afrika gibt es eine Art Symbiose zwischen hinreißender Schönheit und gewaltsamem Tod. Die urtümliche Großartigkeit seiner Landschaft wäre beeinträchtigt, wenn sie nicht zugleich der Schauplatz des täglichen Kampfs auf Leben und Tod, des täglichen Dramas von Verfolgung und Flucht wäre. Aber die Großartigkeit veredelt auf irgendeine Weise das Jagen und Töten, das in einer banaleren Umgebung eher den Charakter brutalen Hinschlachtens hätte.

21. Mai

Ich habe erfahren, dass letzte Nacht eine Hyäne im Camp war. Sie ist ins Zelt des Kochs eingebrochen und mit einer Packung Topfreiniger verschwunden; wenn sie diese frisst, wird sie innen sehr sauber sein. Gegen vier Uhr heute Morgen hatten wir einen weiteren Besucher, einen Leoparden. Ich hörte sein schnarrendes, zweitoniges Gebrüll, als ich gerade hinausgegangen war, um mich zu erleichtern, und dieses Geräusch veranlasste mich, schleunigst wieder in mein Zelt zurückzukehren und von diesem sicheren Hort aus zuzuhören, wie das Gebrüll leiser wurde, als die unsichtbare Katze sich trollte.

In Dennis' Landrover werde ich auf einem Elefantenpfad durchgerüttelt, der so schnurgerade wie eine angelegte Straße durch den Busch führt. Der Sonnenaufgang entspricht dem Sonnenuntergang am gestrigen Abend, der so spektakulär war, dass wir alle Fotos von ihm gemacht haben, sogar Bob, für den Sonnenuntergänge des Klischeehafteste aller Klischees sind. Im Osten hängen Schichten von Zirrostratus-Wolken in Form von Fahnen und wehenden Vorhängen, die jede Minute ihre Farbe ändern, und als die Sonne durchbricht, sind Dennis und ich trotz unserer Sonnenbrillen geblendet. Gestern war Craig mit ihm unterwegs, und ich vermute, dass das kein reines Vergnügen war. Craig hatte mir am Abend mitgeteilt, dass er sich nicht noch einmal mit Dennis zusammentun würde, deshalb habe ich mich dazu bereit erklärt, wenn auch nur um des lieben Friedens willen. Wenn man mit ihm allein ist, ist er umgänglicher als in einer Menschenmenge (und ich glaube, für ihn sind mehr als drei Personen eine Menschenmenge), aber er ist trotzdem noch ein schwieriger Charakter, der es darauf anzulegen scheint, schwierig zu sein. Ich hole mein Notizbuch hervor und erkundige mich nach seinem Alter, eine journalistische Routinefrage. Mit einem verschlagenen Lächeln, das aus seinem ergrauenden Bart hervorlugt, erwidert er: »Kommt darauf an, welche Inkarnation Sie meinen.«

»Lassen Sie den Quatsch, Dennis.«

»Meine Geburtsurkunde ist im Ersten Weltkrieg verloren gegangen.«

Ich gebe nach, und nachdem er dieses kleine Scharmützel gewonnen hat, erzählt er, dass er in Schottland gezeugt wurde, während sein Vater sich als Soldat auf die Landung in der Normandie vorbereitete. Ich rechne schnell nach und gelange zu dem Ergebnis, dass er ungefähr 57 Jahre alt ist.

Weitere Fragen fördern Bruchstücke seiner Biographie zutage. Er beschreibt sich als Einzelgänger, der sich schon in seiner Kindheit, irgendwo in England, für Tiere interessierte. Seine Eltern legten keinen Wert darauf, dass er um acht zu Hause war, und so spürte er bis Mitternacht Dachsen nach.

»Die anderen Kinder, die pünktlich zu Hause sein mussten, durften nicht mit mir herumstreifen.«

Er lächelt wieder, als genösse er die Erinnerung an diese einsamen Expeditionen während seiner Kindheit.

Auf drei Jahre Militärdienst in einem der letzten Außenposten des schrumpfenden British Empire folgte ein Abendstudium am University College in London, wo er ein Bakkalaureat in Zoologie erlangte. Danach war er Angestellter einer Regierungsbehörde für Naturschutz und überwachte die Lebensräume der Auerhühner in Schottland. Abenteuerlust trieb ihn nach Kanada, wo er siebzehn Jahre mit Wanderungen durch British Columbia und die kanadische Arktis verbrachte, Bären beobachtete und kanadischer Staatsbürger wurde. 1994 reiste er nach Australien, und drei Jahre später bewarb er sich um die australische Staatsbürgerschaft, bevor er besuchsweise nach England zurückkehrte.

»Ich bin ein berufsmäßiger Auswanderer«, sagt er. »1997 war ich auf dem Rückweg nach Australien, um meine Staatsbürgerschaftsbedingungen zu erfüllen, und habe einen Abstecher nach Afrika gemacht und wollte es kennen lernen, aber nicht als Tourist. Ich fragte die Leute vom Kenya Wildlife Service, ob es etwas für mich zu tun gebe, und sie sagten mir, dass über die Löwen in Tsavo nur sehr wenig bekannt sei. Das empfand ich als katastrophale Wissenslücke, die ausgefüllt werden musste, wenn man will, dass Arten wie die Löwen auch in Zukunft noch hier leben. Ich verschaffte mir einen ersten Eindruck, legte dem KWS einen Bericht vor, und er erteilte mir eine Forschungsgenehmigung. Ich reiste zurück nach Australien, bekam meine Staatsbürgerschaft und kehrte dann nach Tsavo zurück. Ich liebe Afrika. Die Leute sind so liebenswürdig und warmherzig.«

Ich denke an Marianne Fitzgeralds Mitarbeiter, die von Banditen ermordet wurden, und an die Grausamkeiten, von denen ich im Südsudan gehört oder sie selbst erlebt habe, halte es aber für besser, Dennis' Behauptung nicht zu widersprechen.

Auf unserer Weiterfahrt nach Osten in Richtung Arubasee erscheint eine kleine Herde von Thomsongazellen am Horizont. Ein paar von ihnen vollführen die bekannten Prellsprünge, bei denen sie mit allen vier Beinen in die Luft hüpfen. Früher glaubte man, dass Gazellen das tun, um ihre Herdengenossen vor einer lauernden Gefahr zu warnen, aber neuere Untersuchungen haben ergeben, dass diese Erklärung illusorisch ist. Auch hier spielt Darwins Eigennutz die entscheidende Rolle. Gazellen springen nicht in die Luft, weil sie ihren Artgenossen helfen wollen, sondern um einem herannahenden Feind zu demonstrieren, dass sie in erstklassiger Verfassung und daher schwer zu erbeuten sind; damit lenken sie die Aufmerksamkeit des Jägers auf andere Angehörige der Herde.

Wir biegen in eine grasbewachsene Senke in der Nähe des Arubasees ab. Ein Spießbock-Männchen steht in der Ferne, von Fliegen gequält. Seine Ohren schlagen wie Entenflügel, sein Schwanz zuckt. Wieder einmal bin ich hingerissen von der Zeichnung dieser Tiere, dem dunklen Streifen auf der Nase, den schwarzen Strumpfbändern, den schwarzen Streifen an den Flanken. Ein einsamer Büffel kreuzt unseren Weg. Bis jetzt habe ich in Tsavo mehr als 2000 Kaffernbüffel gesehen, und der hier ist der bisher größte, ein Landcruiser mit Hörnern, mit einer Schulterhöhe von mehr als anderthalb Metern und Hufen, die so groß wie Teller und so scharf wie Hauklingen sind. Er bleibt stehen und mustert uns mit einem misstrauischen Blick, als überlegte er noch, ob er dieses merkwürdige, kantige, lärmende Ding auf die Hörner nehmen soll, das da über seine Weide kriecht. Ich kann mir keinen Löwen und auch keine Gruppe von Löwen vorstellen, die es mit ihm aufnehmen könnten, aber vermutlich würden sie es tun, wenn sie hungrig genug sind. Ich äußere die Theorie, dass die Wahrscheinlichkeit, dass Tsavo-Löwen zu Menschenfressern werden, größer ist, weil auch die Wahrscheinlichkeit größer ist, dass sie von Büffeln verletzt werden.

»Eines der Dinge, die einem vernünftigen Management der Tierwelt im Wege stehen, ist die Mythologie«, erwidert Dennis. »Aber die Leute wollen nicht auf sie verzichten. Ein Mythos ist der von dem gemeinen Biest, dem Menschenfresser. Ich kann diesen Menschenfresser-Blödsinn nicht mehr hören. Mister Patterson hat mit seinem Buch eine Menge Geld gescheffelt, und ebenso etliche andere Autoren nach ihm.« (Ich weiß nicht, ob diese Bemerkung gegen mich gerichtet ist.) »Die Wahrscheinlichkeit, dass die Löwen in Tsavo Menschen anfallen, ist nicht größer als anderswo.«

Wir fahren um das Aruba-Wasserloch herum, an dessen Ufern Purpurreiher und Ibisse umherwaten, und stoßen auf Burr Boy und Melinda, die immer noch mit dem Büffelkadaver beschäftigt sind, der inzwischen so verwest ist, dass selbst Geier ihn verschmähen würden. Wir beobachten sie ein paar Minuten, und dann erleben wir eine Überraschung. Baby Huey kommt im Gras zum Vorschein, gefolgt von Meathead und Fur Boy. Sie sind rund 25 Kilometer von der Stelle auf der Ndara-Ebene entfernt, wo wir sie zuerst gesehen haben. Das ist nicht das Überraschendste – Löwen können an einem Tag noch viel größere Entfernungen zurücklegen –, sondern dass sie und Burr Boy eine Art Männerkoalition gebildet und Orion alias Scarface ausgeschaltet zu haben scheinen. Obwohl er so groß und zäh war, hätte er gegen dieses Trio nichts ausrichten können. Aber wo ist sein Rudel? War Melinda eine der jungen Löwinnen, die ich vor sechzehn Monaten gesehen habe?

Wir kehren ins Camp zurück und berichten von unserer Entdeckung, wobei sich herausstellt, dass Peyton den fünf Löwen kurz vor uns begegnet ist. Sie berichtet, dass sie gesehen hat, wie Melinda sich vor den drei jüngeren Löwen produzierte und in der für brünstige Löwinnen typischen Art an den Männchen vorbeistrich. Meathead hat darauf reagiert, erzählt uns Peyton, aber es sah so aus, als hätte Burr Boy größere Ansprüche. Mit Gebrüll und einer Attacke machte er Meatheads romantischen Fantasien den Garaus.

Was eine Machtübernahme angeht, sagt Craig, so ist nach einem Staatsstreich in einer Löwengesellschaft »der Teufel los«. Das Rudel von Scarface könnte sich aufgelöst haben. Die ausgewachsenen Löwen und ihre halbwüchsigen Nachkommen könnten sich auf die Suche nach einem neuen Revier gemacht haben. Wenn sie zahlreich genug waren, könnten sie Büffel erlegen, wie es manchmal in der Serengeti geschieht, wo sich sechs bis acht Löwinnen zusammentun und große Beutetiere jagen. Aber mir geht eine andere, finsterere Möglichkeit durch den Kopf. Wenn Scarface der Hauptnahrungsbeschaffer war, kann das gesamte Rudel oder der größte Teil von ihm verhungert sein, nachdem es ihn verloren hatte.

23. Mai

Ich schreibe dies kurz nach Mitternacht, im Licht einer Leselampe. Ich bin gegen zehn eingeschlafen und vor einer Stunde nach einem weiteren Lariam-Albtraum wieder aufgewacht. Er hatte wie üblich eine undefinierbare Angst in mir hinterlassen. Ich wartete darauf, dass sie verflog, was normalerweise nach ein paar Minuten der Fall ist, aber bisher hat sich nichts getan. Sie hat sich in meinem Gehirn oder Nervensystem oder beidem festgesetzt und ein leichtes Schwindelgefühl, ein Prickeln in den Armen und eine Hyper-Wachsamkeit mit sich gebracht, wie ich sie nicht mehr erlebt habe, seit ich in Vietnam war und in die gruftähnliche Schwärze des Dschungels hineinhorchte nach einem Rascheln, dem Brechen eines Astes oder dem leisen, metallischen Klicken beim Entsichern eines Gewehrs. Mir ist, als würde ich jeden Augenblick den Bezug zur Realität verlieren. Diese grundlose Angst löst die Befürchtung aus, dass ich verrückt werden könnte. Deshalb schreibe ich, um meine Gedanken zu disziplinieren. Ich bin eine Art Feldwebel, der eine Horde durcheinander geratene Gedanken auf Vordermann bringt. Ich schreibe über das gestrige Experiment.

Am Spätnachmittag luden Craig und Peyton die Löwen-Dummys auf den Anhänger und fuhren mit ihnen zum Arubasee, wo Bob früher am Tag Melinda und eine andere Löwin entdeckt hatte. Die Männchen waren nirgendwo zu sehen. Zwei isolierte Weibchen waren für Peyton die idealen Objekte zum Testen ihrer Hypothesen. Sie spielte Friseur und trimmte die Mähne eines Dummys so, dass er aussah wie ein typisches Tsavo-Männchen, dem anderen verpasste sie die lange Mähne eines typischen Serengeti-Löwen. Aufgrund der Erkenntnisse aus Tansania ging sie davon aus, dass die Löwinnen sich zu dem mit der üppigeren Mähne hingezogen fühlen würden.

Als wir beim Arubasee ankamen, wehte eine steife Brise. Melinda und ihre Freundin waren noch da und lagen in den Dornsträuchern. Während Dennis, Ogeto und ich mit unserem Wagen in der Nähe der Weibchen blieben und sie im Auge behielten, luden die beiden Wissenschaftler die Dummys rund 200 Meter entgegen der Windrichtung ab, damit die Löwinnen nicht vom Menschengeruch abgelenkt wurden; dann stellten sie sie mit dem Gesicht zu den Löwinnen und im Abstand von etwa sechs Metern auf. Bob befestigte eine ferngesteuerte Kamera auf einem Stativ zwischen den beiden Attrappen. Der Lautsprecher wurde auf dem Dach des Landrovers montiert und mit dem Rekorder im Wagen verbunden, der, um die Aufmerksamkeit der Löwinnen zu erregen, die Aufzeichnung der Laute eines sterbenden Weißschwanzgnus abspielen würde. Sobald sie aufgestanden waren und sich auf das Geräusch zubewegten, würden sie etwas bemerken, das ihnen vorkommen musste wie zwei fremde Männchen, die eine Beute bewachen. Und wir würden sehen, an welches sich die Weibchen heranmachten. Wenn sie sich ans Serengeti-Drehbuch hielten, wäre das ein weiterer Hinweis darauf, dass einer der Zwecke einer Mähne darin besteht, Weibchen anzulocken, und zwar auch solche Löwendamen, die an die mähnenlosen Herren ihres Reviers gewöhnt sind.

Als alles bereit war, manövrierten wir die Fahrzeuge weit hinter die Löwen-Dummys. Das Weißschwanzgnu schrie und stöhnte, ein wahrhaft jämmerliches Geräusch, das eindringlicher als alles, was ich je gehört hatte, Todesqual auszudrücken schien. Nach fünf Minuten erhob sich Melinda und dann auch ihre Freundin. Die beiden schlichen auf das jämmerliche Stöhnen zu. Sie gaben ein faszinierendes Bild ab – ihre Muskeln spielten so geschmeidig, als schwebten sie durch das Gras. Dann entdeckten sie die beiden Dummys, die gewollte Illusion, den magischen Trick der Wissenschaftler, und blieben stehen. Sie waren auf der Hut; das sind

Weibchen gewöhnlich, wenn sie zwei fremde Männchen entdecken, flüsterte Craig über Funk. Diese beiden waren besonders vorsichtig. Ein paar Schritte vorwärts, dann Halt. Wieder vorwärts, wieder Halt. Eine Viertelstunde verging, aber sie rührten sich nicht. Als sie es schließlich taten, verzogen sie sich lediglich unter einen Strauch. Craig riet zur Geduld; es könnte eine Stunde dauern, bis sie ihren Argwohn überwunden hätten. Wir würden bis zum Einbruch der Dunkelheit warten, aber als es schließlich dunkel wurde, hatten sich die Löwinnen immer noch nicht gerührt, und das Experiment wurde abgebrochen. Es war misslungen – warum, wusste niemand.

»Ganz offensichtlich sind und bleiben die Tsavo-Löwen ein von Geheimnissen umwittertes Rätsel«, erklärte Craig.

Peyton nahm die Dinge nicht ganz so philosophisch. Es war ihr Experiment, es hatte nicht funktioniert, und sie war enttäuscht, obwohl Wissenschaft oft eine Sache von tausend Fehlschlägen auf einen Erfolg ist. Wieder im Camp angekommen, aß sie kaum etwas und ging früh ins Bett. Ich fürchte, sie hat die taktlose Bemerkung gehört, die Dennis mir gegenüber machte: »Was wollte sie mit diesen Dummys denn beweisen? Alles, was heute bewiesen wurde, ist, dass Tsavo-Weibchen keine Jungs mögen.«

Die Übelkeit erregende Angst ist immer noch da. Ich habe gehört, dass akute Angstzustände eine Nebenwirkung von Lariam sein können. Ob die Dämonen nun pharmazeutischer Natur sind oder nicht, ich lese in den Psalmen, um sie zu exorzieren. Den ersten: »Der ist wie ein Baum, gepflanzet an den Wasserbächen, der seine Frucht bringet zu seiner Zeit, und seine Blätter verwelken nicht; und was er macht, das gerät wohl.« Den 95.: »Kommt herzu, lasst uns dem Herrn frohlocken und jauchzen dem Hort unseres Heils.« Und den 118.: »In der Angst rief ich den Herrn an, und der Herr erhörte mich und tröstete mich. Der Herr ist mit dir, darum fürchte ich mich nicht ...«

Diese alten, schönen Worte helfen ein wenig, aber nicht genug. Ich gehe hinaus, um zum Himmel hinaufzuschauen, und die südlichen Sterne sind ein Wunder. Ich erkenne ein paar Sternbilder aus meiner eigenen Hemisphäre, Orion, den Großen Hund, den Großen Bären, aber die meisten anderen sind mir unbekannt, und das macht nichts. Ich brauche ihre Namen nicht zu kennen; ihre Schönheit reicht vollkommen aus. In Gedanken ziehe ich Linien von den Richtsternen des Kreuzes des Südens und des »falschen Kreuzes« darüber und merke mir die Stelle, an der sie sich schneiden – das ist exakt Süden. Der Große Bär steht dicht über dem Horizont, und seine Richtsterne weisen auf den Polarstern im Kleinen Bären, der gleichfalls tiefer am Horizont steht als zu Hause. Exakt Norden. Ich drehe mich um, orientiere mich an den beiden Polen und strecke die Arme im rechten Winkel zum Körper aus. Exakt Osten. Exakt Westen. Auf diese Weise versuche ich mich zu zentrieren, wie die Lakota, die Cheyenne und die Ojibwa es taten, wenn sie sich den Vier Heiligen Richtungen zuwandten. Es mag ein wenig absurd sein, Bibelzitate mit einem Schuss Indianerreligion zu vermischen, aber wenn man sich im afrikanischen Busch befindet, 500 Kilometer vom nächsten Arzt oder Krankenhaus entfernt, und das Gefühl hat, den Verstand zu verlieren, dann ist das kein schlechter Cocktail. Ich wandere ein wenig umher, um meine Nervosität abzuschütteln, und erstarre für den Bruchteil einer Sekunde, weil ich praktisch mit den beiden Löwen-Dummys zusammenstoße. Bei Nacht wirken sie nur allzu echt.

In Gedanken höre ich Paul Simon singen:

Josephs Gesicht war so schwarz wie die Nacht,
und aus seinen Augen leuchtete der blassgelbe Mond.
Die Sterne der Südhalbkugel wiesen ihm den Weg,
und er verbringt seine Tage unter dem Himmel Afrikas.

In der Feuergrube leuchtet schwach die Glut. Ein Wasserbock schnaubt draußen im Kanderi-Sumpf. Weit weg trompetet ein Elefant. Was in aller Welt tue ich hier? Ich denke an Marianne. Ein wenig so wie im alten Athen ... Sklaven erledigen die Schmutzarbeit, damit Plato und Aristoteles und die anderen dasitzen und nachdenken können. Vor acht Tagen beförderte uns Veritys Fahrer, ein kleiner, stämmiger Kikuyu namens Sammy, von Nairobi nach Tsavo. Wir machten am Straßenrand Pause und holten uns Sandwiches und ein Bier aus der Kühlbox. Ein Dorfbewohner erschien, tauchte praktisch aus dem Nichts auf, wie ein erbarmungswürdiger Geist, herbeigerufen von dort, wo immer Geister ihre Zeit verbringen mögen. Sein Bauch war eingesunken, seine glasigen Augen von Hunger gepeinigt, seine Kleidung zerlumpt und schmutzig. Er bettelte nicht, er sagte kein Wort, sondern stand nur da, und schon sein bloßes Da-Sein war ein Vorwurf. Ich konnte nicht essen. Ich überließ ihm mein Sandwich, ein Akt der Barmherzigkeit, vergleichbar dem, einem von tiefsitzenden Knochenschmerzen geplagten Menschen ein Aspirin zu geben. Also, welche Rolle spielt es, ob einige Löwen Mähnen haben und andere nicht? Wen kümmert es, warum sie tun, was sie tun? Ist diese Expedition nicht völlig sinnlos? Wenn man bedenkt, welche Zustände in diesem Land und in ganz Schwarzafrika herrschen, stellt dann diese Beschäftigung mit all den Feinheiten tierischen Verhaltens nicht eine Form der Dekadenz dar?

Die Sterne der Südhalbkugel wiesen ihm den Weg,
und er verbringt seine Tage unter dem Himmel Afrikas.

Unter diesem Himmel Afrikas, um zwei Uhr nachts, sollte ich mir gegenüber ehrlich sein, zumal eine solche Ehrlichkeit niemandem schadet. Ich sehne mich nach der Reaktion des Poeten, des Songtexters, auf die natürliche Welt. Ich bin des empirischen Vorgehens ein wenig überdrüssig – all diese Wärmebildaufnahmen, Schädelmessungen und Datenblätter. Daten, Daten, Daten. Kunst und Wissenschaft, diese uralte Kamelle eines Widerspruchs. Offen gesagt, von Phil zu Phil, ein Teil von mir wehrt sich gegen Craig und Peyton und Gnoske und Kerbis Peterhans und all ihre Theorien und Hypothesen, Tests und Experimente. Ich sehne mich nach der Gesellschaft von Naturforschern wie John Muir; für ihn waren die Blütenblätter jener Bergblume »ein Fenster, durch das hindurch man den Schöpfer erblicken kann«.

Ich halte das für zutreffend, aber ich erachte auch die Evolutionstheorie als richtig, was eine Art gefährlicher Balanceakt ist, denn wenn man dem Darwinismus bis zu seinem logischen Ende folgt, dann muss man glauben, dass die Erde nicht vorhanden ist, weil Gott wollte, dass es sie gibt, oder dass sie sich so entwickelt hat, weil es von ihm so geplant wurde. Sie hätte sich ebenso gut anders entwickeln oder überhaupt nicht entstehen können. Anders ausgedrückt: Alles ist nur einem riesigen Zufall zu verdanken. Wenn ich diesen Gedanken vom Belebten zum Unbelebten weiterspinne, muss ich zu dem Schluss gelangen, dass all dies um mich herum und über mir, diese Sterne der Südhalbkugel, gleichfalls zufällig entstanden ist, ohne das Mitwirken einer göttlichen Intelligenz und ohne jeden praktischen Nutzen. Dennoch nennen wir es Schöpfung, und Schöpfung setzt einen Schöpfer voraus. Wir betrachten nicht zum Beispiel eine Boeing 747 und vermuten, das an die 200.000 Einzelteile zufällig zusammengefunden und sich zu einer Maschine vereinigt haben, die starten, landen und mit einer Geschwindigkeit von 800 Stundenkilometern fliegen kann. In Craig Packers Buch *Into Africa* heißt es: Zebras sind Vielfresser und bevorzugen reife Gräser. Weißschwanzgnus begnügen sich mit jedem grünen Gras. Indem sie die längeren Gräser abfressen, ermöglichen die beiden größeren Arten das Nachwachsen des frischen grünen Grases, das die Thomsongazellen bevorzugen ... Welches sind die Vorteile der Migration? ... Die kürzeren Gräser der vulkanischen Ebenen enthalten wesentlich mehr Eiweiß, Kalzium und Phosphor als die hohen Gräser der Waldlandschaften im Norden. Der Mineraliengehalt dieser Gräser ist so gering, dass bei nicht wandernden Grasfressern Phosphormangel zu verminderter Fruchtbarkeit führen würde. Blätterfresser bekommen genügend Mineralien, aber Grasfresser müssen nach Süden wandern, sobald es der Regen erlaubt.

An den Rand habe ich notiert: »Was für eine Planung!« Eine Planung setzt einen Planer voraus, und den hat John Muir in den Blüten der Sierra gesehen.

Astrophysiker, Kosmologen, Biologen, Biotechniker, Ärzte und Medizinforscher sind die Aztekenpriester unserer säkularisierten Welt. Sie sprechen zu uns von den Tempeln der Wissenschaft und geleiten uns in eine Zukunft, in der wir alle von unseren tröstlichen Illusionen befreit und der Herrschaft eines erbarmungslosen Rationalismus unterworfen werden. Vielleicht hat das auch sein Gutes, wenn man bedenkt, dass eine dieser Illusionen, der religiöse Glaube, die Ursache von so viel Elend und Blutvergießen gewesen ist und noch heute ist. Dennoch fürchte ich, dass wir in dieser tapferen neuen Welt unter spiritueller Verarmung leiden werden.

Es ist das Feld der Biotechnik, auf dem die Hohepriester den Repräsentanten der Globalisierung die Hand reichen. Privatfirmen mit Aktien, die auf dem computergesteuerten Parkett der Weltbörsen gehandelt werden, werden Stammzellen aus menschlichen Embryos gewinnen, werden unsere Gene manipulieren und unsere DNS rekombinieren, und das alles aus den edelsten Motiven: um Krankheiten zu heilen, Leben zu retten, Defekte in unserer natürlichen Veranlagung zu reparieren, uns Kinder zu geben, die in jeder

Hinsicht überlegen sind. Bestimmt wollen Sie, Mr. und Mrs. Jones, dass Ihr Kind einen genetischen Vorsprung hat, schließlich spielt Konkurrenz heutzutage eine immer größere Rolle, die Investition wird sich auszahlen ... Solche Wunder werden nicht billig sein und denen vorbehalten bleiben, die sie sich leisten können, denn die Wunderwirker müssen den Cyber-Tradern und Aktionären einen Profit vorweisen können. Ich vermag mir nicht vorzustellen, dass jene Frau davon profitieren würde, welche ich im Südsudan getroffen habe, die sechs Tage unter dem Himmel Afrikas wandern musste, um ihr krankes Kind in ein Hospital zu bringen. Die darwinistische Ökonomie würde es nicht zulassen.

Es ist gerade mal zwei Monate her, da hielt ich einen Vortrag vor den Schülern der High School, an der ich 1959 graduierte – Fenwick, ein katholisches Institut in Oak Park, Illinois. Ich sagte den jungen Frauen in ihren dunklen Röcken und den jungen Männern in ihren Blazern und Krawatten, dass die größte Herausforderung, mit der ihre Generation konfrontiert werden werde, die sein werde, die ihnen die Bio-Technokraten unserer verkabelten Welt entgegenschleudern würden. Eines Tages, sagte ich, wird in Ihrer Lebensspanne, vielleicht sogar noch in meiner, eine Gruppe von Genies in Laborkitteln die Geduld mit moralischen Fragen verlieren und einen Menschen klonen. Dann wird die Menschheit über eine Macht verfügen, die der Nutzung der Atomkraft entspricht – und was werden wir damit anfangen? Das wird passieren, prophezeite ich den Schülern.

Ganz gleich, wie viele Gesetze und Vorschriften erlassen werden, die das Reproduktionsklonen verbieten, ganz gleich, wie viele Einsprüche Geistliche, Politiker und Ethiker erheben werden – es wird geschehen, und die Bio-Technologen werden im Fernsehen auftreten und uns im besänftigenden Tonfall geübter Medienstars erzählen, dass dies eine gute Sache sei, aus der die breite Masse ungeahnte Vorteile ziehen werde. Es wird passieren, weil die

Hohepriester der Wissenschaft heutzutage Oberwasser haben, genau wie die Cyber-Kapitalisten, und sie befolgen nicht zehn Gebote, sondern nur eines: Wenn es machbar ist, sollte es gemacht werden, vor allem, wenn Geld darin steckt. Und sobald es gemacht worden ist, werden wir mit ganz neuen ethischen, politischen und sogar metaphysischen Fragen konfrontiert werden. Wenn ein Mann oder eine Frau eine Kopie von sich herstellen kann, können wir dann sagen, dass die Kopie eine unsterbliche Seele besitzt? Können wir sagen, dass er oder sie ein geheiligtes, einzigartiges Individuum ist, vom Schöpfer mit bestimmten, unveräußerlichen Rechten ausgestattet? Aber können wir das sagen, wenn wir selbst die Schöpfer sind? Können wir das sagen, wenn ein Klon definitionsgemäß kein einzigartiges Individuum ist? Menschen sind unbeständig; Werte ändern sich den Umständen entsprechend. Was ist, wenn eines Tages beschlossen wird, dass wir, die dem Klon sein Leben gaben, ihm jetzt sein Recht auf Gleichheit vor dem Gesetz entziehen sollen?

Manchmal kommt mir die Hetze der postindustriellen Welt in die Zukunft vollkommen sinnlos vor. Es ist wie der Mount Everest. Er wird erklommen, weil er da ist. In meinen paranoideren Momenten, und einen solchen erlebe ich jetzt, da ich hier unter dem Himmel Afrikas stehe, mit dem Licht der kalten Sterne in den Augen (der blassgelbe Mond ist untergegangen, Paul), glaube ich, dass die Wissenschaft es vor allem deshalb so eilig hat, weil sie am Horizont den endgültigen Triumph über ihren alten Widersacher, den Glauben, winken sieht. Wissenschaft und Glaube liegen miteinander im Krieg, seit die Kirche Galilei anklagte, weil er behauptet hatte, die Erde sei nicht der Mittelpunkt der Schöpfung. Kosmologen haben mit einem Anflug von Schadenfreude erklärt, dass das Universum sich immer weiter ausdehnen und zu einer unendlichen, dunklen und kalten Leere werden wird, in der die Abstände zwischen den

Protonen so groß sind wie heute die zwischen den Galaxien – mit anderen Worten: Das Universum ist sinnlos und wirbelt dem Nichts entgegen.

Die Hirnforschung hat herausgefunden, dass unsere Emotionen, von Liebe bis Zorn, das Produkt bestimmter elektrochemischer Reaktionen in der Schädelsuppe sind, unsere Fähigkeit, zu denken und zu urteilen, kein Spiegelbild des Göttlichen in unserem Wesen, sondern Funktionen von Hirnzentren, die mit modernen Instrumenten beobachtet werden können. Das Netz elektrischer Leitungen in unserem Stirnlappen ist der einzige Pfad zum Wissen. In dieser Sicht des Lebens ist kein Raum für so verschwommene Konzepte wie die Inspiration eines Poeten, geschweige denn die göttlichen Offenbarungen eines Propheten. Wir sind fast in der Zukunft angelangt, und wir sind eingetroffen, wenn der Mensch endlich Menschen aus seiner eigenen Haut erschaffen kann, die seelenlose, identische Kopie vom sterilen Fließband der Firma Embryo, mit Genen, die in jede gewünschte Konfiguration manipuliert werden können. Das höchste aller Tiere wird zur bloßen Materie, und die Wissenschaft wird das tun, was die Logiker für unmöglich halten, und etwas Negatives beweisen: Gott ist nicht der Schöpfer menschlichen oder irgendwelchen anderen Lebens. In diesen paranoiden Momenten stelle ich mir manchmal vor, dass ich bei Ted Kaczynski in der Einsamkeit seines Wahnsinns und in seinem Blockhaus in Montana bin und ihm dabei helfe, Bomben zu bauen, damit ich sie auf eine Zukunft schleudern kann, an der ich nicht teilhaben möchte.

Was tue ich hier und hänge unter dem Himmel Afrikas solchen Gedanken nach? Ich bin Romanschreiber, meine fundamentalen Reaktionen auf die natürliche Welt kommen aus dem Bauch, der manchmal mit dem Geist kommuniziert. Daran ist nichts Rationales. Ich spüre, wie ich von Informationen und Daten und der empirischen Methode fortdrifte in einen romantischen Primitivismus. Ich möchte ein Wilder sein, welcher der Schöpfung unwissende Ehrfurcht entgegenbringt und im Ausbruch eines Vulkans nicht geologische und thermische Kräfte am Werk sieht, sondern den Zorn einer bösartigen Gottheit; der zur Trommel des Schamanen tanzt, den mythischen Erzählungen lauscht, die am Feuer des Stammes die Runde machen, und keine andere Möglichkeit hat, sich zu reproduzieren, als mit einer Frau ins Bett zu gehen.

Ich kehre in mein Zelt zurück und schreibe diese verworrenen Gedanken nieder, nicht, um einen Sinn hineinzubringen, sondern um sie loszuwerden. Die pharmazeutischen Dämonen quälen mich immer noch, wenn auch nicht mehr so heftig wie vor einer Stunde. Ich lege mich hin, und nachdem ich es mit den Psalmen und dem Zentrieren der Lakota versucht habe, blättere ich jetzt in Mark Aurels *Selbstbetrachtungen*. Ich schalte das Licht aus, und nur eine Stunde später wache ich im Schein der für mich angezündeten Kerosinlampe vom Geräusch des Wassers auf, das draußen in einen Eimer gegossen wird. In dieser kurzen Stunde ungestörten Schlafs habe ich mich mit Craig, Peyton, Gnoske, Kerbis Peterhans und Darwin versöhnt, nicht aber mit den Bio-Unternehmern. Es ist mir unmöglich, in Menschen irgendetwas anderes zu sehen als Geschöpfe, die existieren, um zu suchen, um etwas herauszufinden und am großen Gebäude des Wissens weiterzubauen, Stein für Stein, auch wenn das im Grunde keinerlei Bedeutung hat. Ich bin so müde, dass ich nicht von meinem Bett hochkomme; aber dann fallen mir die Worte wieder ein, die Mark Aurel erst vor kurzem zu mir gesprochen hat: »Wenn es dir widerstrebt, am Morgen aufzustehen, dann lass dich von diesem Gedanken leiten: Ich stehe auf, um das Tagwerk eines menschlichen Wesens zu verrichten.«

Und das beantwortet auch die Frage, was ich hier unter dem Himmel Afrikas tue.

Der Morgen graut kühl und bedeckt, und es sieht nach Regen aus. Mit Sammy am Steuer fahren wir in Richtung Norden aus dem Camp. Eine Streifenhyäne kommt uns mit ihrem eigenartigen, hoppelnden Gang auf der Straße entgegen. Eine Stunde später stehen wir auf dem Mudanda Rock und blicken auf das Wasserloch herab, an dem sich Paviane versammeln, und haben einen Fernblick, der bis zum Yatta Escarpment reicht. Mudanda selbst ist eine Art Miniaturausgabe von Ayers Rock in Australien, eine rötlich beigefarbene Erhebung, vielleicht 500 Meter lang, 100 Meter breit, am höchsten Punkt 30 Meter hoch und am Nordende auf eine Höhe von 15 oder 20 Metern abfallend. Wir wandern darauf entlang und suchen nach Löwenspuren. Craig kommt auf die Ideen von Gnoske und Kerbis Peterhans zu sprechen. Er sagt, bisher habe er nichts gesehen, das darauf hindeute, dass die Tsavo-Löwen direkte Nachkommen der prähistorischen Höhlenlöwen seien. Übrigens gebe es seines Wissens auch keinerlei Beweise dafür, dass primitive Löwen überhaupt in Höhlen gelebt hätten. *Panthera leo spelaea* wird *spelaea* genannt, weil sein Abbild an Höhlenwänden gefunden wurde, gemalt von Höhlenmenschen (*Homo sapiens spelaea?*).

Auch die Klassifizierung der Büffel fressenden Löwen als spezifische Gruppe lehnt er ab. Alle Löwen fressen Büffel, erklärt er. In der Serengeti sterben die meisten Löwen durch Büffel. Ja, die Weibchen tun sich zusammen, um sie zu jagen, wenn Mangel an Zebras und Gnus herrscht, aber in der Regel ist das Sache der Männchen. Er erzählt, wie er einmal eine Löwin beim Auskundschaften einer Büffelherde beobachtet hat. Nach einer Weile knurrte sie die beiden zum Rudel gehörenden Männchen, die faul im Schatten lagen, vorwurfsvoll an. Erhebt euch gefälligst, und besorgt uns etwas zum Fressen, schien sie zu sagen, und die Löwen standen tatsächlich auf und schlichen sich an. (Das widerlegt allerdings nicht, dass sich die Löwen von Tsavo auf Büffel spezialisiert haben.)

Auch die Behauptung, dass die Tsavo-Löwen in kleinen Rudeln leben, verweist Craig ins Reich der Fabel. Das bestätigen meine eigenen Beobachtungen, sowohl in einer Regen- als auch in einer Trockenzeit. Da war Scarfaces Rudel aus 23 Tieren, und auf dieser Expedition haben wir zwei weitere große Rudel gefunden – das von Ndololo mit mindestens elf und das Voi-Rudel mit 22 Löwen –, und wenn wir Marcus glauben können, dann gehören zum Hatulo-Bisani-Rudel 16 Tiere.

In zwei Punkten stimmt Craig seinen Kollegen zu. Einer ist der Bau von Schädel und Skelett. »Da könnte etwas dran sein«, sagt er, räumt allerdings ein, dass er in Sachen Morphologie nicht besonders beschlagen ist. Der andere ist Klima und Höhenlage als bestimmende Faktoren des Mähnenwachstums. Die Serengeti liegt wesentlich höher als Tsavo; deshalb können sich die Löwen dort üppige Mähnen zulegen, ohne allzu sehr unter der Hitze leiden zu müssen. Hier unten haben wir nicht nur Peytons Wärmebilder gesehen, sondern auch in der Hitze hechelnde Löwen, die zur Anregung des Kreislaufs die Vorderbeine auf Äste gelegt oder flache Mulden gescharrt hatten, um in ihnen auf der kühleren Erde zu liegen. Aber es könnte auch innerhalb Tsavos Variationen geben; in höheren Lagen wie dem Yatta-Plateau oder den Taita Hills leben möglicherweise größere Zahlen von bemähnten Löwen. (Tom Gnoske hat vor, diese Theorie demnächst auf einer Expedition zu testen, die von den Taita Hills dem Lauf des Tsavo-Flusses zum Galana folgt und dann am Galana entlang in die Tiefebene führt. Das soll eine verkürzte Version der abgebrochenen Tsavo-Fluss-Expedition werden.)

Wir kehren zurück, um das Nachmittagsexperiment vorzubereiten. Bob hat über Funk berichtet, dass sich einer der Löwen unseres Quartetts, Burr Boy, von den anderen am Arubasee abgesondert hat. Das gibt Peyton die Chance, wieder einmal zu testen, wie ein einzelnes Männchen auf die Mähnenlänge seiner Rivalen reagiert. Auf der Rückfahrt entdecken wir einen bemerkenswerten Vogel, eine Dominikanerwitwe. Seine prächtigen Schwanzfedern, doppelt so lang wie sein Körper, wippen im Flug wellenförmig auf und ab, ähnlich den Schwimmbewegungen eines Delfins. Ein ideales Beispiel, sagt Craig, für eine männliche Zierde. Männliche Dominikanerwitwen besitzen diesen Schwanz nur während der Paarungszeit, um Weibchen anzulocken. Was soll er ausdrücken? Bessere Gene, bessere Gesundheit? Oder etwas, das den ästhetischen Sinn des Weibchens anspricht?

Marcus, Blade und Saitoti statten uns um die Mittagszeit einen Besuch ab. Marcus ist wieder sehr gesprächig und redet ohne Punkt und Komma. Nachdem er sich abermals über die somalischen Hirten ausgelassen hat, die Löwen vergiften, erzählt er uns, dass er an der Stelle, an der wir uns jetzt befinden, einmal ein Camp hatte, es aber aufgegeben hat, weil sich Löwen an seine Kunden anschlichen. Vielleicht versucht er uns dazu zu bringen, dass wir uns auf Dauer in Galdessa niederlassen. Wir vereinbaren einen Termin für den Besuch in seinem Camp, und dann machen sich Craig und Peyton daran, die Dummys auf ihren nächsten Auftritt vorzubereiten.

Kurz bevor wir aufbrechen, habe ich eine kurze, aber moderate Auseinandersetzung mit Dennis, der meint, das Experiment solle nicht stattfinden, und von mir verlangt, dass ich es verbiete. Ich habe nicht die Absicht, etwas dergleichen zu tun, und sage ihm das. Da wir ihn und Sarah durchfüttern, ihre Unkosten zahlen und ihm Material geben, das seiner eigenen Arbeit zugute kommt, könnte er ein bisschen freundlicher sein oder wenigstens weniger widerborstig und hinderlich.

Die Dummys sind neu ausgestattet worden, als Lothario (kurz und gelb) und Fabio (lang und gelb). Peyton hat dieses Experiment in Tansania siebenmal durchgeführt, und stets hat sich der echte

Löwe zuerst Lothario genähert, was für sie den Schluss nahe legte, dass ein Löwe eine auffällige Mähne als Zeichen von Stärke ansieht und eine kurze als Zeichen von Schwäche.

Im prachtvollen Licht eines ostafrikanischen Spätnachmittags fahren wir am Arubasee entlang. Es weht ein starker Wind. Ein Regenpfeifer mit zwei Küken, beide kaum größer als eine Heuschrecke, pickt am Ufer Grassamen auf. Ein Ibis fliegt über das Wasser, ein geflügelter schwarz-weißer Speer, während sich zwei Flusspferde suhlen und eines gähnt und dabei das Maul so weit aufsperrt, dass es aussieht, als könnte man einen Volkswagen darin parken. In der Ferne trottet eine Elefantenherde gemächlich zu einem Wasserloch. Diese idyllische Szene wird abrupt gestört, als Peyton ihre Aufzeichnung von Hyänen bei einem Riss einschaltet. Es hört sich an wie ein von den Insassen eines Irrenhauses begleiteter Höllenchor: ein dämonisches Potpourri aus Stöhnen, Keckern, Kichern, Heulen und Schreien. So unangenehm das für unsere Ohren auch klingen mag – der Lärm, den Hyänen verursachen, wenn sie sich an einem Beutetier gütlich tun, ist für Löwen eine unwiderstehliche Verlockung, denn er sagt ihnen, dass es da etwas zu fressen gibt, und zwar gebrauchsfertig. Kein Anschleichen, Rennen, Springen und Kämpfen. Nur die Hyänen vertreiben und über das Fleisch herfallen.

Der unheimliche Chor heult ein paar Minuten. Burr Boys Kopf erscheint oberhalb des Walles vom Arubadamm. Er kommt kühn näher, findet aber an Stelle einer Horde von Hyänen und einer mehr oder weniger kostenlosen Mahlzeit etwas, das aussieht wie zwei in sein Revier eingedrungene Männchen. Sein Verhalten ändert sich schlagartig. Er nähert sich mit äußerster Vorsicht und fixiert die Gegner mit seinen bernsteinfarbenen Augen. Ein paar Schritte, dann bleibt er stehen und starrt sie drei oder vier Minuten an, ein paar weitere Schritte, wieder stehen bleiben und anstarren, und seine Nüstern beben und versuchen, eine Witterung aufzunehmen.

Er kauert sich hin und kriecht weiter, ein faszinierender Anblick, all diese lohfarbenen Muskeln, die sich im lohfarbenen Licht bewegen, aber von der Intelligenz der Löwen bin ich nicht sonderlich beeindruckt. Ich habe Enten gesehen, die genügend Verstand hatten, um eine Attrappe von einem echten Artgenossen zu unterscheiden. Im Landrover flüstere ich Peyton zu, dass selbst ein Löwe inzwischen eigentlich begriffen haben müsste, dass die beiden Geschöpfe vor ihm, geruchsfrei, bewegungslos und stumm, Imitationen sind.

Daraufhin erwidert sie, dass die Konfrontation mit einem oder mehreren Männchen das größte Ereignis im Leben eines Löwen ist; er kann es sich nicht leisten, irgendetwas anderes als übervorsichtig zu sein, weil die Konsequenzen eines unbedachten Vorgehens katastrophal wären: Verstoßung aus seinem Rudel, ernsthafte Verletzungen oder sogar Tod.

»Wenn du in einer dunklen Gasse wärst, und irgendein Kerl richtete seine echt aussehende Spielzeugpistole auf dich und sagte: ›Her mit der Brieftasche!‹ – was würdest du tun, selbst wenn du argwöhnst, dass die Pistole nicht echt ist?«

Meine Überheblichkeit sackt um ein paar Grad ab, und noch um einige weitere, als ich mich an die Schrecksekunde in der letzten Nacht erinnere, als die Dummys mich täuschten.

Burr Boy fixiert seine Gegner jetzt auf dem Bauch liegend. Er rührt sich zwanzig Minuten lang überhaupt nicht, bis die Dämmerung einsetzt, dann schiebt er sich ungefähr drei Meter weiter, hält inne, kriecht näher heran, hält wieder inne und nähert sich dann Lothario bis auf fünf Meter. Offenbar hat er sich entschieden, sich zuerst den Kurzmähnigen vorzuknöpfen, und das bestätigt sich einen Augenblick später, als er Lothario umkreist, um sich ihm von der Flanke her zu nähern. Eine Konfrontation mit Blickkontakt provoziert fast immer einen Kampf, und den möchte Burr Boy nach Möglichkeit vermeiden.

Das Experiment ist gelungen, wenn er Lothario beschnuppert, aber gerade als er im Begriff ist, das zu tun, und seine Nase nur noch einen knappen Meter von ihm entfernt ist, überfällt ihn ein Mückenschwarm, der ihm so zusetzt, dass er davontrabt, sich hinwirft und im Staub wälzt, mit den Kiefern zuschnappt, mit den Pfoten schlägt und mit dem Schwanz peitscht. Aber Peyton und Craig sind trotzdem zufrieden. Burr Boy wollte offensichtlich mit Fabio nichts zu tun haben. Peyton hat ihre Enttäuschung über den Ausgang des letzten Experiments überwunden. Achtmal hintereinander, das letzte Mal hier im Tsavo, hat sich ein einsamer Löwenmann zuerst dem Dummy mit der spärlicheren Mähne genähert, wahrscheinlich, weil er ihn für das kleinere von zwei Übeln hielt. In zwei von drei Situationen haben die Tsavo-Löwen genauso reagiert wie die in der Serengeti; was das Verhalten angeht, deutet mehr auf eine Ähnlichkeit als auf Unterschiede zwischen ihnen hin.

24. Mai

Das Campfeuer heißt uns willkommen. Ich sitze mit einem Scotch am Feuer und bin heilfroh, dass Peyton und ich heute weder platt gewalzt noch zu Löwenfutter verarbeitet wurden – Schicksale, denen wir nur knapp entkamen. Warum musste ich mich auch beklagen, dass das Beobachten von Löwen ungefähr so unterhaltsam ist, wie Farbe beim Trocknen zuzusehen? Endlose Stunden der Langeweile, in denen man darauf wartet, dass die faulen Biester sich zu irgendeiner Regung aufrappeln. An diesem Morgen musste ich jedoch einsehen, dass es auch anders sein kann.

Während die anderen in entferntere Gebiete ausschwärmten – Craig und Ogeto zur Ndara-Ebene, Bob zum Arubasee, Dennis und Sarah zum Voi-Rudel –, blieben Peyton und ich in der Nähe, um nach dem Ndololo-Rudel zu suchen. Wir folgten dem Pfad, der am Flussbett des Voi entlangführt, und Peyton suchte nach einer Stelle, von der aus wir einen guten, weiten Ausblick haben würden, doch solche Aussichtspunkte waren in dem Gewirr aus Gestrüpp, Tamarinden und den weiß blühenden Sträuchern mit dem schönen Namen *Maeva triphilia* schwer zu finden. Als sie endlich einen relativ guten Platz aufgespürt hatte, von dem aus wir nach links und rechts ein paar hundert Meter weit sehen konnten, hielt sie an und stieg aufs Dach des Landrovers. Ich reichte ihr die Lautsprecher, sie schloss sie an, sprang dann herunter und legte die Kassette ein. Wieder einmal hallte das grauenhafte Geschrei der Hyänen beim Zerreißen ihrer Beute durch die Landschaft. Wir nippten derweil den Kaffee aus der Thermosflasche und suchten die Gegend mit dem Fernglas ab. Der Lärm zerrte an meinen Nerven. Gelegentlich verstummte das Geschrei der Horde, und dann setzte eine Hyäne zu einem Solo an, das sich anhörte wie das Brüllen einer verrückt gewordenen Kuh. Ein Nashornvogel tauchte auf, und ich wünschte, ich hätte seinen schönen, traurigen Ruf hören können. Während ich die linke Straßenseite im Auge behielt, beobachtete Peyton die rechte.

»Oooooh, Scheiße!«, schrie sie plötzlich. »Verdammte Scheiße!«

Fast im selben Augenblick ertönte das Trompeten von Elefanten. Mein Kopf fuhr herum, und ich erblickte neun Elefanten, die durch das Gestrüpp in unsere Richtung stürmten: Drei Kälber und zwei Halbwüchsige, angeführt von einer Phalanx aus vier Kühen, donnerten steifbeinig in einer Staubwolke auf uns zu. Ihre Ohren flatterten wie Scheunentore im Sturm, und die Stoßzähne glänzten im Morgenlicht. Ganz offensichtlich hatten auch sie dem Gekreische nichts abgewinnen können. Sie waren höchstens noch hundert Meter weit weg, und zwei Sekunden später waren es nur noch fünfzig. Das war der Punkt, an dem die Leitkuh ihr Trompeten einstellte und den Kopf senkte, um uns klar zu machen, dass jetzt Schluss war mit den Drohgebärden. Jetzt wurde es ernst. Finster entschlossen stürmte sie auf uns zu. Ihre Stoßzähne würden das dünne Aluminium des Landrovers mühelos durchbohren, und mit etwas Hilfe von ihren Freunden konnte sie das Fahrzeug umkippen und so platt walzen wie eine Bierdose. Ich wollte gar nicht darüber nachdenken, wie wir dann aussehen würden. Mit bewundernswerter Kaltblütigkeit schaltete Peyton den Kassettenrekorder aus und startete den Wagen. Wir fuhren los in einem Tempo, wie es die Piste soeben noch zuließ und was nicht sehr schnell war – auf jeden Fall nicht schnell genug, um die Elefantenkuh zu besänftigen. Wir waren noch nicht weit gekommen, als sie und ihre Herde auch schon über die Stelle trampelten, an der wir soeben noch geparkt hatten. Acht Elefanten gaben die Verfolgung auf, doch das alte Mädchen wendete erstaunlich schnell und jagte uns die Piste hinunter. Anscheinend hatte es nicht vor, einen so schönen Wutanfall ungenutzt verstreichen zu lassen.

Peyton trat aufs Gas. Die Elefantenkuh hielt mit. Als sie dann endlich der Meinung war, uns zünftig verabschiedet zu haben, blieb sie stehen, trompetete triumphierend, schwenkte noch einmal den großen Kopf und kehrte dann zu ihren Angehörigen zurück. Die Herde zog davon, jetzt wieder vollkommen gelassen – trotz des riesigen Schreckens ein wundervoller und majestätischer Anblick vor dem Morgenhimmel.

Nach einigem Schweigen bemerkte Peyton: »Elefanten machen mir wirklich Angst. Löwen kenne ich mittlerweile so gut, dass ich mich vor ihnen nicht mehr fürchte. Vielleicht ist das ein falsches Gefühl der Sicherheit, aber diese unbegründete Angst vor Elefanten werde ich einfach nicht los.«

Ich versicherte ihr, dass ihre Angst vor Elefanten keineswegs unbegründet war.

Nachdem wir uns wieder gefasst hatten, kehrten wir zurück, um nachzusehen, ob irgendwelche Löwen durch das Hyänengeschrei angelockt worden waren. Ich bezweifelte es. Selbst wenn das Tonband sie aus ihrem Versteck gelockt hätte, wären sie von den wütenden Elefanten sicher wieder vertrieben worden.

»Stopp!«, brüllte ich.

Nur vierzig oder fünfzig Meter von uns entfernt posierte das Ndololo-Rudel am Flussbett, aufgereiht wie für ein Familienfoto; insgesamt elf Tiere, aber wieder nur Löwinnen, Jungtiere und Halbwüchsige. Peyton fuhr querfeldein auf sie zu. Wir erkannten die alte Löwin und die mit der verletzten Hüfte. Diese Tiere waren keine »Touristenlöwen«, und bevor Peyton die anderen identifizieren konnte, schlichen sie nervös durch das trockene Flussbett davon. Die Uferböschungen waren steil und fielen sechs bis acht Meter tief ab. Auf der Suche nach einer Furt fuhren wir am Rand entlang, und der Landrover schaukelte von einem Schlagloch zum nächsten. Wir entdeckten eine weitere Löwin, eine trächtige, und folgten ihr in diskretem Abstand.

»Da! Die Männchen!«

Peyton zeigte nach vorn. Sie lagen im Gras, zwei von ihnen, und beide mit Mähne – einer dürftigen Mähne, aber immerhin –, die eine schwarz, die andere gelb. Die Löwin verschwand im klassischen Tsavo-Stil – erst ist sie da, dann ist sie weg –, aber die Männchen blieben noch eine Weile liegen und erlaubten Peyton, die Flecken am Maul und die Risse in ihren Ohren zu zählen. Dann erhoben sie sich und zogen davon. Sie waren mit Abstand die am besten aussehenden Löwenmännchen, die wir bisher zu Gesicht bekommen hatten, voll ausgewachsen, in tadellosem Zustand, mit glattem, grauem Fell, tiefer Brust und stark bemuskelten Schultern. Jeder von ihnen dürfte an die 220 Kilogramm gewogen haben. Wir folgten ihnen über das holprige Grasland und entdeckten ihren neuen

Ruheplatz, doch auch diesmal erhoben sie sich, durchquerten den Voi und verschwanden in dem Gestrüpp auf der anderen Seite. Wir fanden schließlich eine flache Stelle. Mit Allradantrieb kämpfte sich der Landrover auf der anderen Seite über eine Neigung von 45 Grad die Böschung hoch.

Der schwarzmähnige Löwe hatte sich ein bequemes Plätzchen im Schatten gesucht. Peyton visierte ihn mit der Kamera an und imitierte einen Hyänenruf, damit er den Kopf hob. Das war der Moment, in dem ich wieder an die Geschichte des Rangers denken musste, der uns von einem schwarzmähnigen Löwen erzählt hatte, der auf einen Kleinbus losgegangen war. Das trächtige Weibchen musste seine Partnerin sein, und da schwarzmähnige Löwen als dominant gelten, vermutete ich, dass der Schuldige direkt vor uns lag. Ich hoffte nur, dass es ihm nichts ausmachte, fotografiert zu werden. Auch beim zweiten Hyänenschrei reagierte er nicht. Aber zwei junge Elefanten erschienen und begannen, nur wenige Meter neben meinem Seitenfenster eine Tamarinde abzurupfen.

»Rate mal, wer gleich auf der Matte stehen wird«, flüsterte ich.

Und tatsächlich, die Mama tauchte auf, wahrscheinlich eine Verwandte der Kuh, die hinter uns hergejagt war wie Hannibals Kavallerie. Es ist einfach unheimlich, wie sich etwas so Großes so schnell und fast lautlos bewegen kann. Die Kuh starrte missmutig in unsere Richtung, schlug mit den Ohren und schlenkerte den Kopf. Wir brauchten keinen Dolmetscher, um diese Körpersprache zu verstehen. In diesem dicht bewachsenen Gelände hatten wir keine Chance, einem Angriff auszuweichen. Peyton legte einen Gang ein, und wir zogen uns zurück. Auch der Löwe war nicht scharf auf eine Konfrontation mit der Elefantenkuh. Als er sich in die Büsche schlug, sahen wir durch eine Lücke in den *Maeva triphilia* acht Löwinnen und ihren Nachwuchs vorbeiziehen wie Autos an einer Kreuzung. Dann verschwanden sie wieder. Das ganze Rudel hatte sich unsichtbar gemacht. Wir fuhren noch ein paar hundert Meter weiter. Anscheinend hatte Peyton es ernst gemeint, als sie behauptete, keine Angst vor Löwen zu haben. Aber ich hatte Angst. Die Vegetation war so dicht, dass die Äste an den Fenstern des Landrovers entlangkratzten. Die Löwen konnten überall sein – direkt neben uns oder einen Kilometer entfernt, aber wenn das reizbare Männchen hier irgendwo im Gestrüpp lauerte und darauf wartete, seine Nummer mit dem Kleinbus noch einmal abzuziehen, würde einer von uns seine Tatze im Gesicht haben, bevor er überhaupt wusste, wie ihm geschah. Ich war dafür, die Suche abzubrechen, aber da ich Peytons Forschungsarbeit nicht stören wollte, behielt ich meine Bedenken für mich.

Wir fuhren in ein wunderschönes, schattiges Tamarindenwäldchen. Die Stämme waren rostrot und glatt poliert von den Elefanten, die sich an ihnen gerieben hatten. Wir hatten beide zu viel Kaffee getrunken. Peyton sprang aus dem Wagen und bat mich, nach Löwen Ausschau zu halten. Als sie fertig war, tat sie das Gleiche für mich, doch bei mir siegte die Angst über das Schamgefühl, und ich pinkelte direkt neben dem Wagen. Es war schon nach neun und ziemlich heiß, und Peyton beschloss, die Suche abzubrechen. Ich ließ mir meine Erleichterung nicht anmerken.

Zehn Minuten langsamen, vorsichtigen Fahrens (manche der Schlaglöcher waren einen halben Meter tief) brachten uns zurück zum Flussbett. Auf dem Weg nach unten knallte das rechte Vorderrad gegen eine Kante aus getrocknetem Schlamm, die so hart war wie ein Bordstein. Peytons Fuß rutschte von der Kupplung, und der Motor erstarb. Sie versuchte, ihn wieder zu starten. Nichts. Nicht einmal ein Klicken. Wir hätten genauso gut in einem Auto ohne Motor sitzen können.

»Ohhh, Scheiße«, sagte Peyton. Dieser Kraftausdruck wurde allmählich zu unserem Leitmotto.

Wir probierten das Licht. Es funktionierte nicht. Peyton schaltete das Funkgerät ein, um den anderen von unserer Lage zu berichten, doch auch da rührte sich nichts.

»Beim Aufprall muss sich ein Kabel von der Batterie gelöst haben«, spekulierte sie.

Wir saßen in einem liegen gebliebenen Auto an einem Steilhang mitten im Busch, umgeben von einer Herde reizbarer Elefanten und einem Rudel mit vierzehn Löwen. Ich war nicht gerade scharf darauf, auszusteigen und nach der Batterie zu sehen, aber die Aussicht, mehr als fünf Kilometer zum Camp zu Fuß zu gehen, reizte mich noch weniger.

»Also gut, mach die Haube auf, dann sehe ich mal nach«, sagte ich.

»Die Batterie ist unter deinem Sitz.«

Wir stiegen aus und bauten den Beifahrersitz aus. Alles war direkt an die Batterie angeschlossen – das GPS, der elektronische Höhenmesser, das Funkgerät und ein Haufen anderes Zeug, und ich starrte hinab auf ein Gewirr aus Drähten, das entfernt an einen Teller voller Spagetti erinnerte. Wir klemmten alles ab, putzten die Pole der Batterie, bauten alles wieder zusammen und versuchten erneut, den Wagen zu starten. Das ominöse Schweigen des Motors machte deutlich, dass wir uns ebenso gut gleich auf einen langen, heißen und gefährlichen Fußmarsch einrichten konnten. Das war das Letzte, was ich wollte, und so sah ich die Böschung hinunter, die eine rund zwanzig Meter lange natürliche Rampe zum Flussbett bildete. Ich machte folgenden Vorschlag: Während ich mit der Schaufel die Kante abtrug, die das Vorderrad blockierte, sollte Peyton im Wagen sitzen bleiben und nach Löwen, Elefanten und anderen gefährlichen Viechern Ausschau halten. Dann würde ich den Landrover anschieben, und sie sollte versuchen, ihn zu starten, solange er abwärts rollte.

Ich band die Schaufel vom Dachgepäckträger los, sah mich lange und aufmerksam um und fing an zu graben. Zehn Minuten später konnten wir es versuchen. Ich trat hinter den Wagen und schob mit aller Kraft. Der Landrover rührte sich keinen Millimeter. Ich schaufelte also weiter, und Peyton half mir, indem sie mit dem Wagenheber auf den getrockneten Schlamm einhieb (obwohl es mir lieber gewesen wäre, wenn sie weiter Wache gehalten hätte). Ich versuchte es noch einmal und stemmte meine Schulter gegen das Heck des Wagens. Was wog so ein Landrover eigentlich? Es kam mir vor, als versuchte ich, einen Schwerlaster wegzuschieben.

»Ist die Handbremse los?«, rief ich.

Peyton sagte, sie sei los, und wollte aussteigen und mir helfen. Ich wies sie darauf hin, dass unsere einzige Chance vertan wäre, wenn der Wagen vor unserer Nase wegrollte. Also schuftete ich weiter und schaffte es tatsächlich, den Landrover etwa zwei Zentimeter vorwärts zu schieben. Dann half Peyton doch; sie sagte, dass der Abhang nicht besonders steil aussehe – wenn wir beide Türen offen ließen, würden wir bequem hineinspringen können, sobald der Wagen rollte. Peyton kann nicht mehr als 55 oder 60 Kilogramm wiegen, aber sie ist stärker, als sie aussieht, denn als sie rechts schob und ich links, fing das sture Ding tatsächlich an zu rollen. Allerdings hatten wir das Gefälle unterschätzt. Der Landrover donnerte in Richtung Flussbett, und wir hetzten hinterher. Ich blieb mit der Sandale an einer vorstehenden Baumwurzel hängen und vollführte einen heldenhaften Salto. In dem Moment, in dem ich aufschlug, hörte ich Peyton einen lauten Cowboyschrei ausstoßen und bekam gerade noch mit, wie sie aufs Trittbrett sprang und im Innern des Wagens verschwand. Der Landrover holperte ins Flussbett. Eine grandiose Wolke öligen Qualms quoll aus dem Auspuff, und dann ertönte das noch grandiosere gleichmäßige Nageln eines Dieselmotors.

»Du bist eine bemerkenswerte junge Frau«, verkündete ich beim Einsteigen.

»Ich bin eben ein echter Buschmann.« Sie spannte grinsend ihren Bizeps an, fügte dann aber netterweise hinzu: »Ohne dich hätte ich das nie geschafft.« Dann lachte sie vergnügt! »War das nicht irre?«

Nichts ist anregender, als beschossen zu werden, ohne dass eine Kugel trifft, hatte Winston Churchill einst über den Burenkrieg geschrieben. Der Tsavo hatte gerade auf uns geschossen, ohne zu treffen, und Peyton war tatsächlich stimuliert. Ich nicht – ich war nur erleichtert. Ich schätze, das ist so, wenn einer 32 ist und der andere 59.

25. *Mai*

Irgendwie hat Baby Huey es geschafft, Burr Boy Melinda abspenstig zu machen. Die beiden paaren sich auf der Böschung des Arubadamms. Löwenpaarungen sind kurz und wild. Sie dauern nur ein paar Sekunden und enden mit wütendem Schnappen und Fauchen des Weibchens. Männliche Löwen haben einen Widerhaken am Penis, der den Eisprung auslösen soll, der Löwin anscheinend aber auch Schmerzen zufügt. Baby Huey steigt ab und legt sich neben sie. Das Liebespaar starrt eine Weile ins Leere, dann nimmt Melinda wieder die geduckte Paarungshaltung mit erhobenem Schwanz ein, und Baby Huey deckt sie erneut. Sie knurrt und versucht auch diesmal, ihn zu beißen, doch er bringt sich rechtzeitig in Sicherheit. Zwischen dem menschlichen Liebesakt und der Paarung der Löwen liegen Welten – der Unterschied ist etwa derselbe wie zwischen vornehmem Speisen und dem Herausreißen der Luftröhre bei einem Gnu.

Während sich das Paar von seinen arterhaltenden Aktivitäten ausruht, ist Meathead ein paar hundert Meter weiter der Hauptdarsteller in einem Drama mit vier Kaffernbüffeln, den Wächtern einer 200-köpfigen Herde. Den Büffeln gefällt es gar nicht, dass sich fünf Löwen in ihrer unmittelbaren Umgebung herumtreiben (Burr Boy und Fur Boy sind ebenfalls in der Nähe), und gehen langsam und entschlossen auf Meathead zu. Doch statt sich zu verziehen, bleibt Meathead stehen und fordert die Büffel mit zweimaligem Brüllen heraus. Überrascht halten die Büffel inne. Eine Pattsituation entsteht, in welcher der gelbe Löwe tapfer – oder dämlich – genug ist, sich vier Paar massiven Hörnern entgegenzustellen, hinter denen sich ingesamt etwa 3000 Kilogramm Knochen und Muskeln befinden. Nach etwa einer Minute des gegenseitigen Anstarrens macht Meathead einige Schritte auf die Büffelbullen zu und brüllt noch einmal, als wolle er ihnen mitteilen, dass er das, was er zu ihnen gesagt hat, tatsächlich ernst meint. Die Büffel drehen um und traben davon, doch irgendetwas daran muss ihnen paradox vorkommen. Also vollziehen sie doch wieder eine Kehrtwendung in Richtung Löwe. Der gibt schließlich nach, doch er flieht nicht – es ist eher ein würdevoller Rückzug, wie es sich für den König der Tiere gebührt.

In der Zwischenzeit sind Baby Huey und Melinda anderweitig beschäftigt. Ihnen sind die Büffel vollkommen egal; sie haben Wichtigeres zu tun. Wenn Löwen Sex haben, sind sie für niemanden zu sprechen.

Rechts davon springt Fur Boy Burr Boy an und versetzt ihm einen Knuff. Burr Boy wendet sich ab, und der jüngere Löwe jagt ihm nach und tut so, als wolle er ihn beißen.

»Sie spielen«, stellt Craig fest. »Ich dachte, dafür wäre Fur Boy schon zu alt.«

Burr Boy ist es jedenfalls. Ihm geht Fur Boys Albernheit auf die Nerven, was er ihm mit einem kräftigen Hieb klar macht.

Während wir dies beobachten, gibt Craig eine Hypothese zum Besten, die kaum mehr als wissenschaftliches Seemannsgarn sein dürfte.

Tsavo, sagt er, ist dem Krüger-Nationalpark in Südafrika sehr ähnlich, ein rauer, karger Lebensraum. Im Krüger brauchen die Löwen viel länger zum Erwachsenwerden als in der Serengeti. Sie erreichen zwar zur gleichen Zeit die gleiche Körpergröße, doch die Männchen verbringen mehrere Jahre als Junggesellen und gehen auf Büffeljagd, bevor sie so weit sind, ein Rudel zu führen. In der Serengeti, in der es mehr Futter gibt und das Klima gemäßigter ist, fällt diese Junggesellenzeit viel kürzer aus.

Die Bedingungen in Tsavo, fährt er fort, sind viel härter als im Krüger. Durchaus möglich, dass es in Tsavo noch länger dauert, bis die Männchen erwachsen sind, und dass ihnen keine Mähnen wachsen, obwohl sie ansonsten den Körperbau ausgewachsener Tiere haben. Mit anderen Worten: Diese ausgewachsenen Männchen sind eigentlich kaum mehr als überalterte Teenager. Den bemähnten Löwen, die wir gesehen oder von denen wir gehört haben, wurde dieser Schmuck wahrscheinlich erst in hohem Alter zuteil, und dass er so dürftig ist, liegt an der Hitze.

»Es wäre denkbar, dass die hier vorherrschenden Lebensbedingungen dafür sorgen, dass sich das, was genetisch in den Löwen verankert ist, erst in höherem Alter ausbildet.«

Die andere Möglichkeit ist wesentlich aufregender: Die Löwen von Tsavo sind wirklich genetisch anders, wenn auch nicht, wie Craig schnell hinzufügt, so anders, dass sie eine eigene Unterart bilden. Die beste Methode, das herauszufinden, wäre, in Tsavo, im Krüger und in der Serengeti männliche Löwenjunge zu fangen und sie in Gefangenschaft unter identischen Bedingungen aufzuziehen. Wenn allen ungefähr zur gleichen Zeit eine Mähne wachsen würde, wäre der Beweis erbracht, dass die Mähnenlosigkeit auf die harten

Lebensbedingungen zurückzuführen ist; wenn nicht, hätte man einen ersten Hinweis auf eine genetische Veränderung.

Ich höre Craig nur mit einem Ohr zu, weil es viel zu sehen gibt, von dem ich mich nicht durch seine Theorien ablenken lassen will: den Fischadler, der die Aufwinde über dem Arubasee nutzt, die beiden Löwen bei der Paarung, den jungen Löwen, der mit seinem älteren Bruder oder Freund herumalbert, der Fünfte, der sich ein Blickduell mit den Büffelbullen liefert, und nicht weit von ihm die Büffelherde, die in der Morgensonne über die Savanne zieht.

Eine kurze Fahrt nach Norden bringt uns zu dem zweiten Weibchen, das wir Granny nennen, weil es so alt ist, dass seine Zähne nur noch kleine Stummel sind. Granny liegt im Schatten eines Dornbuschs. Sie hat gerade von einer Elenantilope gefressen, deren aufgeblähter, von Fliegen übersäter Kadaver ganz in der Nähe liegt.

»Weißt du, was wir in Tsavo brauchen?«, fragt Craig, ohne auf eine Antwort zu warten. »Eine zwei- bis dreijährige Studie. Wir definieren die Löwen anhand ihrer Mähne, und hier haben sie keine Mähnen. Dabei gibt es noch so viel anderes, was eine Untersuchung lohnt. Die Konflikte zwischen Mensch und Tier an den Grenzen des Parks und die grundlegende Ökologie des Tsavo. Auch eine Löwenzählung wäre interessant. Was fressen sie, wie groß sind ihre Reviere? Das alles weiß bisher niemand.«

Doch Gnoske und Kerbis Peterhans hatten bereits versucht, Antworten auf diese Fragen zu finden, aber aufgrund der restriktiven Vorschriften im Park war es ihnen unmöglich gewesen, ihre Arbeit zu Ende zu führen.

28. Mai

Die tief hängenden Wolken im Osten verziehen sich, und es kommt etwas zum Vorschein, das aussieht wie die Tür zu einem Hochofen oder vielleicht die Öffnung eines riesigen Kessels mit geschmolzenem Gold.

Mit Sammy am Steuer suchen Ogeto und ich nach dem Arubarudel, wenn man sechs Löwen überhaupt als Rudel bezeichnen kann, doch wir finden keine Spur von ihm. Von den Ästen eines blattlosen Baums aus hält ein Singhabicht Ausschau nach Beute. Wir ziehen nordwärts und folgen den Büffelspuren in der Hoffnung, dass die Löwen hinter der Herde hergezogen sind. Ogeto und ich vertreiben uns die Zeit mit Geplauder. Er ist 37 und ein ruhiger, nachdenklicher Mann, der nur glücklich ist, wenn er alte Knochen findet: Büffelknochen, Löwenschädel, Oberschenkelknochen von Gazellen. Trotz seines ausgezeichneten Englischs ist er schwer zu verstehen, weil er so leise spricht. Ich muss ständig den Kopf zu ihm geneigt halten wie ein halb tauber Opa und frage andauernd: »Wie bitte?«

Gestern ist es mir zu meiner großen Freude gelungen, wundervolle Aufnahmen von einer Grünscheitelracke zu machen – der Vogel war sehr kooperativ und hat so lange ruhig gehalten, bis ich mich mit meinem 105-Millimeter-Objektiv nah genug herangepirscht hatte. Zu meiner noch größeren Freude sind Dennis und Sarah abgereist. Als Verity mir gestern sagte, wie sehr unsere Lebensmittelrechnung gestiegen war, weil so viel gegessen wurde, musste ich den beiden klar machen, dass sie sich in Zukunft selbst zu versorgen hätten. Später habe ich dann mitbekommen, wie Dennis Sammy auftrug, nach Voi zu fahren und seine Kanister mit Benzin zu füllen, und musste ihm sagen, dass Sammy mein Fahrer ist und nicht sein Dienstbote. Und schließlich hat Dennis noch einen

Streit mit Peyton und Craig vom Zaun gebrochen, bei dem es mal wieder um den Einsatz der Löwen-Dummys ging – er ist dagegen, weil dabei zu viel querfeldein gefahren wird, was er für sein persönliches Vorrecht hält. Peyton regte sich furchtbar auf; sie kochte förmlich vor Wut. Sie nimmt ihre Arbeit sehr ernst, und ihrer Meinung nach ist Dennis nicht nur ein Stänkerer, sondern auch ein Dilettant, der den Wissenschaftler lediglich spielt. Dem konnte ich nur zustimmen. Sie empfindet ihm gegenüber das Gleiche, was ich für diese Möchtegern-Schreiberlinge empfinde, die man überall trifft und die alle eine tolle Geschichte zu erzählen haben, aber leider nie die Zeit dazu finden. Aber ob ich mir wohl einmal ansehen würde, was sie bisher zu Papier gebracht hätten? Es blieb an mir hängen, Dennis und Sarah beizubringen, was Sache war, aber ich hatte kaum zwei oder drei Worte gesagt, als Sarah den Wink mit dem Zaunpfahl auch schon verstand und von sich aus vorschlug, uns zu verlassen. Ich mochte Sarah, die Lehrerin aus Schottland, die ihren Job aufgegeben hatte, um mit Dennis in Afrika zu leben, vielleicht aus Liebe, vielleicht auch aus Abenteuerlust, vielleicht aus beidem, und hätte nichts dagegen gehabt, wenn sie geblieben wäre. Aber wenn Dennis gehen musste, ging sie mit. Im Camp lebt es sich jetzt viel friedlicher, seit diese dunkle Wolke der gegenseitigen Verachtung verschwunden ist.

Nach unserer Rückkehr rief ich Leslie über das Satellitentelefon an. Ich bin nun schon zwei Wochen von zu Hause fort, und obwohl ich als erfahrener Weltenbummler an die Einsamkeit gewöhnt bin (bei der letzten Zählung waren es 48 Länder auf vier Kontinenten, in denen ich gelebt und gearbeitet habe, in denen ich umhergereist bin und in deren Kriegen ich gekämpft oder über die ich berichtet habe), vermisse ich sie doch sehr; vermisse ihr Gesicht im Morgenlicht; vermisse all diese kleinen Alltagsdinge wie das Kaffeekochen oder das Füttern von Sage oder unserer Katze Ditto.

Ich bin alt genug, um mich noch an diese Wandtelefone mit den Messingklingeln und Sprech- und Hörmuscheln aus Bakelit zu erinnern. In den späten 40er-Jahren hatten wir solche in den Hütten im nördlichen Wisconsin, die mein Vater immer mietete, wenn er in seinem Job als Vertreter die Konservenfabriken dieser Gegend aufsuchte. Es waren Gemeinschaftsanschlüsse, und jeder Teilnehmer hatte ein spezielles Klingelzeichen. Unseres war, wenn ich mich recht erinnere, zweimal kurz und einmal lang.

Aus diesem Grund kommt es mir vor wie ein Wunder, dass man von der afrikanischen Wildnis aus in Connecticut anrufen kann. Allerdings ist es sehr teuer – ungefähr acht US-Dollar pro Minute. Das Gespräch ist dementsprechend kurz, und die Nachrichten von zu Hause sind nicht gut. Meine 85-jährige Mutter, die seit zwei Jahren unter Demenz leidet, ist vor zwei Tagen ins Krankenhaus gekommen; man hat Magenkrebs diagnostiziert. Die Demenz ist vergleichbar mit Alzheimer: eine langsame, unaufhaltsame Zerstörung der Persönlichkeit des Menschen. Es ist ein Tod auf Raten; alles, was meine Mutter einmal ausgemacht hat, verschwindet von Woche zu Woche, aber Herz, Lunge und Nieren arbeiten weiter. Sie ist nur noch eine leere Hülle, jenseits aller Zeit, verloren in Kindheitserinnerungen, aber nicht in der Lage, sich zu merken, was vor fünf Minuten geschah, oder bekannte Gesichter zu erkennen. Mich verwechselt sie immer mit einem ihrer verstorbenen Brüder, und einmal hat sie mich auch für ihren Vater gehalten. Der einzige Lichtblick ist, dass sie nicht mitbekommt, was mit ihr geschieht. Für meinen Vater, meine Schwester und mich ist ihr Zustand viel schwerer zu ertragen. Und da ich weiß, dass ich nicht das Geringste tun kann, um den Verfall aufzuhalten oder gar rückgängig zu machen, habe ich wenigstens gehofft, dass sie stirbt, ohne zu leiden. Aber nun sieht es so aus, als würde ihr nicht einmal das gewährt. Soweit ich informiert bin, ist Magenkrebs eine der qualvollsten Todesarten.

Leslie versichert mir, dass die Ärzte dafür sorgen, dass sie keine Schmerzen hat, was bedeutet, dass sie sie so mit Medikamenten voll pumpen, dass der Nebel in ihrem Kopf vollends undurchdringlich wird. Nein, es hat keinen Sinn, dass du nach Hause kommst, sagt Leslie. Der Krebs wird nicht behandelt; in ihrem Zustand sind Chemotherapie, Bestrahlungen oder eine Operation sinnlos. Meine Mutter ist wieder zu Hause und wird von der Pflegerin versorgt, die seit einem Jahr bei meinen Eltern lebt. Ich bin froh, dass sie sie nicht in ein Heim gesteckt haben; trotzdem bin ich deprimiert, als ich auflege. Jetzt bete ich im Stillen darum, dass meine Mutter stirbt, bevor sich der Krebs zu weit ausbreitet.

Aus irgendeinem Grund taucht plötzlich eine Szene aus meiner frühen Kindheit vor meinem inneren Auge auf. Es ist Sommer 1945, und wir wohnen in einer Hütte in Wisconsin in der Nähe des Ortes Chetek an der Grenze zu Minnesota. Mein Vater ist unterwegs zu den Konservenfabriken. Meine Mutter nimmt mich und meine Schwester an die Hand und geht mit uns zum nahe gelegenen Ortskaufhaus, um mir eine Spielzeugeisenbahn zu kaufen. Sie trägt beigefarbene Shorts, und ihr kastanienbraunes Haar ist lang und gewellt, im typischen Stil der 40er-Jahre. Sie sieht wunderschön aus (das war sie auch), und wir wandern über einen Sandweg an einem von hohen Fichten umgebenen See vorbei. Das ist alles, an das ich mich erinnere, abgesehen von der Eisenbahn aus bemaltem Holz. Meine Mutter muss damals dreißig gewesen sein, jünger als Peyton jetzt. Dreißig – das kommt mir heute genauso unglaublich vor wie jene Zeit, in welcher der Krieg gegen Deutschland gewonnen war, der mit Japan noch andauerte, in der im Radio Swingbands spielten und wir in einer Hütte lebten, in der es kein fließendes Wasser gab, dafür aber ein Telefon mit einer Kurbel, zwei kurze und ein langes Klingelzeichen. Das alles scheint mir so lange her zu sein, dass ich nicht glauben kann, dies tatsächlich erlebt zu haben.

Es ist unvermeidlich, dass mich das auf mein eigenes Alter bringt – in zwei Wochen werde ich sechzig sein, sechzig – und auf meine eigene Sterblichkeit. Ich hatte das Glück, mich schon in meinen frühen Zwanzigern mit dem Tod auseinander gesetzt zu haben – »Jeder Tag über der Erde ist ein guter Tag«, haben wir in Vietnam immer gesagt –, aber die Aussicht, schon in jungen Jahren eines gewaltsamen Todes zu sterben, beinhaltet eine gewisse Romantik, die das Entsetzen kaschiert. Außerdem hat man immer die Hoffnung, dass die Kugel nicht trifft und das Leben weitergeht, was die Konfrontation mit dieser Art von Sterben zu etwas ganz anderem macht als die Aussicht auf das Altwerden und das dann unvermeidliche Ableben.

Im letzten Jahr habe ich die Buschpilotin Heather Stewart kennen gelernt, die mit einer einmotorigen Cessna vier- bis fünfmal die Woche ganz allein Lebensmittel und Medikamente zu den Opfern des Bürgerkriegs in den Südsudan fliegt. Heather verschwendete keinen Gedanken an ihr Alter; manchmal kam es einem vor, als wüsste sie nicht einmal, dass sie eine sechzigjährige Großmutter war. Es ist paradox, dass auch ich hier in Afrika, wo täglich so viele Menschen in den furchtbaren Kriegen sterben oder an Krankheiten, die im Westen längst besiegt sind, wo Beutetiere Raubtieren zum Opfer fallen und ihre stinkenden Kadaver die Luft verpesten, aufgehört habe, an mein Alter und den Tod zu denken. Ich fühle mich hier sogar jünger als zu Hause. Peyton kommt mir vor wie eine Gleichaltrige – nicht wie eine Frau, die meine Tochter sein könnte. Als ich das einmal in ihrem Beisein erwähnte, bemerkte sie, dass Afrika so gefährlich sei, dass niemand ans Altwerden oder den Tod durch Altersschwäche denke. »Hier draußen«, hatte sie gesagt, »sind wir alle gleich alt. Jeder kann in der nächsten Sekunde tot sein.«

Als ich an diesem Morgen mit Ogeto draußen war, haben sie und Craig die beiden Ndololo-Männchen wieder gesehen und sie so lange verfolgt, bis sie sie schließlich im Kanderi-Sumpf in der Nähe des Camps verloren. Diese beeindruckenden Löwen haben keinen von den herablassenden Spitznamen verdient, die wir den Mitgliedern des Arubarudels verpasst haben (die etwas Jugendlich-Tollpatschiges an sich haben), und so beschlossen wir, den schwarzbemähnten Othello zu nennen und den gelben Prince Hal. Peyton wollte noch ein weiteres Experiment mit den Dummys machen, von denen sie einen mit einer dunklen und den anderen mit einer hellen Mähne ausstattete. Bei ihrer Arbeit in Tansania, bei der sie schon mit verschiedenen Mähnenfarben experimentiert hatte, war deutlich geworden, dass Löwenmännchen, die sich Eindringlingen mit dunklen und mit hellen Mähnen gegenübersahen, gewöhnlich Letztere angriffen. Vor zwei Tagen haben sie und Craig das Experiment am Arubasee an Burr Boy und seinem Gefolge durchgeführt, die sich genauso verhielten wie ihre Vettern in der Serengeti und damit Peytons Annahme bestätigten, dass eine dunkle Mähne eine Zeichen von Kraft und eine helle ein Zeichen von Schwäche ist. Othello und Prince Hal sind ideale Kandidaten, um diese Theorie ein weiteres Mal auf die Probe zu stellen – falls es uns gelingt, sie anzulocken. Sie haben sich als misstrauischer, als »wilder« erwiesen als andere Löwen, und sie tolerieren unsere Anwesenheit wesentlich schlechter.

Zwei Stunden vor Sonnenuntergang brechen wir in den Kanderi auf, Craig und Peyton in ihrem Landrover, Bob und Ogeto im zweiten Wagen, und ich, gefahren von Sammy, im dritten. Wir stellen Fabio und Julio wie üblich mit etwa sechs Meter Abstand nebeneinander auf. Diesmal parken wir doppelt so weit weg wie gewöhnlich, um Othello und Prince Hal nicht zu verunsichern. Der Schrei einer Löwin hallt aus dem Lautsprecher. Wir warten. Beim dritten Versuch tauchen die Löwen plötzlich auf; es ist, als wäre die Bandaufnahme so etwas wie eine Geisterbeschwörung – und nun sind die Geister gekommen. Die Löwen kommen hinter uns lautlos heran;

ihre Hälse sind so dick wie Baumstämme, die Rücken elegant gebogen, und die Oberschenkel- und Schultermuskeln zeichnen sich unter dem glänzenden graubraunen Fell ab. Als sie Fabio und Julio entdecken, weichen sie zur Seite aus. In ihren Augen spiegelt sich ihre Konzentration. Sie nutzen jede Deckung, die sie finden können – so perfekt könnte sich keine Spezialtruppe der Army tarnen –, und schleichen vollkommen lautlos durch den Busch, verschwinden, tauchen wieder auf, verschwinden erneut. Jede ihrer Bewegungen ist absolut zielgerichtet. Das Wort, das sich einem angesichts dieser Annäherung aufdrängt, ist »Profis«. Diese beiden sind erfahrene Rudelführer und die Herren ihres Reviers, und das Einzige, was man für sie empfinden kann, ist Bewunderung.

Sie pirschen sich in einem Halbkreis an die Eindringlinge heran; Othello voran, Prince Hal eine Körperlänge dahinter. Othello duckt sich im hohen Gras, während sein Kamerad aufrecht im schwindenden Licht steht und die Eindringlinge betrachtet. Dann duckt sich Prince Hal, und Othello macht einen oder zwei Schritte nach vorn, bevor auch er wieder im Gras verschwindet. Prince Hal tut es ihm gleich: vorrücken, hinsehen, ducken, vorrücken. Im gesamten Sumpf herrscht Stille, als warteten alle Kreaturen darauf, was die Löwen vorhaben. Plötzlich stößt Othello ein Brüllen aus, das die Luft zum Vibrieren bringt. Es ist kein einzelner Brüller, sondern eine ganze Tonfolge – zuerst ein kehliges Husten, dann ein anschwellendes, hallendes Brüllen, gefolgt von einer Reihe immer leiser werdender Grunzer. *Wauugh-aaraRRRAR-UNHUNH unh-unh-unh*. Als er verstummt, gibt Prince Hal sein *Wauugh-aaraRRRAR-UNHUNH unh-unh-unh* zum Besten, und Othello rückt wieder vor. Das hier ist UNSER REVIER – UNSER unser-unser-unser. Beide Löwen ducken sich und verharren bewegungslos. Das Tageslicht schwindet, und die Sterne und ein Viertelmond gehen auf. In ihrem matten Licht sehen wir, wie sich Othello wieder erhebt und noch einmal brüllt; dann geht er, gefolgt von Prince Hal, auf Fabios Flanke zu und beschnüffelt ihn ausgiebig. Daraus lässt sich schließen, dass er und sein Gefährte Fabio für den Schwächeren der beiden Eindringlinge halten. Bevor die beiden die Dummys in Fetzen reißen können, gibt Craig die Anweisung, die Scheinwerfer einzuschalten und die Motoren zu starten.

Die plötzliche Helligkeit und der Lärm erschrecken Othello und Prince Hal und lassen sie in das hohe Elefantengras fliehen. Wir parken unsere Fahrzeuge so dicht hintereinander, dass sie eine Barrikade bilden, damit Craig und Peyton Fabio und Julio wieder aufladen können, ohne dass die echten Löwen es sehen.

Danach folgen wir unseren eigenen Reifenspuren zurück zum Camp. Peyton und Craig sind vollkommen aus dem Häuschen – sie vor allem. Jetzt hat sie zum vierten Mal nachgewiesen, dass männliche Löwen dem dunkel bemähnten Dummy aus dem Weg gehen. Für mich allerdings ist das der vierte Nachweis dafür, dass die Löwen in Tsavo und in der Serengeti sich in ihrem Verhalten sehr ähnlich sind, doch darüber denke ich nicht nach. Ich denke vielmehr an Craigs Bemerkung, dass eine zwei- bis dreijährige Studie erforderlich wäre, um die Löwen von Tsavo aus dem Schatten der Legenden in das Licht wissenschaftlicher Erkenntnisse zu befördern. Ich bin mir nicht sicher, ob das wünschenswert ist. Wahrscheinlich bin ich einer dieser Leute, die Dennis King verachtet – einer von denen, denen der Mythos lieber ist als die Wahrheit.

Verity Williams ist aus Nairobi eingetroffen, um die Mitarbeiter für den morgigen Umzug des Camps nach Tsavo-West einzuweisen, wo Peyton ihre Arbeit weiterführen will. Craig kehrt nach Tansania zurück, wo er beim Serengeti-Forschungsprojekt gebraucht wird. Mir werden seine Schlagfertigkeit und seine Vorlesungen fehlen. (Erst kürzlich hat er über das Klonen von Menschen referiert – ein Thema, das mir sehr am Herzen liegt – und hervorragende, wissenschaftlich fundierte Argumente dagegen vorgebracht.) Während der Koch das Abendessen zubereitet und die Angestellten anfangen zu packen, gehen wir unter die Dusche.

Aus der Kabine hinter meinem Zelt höre ich Bob rufen, dass er gleich fertig ist. Also schlinge ich mir ein Handtuch um den Bauch und gehe hinaus.

Wauugh-aaraRRRAR-UNH UNH unh-unh-unh.

Das Gebrüll ertönt aus einem Dickicht höchstens zwanzig Meter vor mir, und meine erste Reaktion ist, ins Zelt zurückzuspringen, den Reißverschluss hochzureißen und nach meinem Messer zu greifen.

Wauugh-aaraRRAR-UNH UNH unh-unh-unh.

Der Löwe ist jetzt links von mir und ein wenig weiter weg. Der andere antwortet ihm *Wauugh-aaraRRRAR-UNH UNH unh-unh-unh.* Othello und Prince Hal müssen uns zum Camp gefolgt sein.

»Bob!«, schreit Caputo-der-Kurze Caputo-dem-Langen zu.

»Ich höre sie!«, ruft Bob aus dem Zelt neben meinem.

Ich komme mir lächerlich vor, starr vor Angst mit einem Messer in der Hand dazustehen – und das auch noch nackt. Wenn eine von diesen Bestien durch die Zeltleinwand bricht, kann ich nur hoffen, dass mir der Aufprall das Messer direkt ins Herz jagt. Noch lächerlicher komme ich mir vor, als ich höre, wie jemand im Kantinenzelt den Tisch deckt, während Verity ihren Leuten gelassen Anweisungen auf Suaheli gibt.

»Verity!«, rufe ich. »Löwen im Camp!«

»Ja, ich weiß. Wir haben sie gehört«, antwortet sie, als spräche ich von Waschbären, die auf dem Hof eine Mülltonne umgeworfen haben. Mir fällt wieder ein, dass diese unglaubliche Frau auf einer Sisalplantage in Tansania mit Löwen aufgewachsen ist. Die großen Katzen sind immer von einem Hügel hinter ihrem Elternhaus heruntergekommen und haben mit ihrem Gebrüll die Fensterscheiben zum Klirren gebracht. Meistens, so hat mir Verity erzählt, sind sie dann weitergezogen zur Siedlung der Plantagenarbeiter. Wie die Menschenfresser von Tsavo hatten offenbar auch sie erkannt, dass das Dorf eine ideale Quelle schneller und einfacher Mahlzeiten war.

»Sie sind weg«, versichert Verity mir, und tatsächlich, das nächste Brüllen klingt wesentlich weiter entfernt. »Gehen Sie duschen. Das Essen ist bald fertig.«

Ich wage mich wieder hinaus und verlasse mich darauf, dass Othello und Prince Hal schon eigene Pläne fürs Abendessen haben – und dass wir nicht das Tagesgericht auf ihrer Speisekarte sind.

29. Mai

Ich schreibe dies im Schatten eines großen *Salvadora pasca*, besser bekannt als Salz- oder Zahnbürstenbaum. Die Zelte sind abgebaut, und Verity und ihre Mannschaft verstauen sie und das ganze andere Zeug in die Landcruiser und Landrover. Craig ist schon nach Tansania aufgebrochen, Peyton und die anderen sind für ein paar Tage in Galdessa, und ich werde das Nairobi General Hospital aufsuchen, sobald Verity mit der Organisation des Umzugs fertig ist und Zeit hat, mich hinzufahren.

Ich würde gern behaupten, dass ich gestern beim Abendessen ohnmächtig geworden bin, aber anscheinend war es mehr als das. Ich weiß noch, dass ich mich im Kantinenzelt hingesetzt und einen Schluck Wein getrunken habe. Es war wirklich nur ein Schluck, aber ich fühlte mich plötzlich, als wäre es eine ganze Flasche gewesen. Der Fußboden schien auf einmal zu schwanken wie ein kleines Boot in einem Sturm. Dann war ich in einem wundervoll friedlichen Raum, der in unglaublich beruhigendem Gelb gehalten war. Durch die hohen palladianischen Fenster fiel ein Licht von solcher

Reinheit, wie ich es nie zuvor gesehen hatte. In dem Raum waren Erscheinungen. Ich kann sie nicht anders beschreiben, weil ich ihre Gesichter nicht sehen konnte, aber ich wusste, dass es alles meine Freunde und Verwandten waren, sowohl tote als auch lebende, und sie hießen mich willkommen. Sie sagten es nicht laut, sondern kommunizierten telepathisch mit mir. Diese Erscheinungen, die Art, wie sie mich bei sich aufnahmen, und dieses erstaunliche Licht erfüllten mich mit einer unbeschreiblichen Freude, die nicht einmal mit den Morphiumspritzen zu vergleichen war, die mir eine Krankenschwester gegeben hatte, als ich verwundet war.

»Phil! Phil!«

Ich öffnete die Augen und sah Peyton, die neben mir kniete und mein Handgelenk festhielt.

»Der Puls ist wieder da«, sagte sie. »Ich kann seinen Puls fühlen. Phil! Bist du okay?«

Jemand hatte seine Hände auf meiner Brust oder seine Arme um mich gelegt – ich war zu benommen, um es genau festzustellen. Es war Bob, und ich hörte ihn sagen, dass mein Herz wieder schlage.

Ich hob den Kopf und sah Verity, Craig und Ogeto immer noch auf ihren Stühlen sitzen, die Gesichter zur Hälfte von den Kerosinlampen beleuchtet.

Sie erzählten mir, was passiert war. Ich hatte gerade die Gabel gehoben, um meinen Salat zu essen, als mein Arm reflexartig hochfuhr und ich umkippte. Bob, der dachte, mir sei etwas im Hals stecken geblieben, sprang auf und schlang die Arme um meine Brust, um die Heimlich-Methode anzuwenden, während Peyton nach meinem Handgelenk griff und schrie, dass ich keinen Puls mehr hätte. Daraufhin legte Bob die Hand auf meine Brust, und als er keinen Herzschlag spürte, drückte er mehrmals hart zu. Er wollte gerade mit Wiederbelebungsmaßnahmen beginnen, als ich wieder zu mir kam.

»Wie lange war ich ...«, begann ich erschöpft, doch dann zögerte ich, weil ich eigentlich »tot« sagen wollte. »Wie lange war ich weg?«

Eine halbe bis eine Minute, sagten sie.

Eine halbe bis eine Minute? Ich hatte das Gefühl, als wäre ich stunden-, vielleicht sogar tagelang in diesem hellen Raum gewesen. Es war eine windige, aber warme Nacht; trotzdem fröstelte ich – wie das eben so ist, wenn man unter Schock steht. Aber das Merkwürdigste war die Depression, die mich befiel. Ich war enttäuscht, wieder unter den Lebenden zu sein. Ich wollte zurück in den gelben Raum, in dem ich so unglaublich glücklich gewesen war. Meine lebendigen Freunde, die ich natürlich gern hatte, waren nur ein schlechter Ersatz für diese gesichtslosen Wesen, die mich in einer Sprache willkommen geheißen hatten, die keine Sprache gewesen war. Sie hatten das Wort »willkommen« nicht ausgesprochen, mich aber doch spüren lassen, wie willkommen ich ihnen war.

Ich zitterte und schaffte es in der nächsten Viertelstunde nicht, dieses irrationale Gefühl der Enttäuschung abzuschütteln. Verglichen mit dem gelben Raum, schien die reale Welt so langweilig, blass und unzulänglich. Als mir schließlich klar wurde, dass ich beinahe in eine andere Form der Existenz – oder vielmehr Nichtexistenz – übergegangen wäre, bekam ich Angst. Ich war so schnell umgekippt und ohne jede Vorwarnung. Das konnte wieder passieren, und dann ... Es war eindeutig, dass mit mir etwas nicht stimmte, aber ich war in Tsavo, und das nächste Krankenhaus war in Nairobi.

Craig sprach bereits über das Satellitentelefon mit den Fliegenden Ärzten in Nairobi. Ich hörte ihn meine Symptome beschreiben, dann sagte er ein paarmal Ja und Nein und dann die Worte: »Ja, er nimmt Lariam.«

Nach dem Telefonat berichtete Craig von der Vermutung des Arztes, dass ich an einer Lariam-Vergiftung litt, er aber nicht der Meinung war, mich deswegen ausfliegen zu müssen. Dazu kam noch, dass sich die nächstgelegene Landebahn in Manyani befand, was eine 45 Kilometer lange Fahrt über eine Schotterstraße bedeutet hätte. Der Arzt hatte mir Ruhe verordnet, und wenn es mir am Morgen nicht deutlich schlechter ginge, sollte ich mich sofort mit dem Wagen auf dem Weg zum Nairobi General machen. In der Nacht sollte jemand auf mich aufpassen.

Peyton meldete sich freiwillig, was mich ein wenig aufheiterte. Kranke Männer werden wieder zu kleinen Jungen, und sie wünschen sich eine Frau an ihrer Seite. Ihr Feldbett wurde in mein Zelt gebracht. Von Schüttelfrost und Todesangst geplagt, lag ich vollständig angezogen unter einer Wolldecke und zitterte vor mich hin. Ich konnte nicht einschlafen, weil ich überzeugt war, dass ich meine Augen nie wieder öffnen würde, wenn ich sie jetzt schloss. Peyton bot an, mir etwas vorzulesen, bis ich eingeschlafen war, aber da es sich bei ihrem Buch um einen ziemlich blutrünstigen Krimi handelte, nahm ich nicht an, dass er die gewünschte Wirkung erzielen würde. Kurze Zeit später war sie im Land der Träume, zu dem ich keinen Zugang fand. Ich starrte an die Decke und beschäftigte mich mit metaphysischen Fragen. In meinem Kopf meldeten sich zwei Stimmen zu Wort. Die eine behauptete, dass der gelbe Raum das Vorzimmer des Himmels, wenn nicht sogar der Himmel selbst war. Ich hatte einen kurzen Blick auf das Leben nach dem Tod werfen dürfen. Doch die Stimme auf der anderen Seite schrie: Nein! Dieses Glücksgefühl ist von Endorphinen ausgelöst worden, die das unter Schock stehende System in Massen ausgeschüttet hat – und danach kommt nur noch das absolute Nichts. Vielleicht, so argumentierte diese Stimme, begann dieser uralte und durch nichts bewiesene Glaube der Menschheit an ein Leben nach dem Tod, als irgendein Cro-Magnon-Mensch eine ähnliche Erfahrung überlebte und seinen Kumpanen berichtete, dass da etwas sei, das jenseits dieser Existenz liege. Es gibt nur einen Weg, diese Frage ein für alle Mal zu klären, aber das war eine Expedition, die ich gern noch eine Weile aufschieben wollte.

Gegen drei Uhr schlief ich endlich ein. Ich wachte relativ munter wieder auf, dankte allen für ihre schnelle Reaktion und erzielte einen Lacher bei allen, als ich beim Frühstück zu Peyton sagte: »Danke, dass du mit mir geschlafen hast – und zwar im wahrsten Sinne des Wortes.«

31. *Mai* – Camp Galdessa, Tsavo-Ost

Dr. Mauro Saio, der auf Tropenkrankheiten spezialisierte Arzt im Nairobi General, stellte fest, dass ich tatsächlich eine Lariam-Vergiftung habe. Er gab mir einen Monatsvorrat Valium gegen die durch das Medikament verursachten Angstzustände und verschrieb mir Malarone, ein Malariamittel mit weniger Nebenwirkungen. Allerdings muss man es täglich einnehmen und nicht nur einmal wöchentlich wie Lariam, das, wie ich von Dr. Saio erfuhr, eine Halbwertszeit von 21 Tagen hat. Da ich in den letzten anderthalb Jahren drei lange Afrikareisen unternommen habe, ist es möglich, dass der Medikamentenrückstand zu groß geworden ist, was die plötzliche akute Reaktion erklärt. Saio schockierte mich mit Horrorgeschichten über Patienten mit Lariam-Vergiftung (er selbst lehnt das Medikament strikt ab, obwohl seine Wirkung unbestritten ist), zu denen Verity Geschichten über Klienten beisteuerte, die unter Verfolgungswahn litten und Selbstmordversuche unternahmen. Da Saio gesagt hatte, dass es mindestens vier Monate dauern würde, bis mein Körper wieder frei von Lariam war, hatten seine und Veritys Geschichten nur den Effekt, die Angstzustände zu verstärken, von denen das Valium mich befreien sollte. Wenn ich nicht wieder tot umfiel, musste ich also damit rechnen, dass ich durchdrehte.

Im Moment aber wurde ich für arbeitstauglich erklärt, und so bin ich gestern in einer einmotorigen Cessna zurück nach Tsavo geflogen worden. Mein Pilot war ein weißer Kenianer namens Tom, der nach dreizehn Jahren Pause wieder angefangen hatte zu fliegen und der so Vertrauen erweckende Dinge tat, wie jeden Schalter zu berühren und dabei etwas zu murmeln, als versuchte er sich daran zu erinnern, wozu die ganzen Schalter und Hebel da waren. Vorsichtshalber warf ich noch eine Valiumtablette ein. Außerdem war Fliegen immer noch besser als Fahren – nicht nur schneller, sondern auch ungefährlicher. Der Umzug in das neue Camp am 29. hatte länger gedauert als erwartet, und deshalb waren Verity und ich erst am späten Nachmittag losgekommen und den Großteil der Nacht unterwegs gewesen. Kenianische Lastwagenfahrer halten nichts von Wartung, und deshalb bleiben ihre Fahrzeuge dauernd liegen. Da es auf dem Nairobi-Mombasa Highway keinen Seitenstreifen gibt, lassen die Fahrer ihre defekten Laster einfach auf der Fahrbahn stehen. Natürlich stellen sie keine Lampen oder Warnschilder auf, und so kam es, dass wir mindestens ein Dutzend Mal einen Hügel hinauf oder um eine Kurve kamen und uns plötzlich den zwanzig Tonnen Stahl eines liegen gebliebenen Lastzugs gegenübersahen. Jetzt weiß ich, wie sich der Ausguck auf der Titanic gefühlt haben muss, als vor ihm der Eisberg aus dem Nebel auftauchte.

Verity, die der afrikanische Verkehr genauso wenig schreckte wie Löwen im Camp, steuerte den Landrover einfach im letzten Augenblick resolut in den Gegenverkehr und dann – ebenfalls im letzten Moment – wieder zurück, bevor die mit achtzig Sachen herandonnernden Laster uns zermalmen konnten. Das hätte mir noch gefehlt, dachte ich – ich überlebe die Angriffe von Elefanten und Löwen und eine Medikamentenvergiftung, nur um jetzt bei einem Frontalzusammenstoß hopszugehen.

Auf dem Rückflug hatte Tom einige Orientierungsprobleme und musste die Landebahn von Manyani auf der Karte suchen. Bei einem Flugzeugabsturz zu sterben, war immerhin besser als bei einem Verkehrsunfall – Finch Hatton ist es so ergangen und Hemingway bei seiner letzten Safari beinahe ebenfalls –, aber als wir schließlich landeten und ich Sammy am Rand der Landebahn mit dem Landcruiser warten sah, warf ich mich buchstäblich in seine Arme.

Er brachte mich hierher zu Bob, Ogeto und Peyton. Ich war froh, sie wiederzusehen, und ihnen ging es genauso. Marcus Russell hat Peyton die Hütte neben seiner gegeben, aber ich erfuhr, dass er sich bisher verhalten hat wie ein perfekter Gentleman. Meine Begleiter hatten während meiner Abwesenheit noch keinen Löwen zu Gesicht bekommen. Die Gegend ist dicht bewaldet mit Dumpalmen, Gestrüpp und anderen Dornsträuchern, und die hier beheimateten Löwen sind noch scheuer als die des Ndololo-Rudels. Einer von Marcus' Mitarbeitern brachte mich zu meiner Hütte, doch direkt davor stand der campeigene Elefant, der den fantasielosen Namen Tusker trägt, und fraß Blätter von einem Baum. Ich erfuhr, dass Tusker nicht zahm ist und angreift, wenn man ihm zu nahe kommt, und so musste ich warten, bis er seinen kleinen Imbiss beendet hatte, bevor ich einziehen konnte. Mein neues Quartier ist sehr gemütlich, ausgestattet mit eigener Dusche und Toilette, einem bequemen Bett mit Moskitonetz und einer Veranda, auf der ich den Nachmittag verbrachte und auf den sonnenbeschienenen Galana, die im Wind schwankenden Palmen und Tamarinden und das Yatta Escarpment hinausschaute, das sich jenseits des Flusses erhebt wie eine riesige Welle aus Erde und Gestein, die aussieht, als wollte sie jeden Augenblick brechen.

Vor dem Abendessen versuchten wir, den großen Löwen anzulocken, von dem Marcus erzählt hat. Am Ashoka-Wasserloch am Hatulo Bisani spielte Peyton den Hyänenchor ab. Ein wolkenloser

Himmel und der Halbmond sorgten für gute Sicht, unterstützt durch Peytons Nachtsichtgerät, das die ganze Gegend in ein unheimlich grünes Licht tauchte. Aber wir hatten kein Glück. Ein einsamer Schakal war alles, was wir zu sehen bekamen.

Ein Festessen aus Hähnchencurry und Bratkartoffeln erwartete uns im Speisesaal. Zu uns gesellten sich Marcus, der kleine Blade und der Kommandant der örtlichen Rangertruppe, ein massiger Mann namens Oliver. Blade stürzte sich gleich auf Peyton, überglücklich, sie zu sehen. Das ging Marcus genauso – es war offensichtlich, dass sie es auch ihm angetan hatte.

Die Unterhaltung nach dem Essen war jedoch alles andere als romantisch. Als Marcus Peyton fragte, ob sie schon irgendwelche Erkenntnisse gewonnen habe, erläuterte Peyton ihre und Craigs Vermutungen, warum die Löwen von Tsavo kurze oder gar keine Mähnen haben. Marcus und Oliver wollten davon nichts hören und erklärten ihr, warum sie ihre Theorien für Unsinn hielten. Peyton widersprach. Die arme Frau hörte sich an, als müsste sie ihre Dissertation vor einem Haufen skeptischer Professoren verteidigen. Ich fand, dass sie den Disput gewonnen hatte, aber auch die beiden Naturburschen waren um ein paar gute Argumente nicht verlegen.

»Ich habe im Tsavo männliche Löwen gesehen, die zwar kein einziges Mähnenhaar hatten, ansonsten aber tadellos in Form waren«, berichtete Marcus. »Sie haben Büffel und sogar kleine Elefanten gerissen, und das tut man nicht, wenn man krank ist oder unter Stress steht. Ich glaube, es ist etwas anderes, und Sie wissen, was das ist: Sie sind genetisch anders.«

Oliver lehnte sich in seinem Stuhl zurück, und die Kerosinlampen beleuchteten sein dunkles Gesicht und ließen die Falten auf seiner breiten Stirn noch tiefer wirken. Vom Fluss war der Ruf eines Flusspferds zu hören, teils Bellen, teils Schreien, und irgendwo dahinter ertönte der an eine Säge erinnernde Jagdruf eines Leoparden.

»Ich bin in den Taita Hills aufgewachsen, und ich weiß noch, was mein Großvater mir sagte, als ich ein Junge war«, sagte Oliver in einem alles entscheidenden Tonfall. »›Wenn du im Busch bist, mach dir um die Löwen mit Mähne keine Gedanken – die sind harmlos. Aber die Löwen ohne Mähne sind sehr gefährlich. Sie greifen an. Geh ihnen aus dem Weg.‹«

Die Atmosphäre – die Geräusche der wilden Tiere, die von draußen hereindrangen, die Büffelhörner an der Wand, die auf polierten Holzplatten befestigten Tierschädel mit den leeren Augenhöhlen, das Licht der Lampen auf Olivers Gesicht und die Art, wie er sagte: »Aber die Löwen ohne Mähne sind sehr gefährlich. Sie greifen an« – sorgten dafür, dass ich alles vergaß, was ich im Laufe von Peytons Eyperimenten gelernt hatte. Gerade als ich zu akzeptieren bereit war, dass die Löwen von Tsavo keine eigenständige Art sind, kehrte das Phantom zurück.

1. Juni

Venus funkelt über dem Steilhang. Morgens um vier haben wir Löwen östlich des Camps gehört, und jetzt, um halb sechs, sind wir auf der Suche nach ihnen. Ogeto, Peyton und ich folgen dem Galana flussabwärts, während am Horizont der Morgen dämmert. Wir halten an, spielen ohne Erfolg das Band ab und fahren weiter, während sich der Fluss im Licht der aufgehenden Sonne von schwarz über perlmutt zu einem goldenen Braun verfärbt. Dann biegen wir nach Süden ab zu einem Ort, der Punda Milia heißt, denn hier hat Marcus vor einigen Tagen ein Löwenrudel gesehen. Ein alter Pfad führt uns an einem *Lugga* mit Wasserlöchern vorbei, über dem gutes Gras wächst, aber wir sehen weder Weidetiere noch Löwen, und so kehren wir schließlich nach Galdessa zurück.

Nach dem Frühstück beschließen Peyton und Ogeto, zum neuen Camp in Tsavo-West weiterzufahren, aber ich ziehe es vor, heute und morgen noch in Galdessa zu bleiben. In meiner Fantasie hat die Chimäre die Form des Löwen angenommen, von dem Marcus immer wieder spricht, vom schwarzmähnigen Herrscher über das Hatulo-Bisani-Rudel, und ich will ihn sehen. Sonst nichts. Ich erwarte keine neuen Erkenntnisse. Ich will ihn nur sehen und ihn fotografieren, wenn sich die Gelegenheit ergibt.

Den Rest des Nachmittags verbringe ich mit Saitoti, der mir zeigt, wie man einen Löwenspeer wirft. Schon seit Beginn der Kolonialzeit sind Europäer, vor allem Briten, ganz vernarrt in die hochgewachsenen Krieger und Löwentöter der Serengeti, und sie haben eine Menge romantischen Unsinn über diese »Wilden« in Umlauf gebracht, darunter auch die vollkommen absurde Theorie, dass sie die Nachkommen der verschleppten Stämme Israels seien. Diese Besessenheit mit allem, was Massai-typisch ist, befällt auch ganz vernünftige Leute wie zum Beispiel Marcus Russell. Der junge *Moran* Saitoti kam vor ein paar Jahren zu ihm, nachdem er auf der Suche nach Arbeit das Massailand nahe der Grenze zu Tansania verlassen hatte. Er fand eine Anstellung im Tsavo-Hotel in Voi, wo er Fußböden fegte und lernte, bei Tisch zu bedienen. Doch den Massai fehlt die Unterwürfigkeit, die im Dienstleistungsgewerbe notwendig ist. Russell war Stammgast im Hotel, und als Saitoti erfuhr, dass der weiße Mann ein Buschcamp unterhielt, flehte er ihn an, ihn einzustellen.

»Er sagte«, berichtete Marcus, »›Sie sind ein Buschmann, genau wie ich. Ich will mit Ihnen gehen. Ich mag das Leben in der Stadt nicht.‹ Also habe ich ihn eingestellt.«

Marcus übertrug ihm zusammen mit zwei anderen Massai, Muyandet und Lumuwju, die Aufgabe des Camp-Askari, zuständig dafür, die Gäste nachts vor den wilden Tieren zu schützen. Wenn Blade zu Besuch kommt, übernimmt Saitoti die Rolle des Kindermädchens, geht mit dem Jungen fischen und lehrt ihn das Spurenlesen und andere Fertigkeiten, die das Überleben im Busch sichern. Das Bild, das die beiden abgeben – der weiße Junge und sein treuer Massai –, erinnert ein wenig an frühe Comics, doch die beiden scheinen mit dem Arrangement durchaus zufrieden zu sein.

Ich ertappte mich selbst bei einem Anflug von Massai-Verehrung, als Saitoti in seinem Umhang und mit dem langen, stramm geflochtenen Haar den Speer hebt, um mir zu zeigen, wie man ihn wirft. Mit dem gebeugten sehnigen rechten Arm, dem mit nach oben gerichteter Handfläche balancierten Speer, dem vorgestreckten linken Arm und dem linken Fuß ein wenig vor dem rechten verwandelt er sich augenblicklich von einer malerischen Figur in das, was ein Massai-Moran wirklich ist – eine sehr effektive Tötungsmaschine, genau wie die Löwen, die er jagt. Verity hat mir erzählt, dass die Löwen panische Angst bekommen, wenn sie einen der langbeinigen Massaikrieger mit einem Speer in der Savanne entdecken. Auf einer Safari hat sie sogar erlebt, dass zwei Löwinnen die Jagd auf ein Zebra abbrachen, als auf einer anderthalb Kilometer entfernten Kuppe zwei Morani auftauchten.

Saitoti macht jetzt einen halben Schritt nach vorn und wirft den Speer ins Ziel, einen etwa fünfzehn Meter entfernten Busch. Für ihn ist das keine Entfernung. Ein erfahrener Krieger kann den Speer drei- oder viermal so weit werfen. Dass es von Vorteil ist, einen Löwen aus größerer Entfernung erlegen zu können, versteht sich von selbst.

Der Speer beschreibt einen Bogen und bohrt sich mit vibrierendem Schaft vor dem Busch in den Boden. Jetzt bin ich an der Reihe. Ich staune, wie schwer der Speer ist. Er ist rund anderthalb Meter lang, und die Spitze besteht aus einer etwa dreißig Zentimeter langen und vier Zentimeter breiten Stahlklinge, an deren Seiten sich noch zwei schmalere Klingen befinden. Sie sind mit einer Metallhülse an dem Schaft aus Hartholz befestigt, der ungefähr so dick ist wie das Griffende eines Baseballschlägers. Am anderen Ende sitzt ein langer Metalldorn, der die Waffe ausbalanciert und bei Übungswürfen verhindert, dass die Klinge stumpf wird. Ich möchte darauf hinweisen, dass Speere wie dieser nicht in den Kunstgewerbeläden in Nairobi zu finden sind, aber der, den ich jetzt in der Hand halte, ist schon zur Löwenjagd verwendet worden. Die Klinge ist rasiermesserscharf, und sie und der Schaft sind mit den Zahnspuren eines verwundeten Simba übersät. Wie ich bereits erwähnte, ist es den Massai verboten, Löwen zu jagen, aber wo kein Kläger, ist auch kein Richter. Craig hat mir erzählt, wie er in der Serengeti einmal auf drei Morani gestoßen ist, die gerade eine von den Löwinnen erlegt hatten, denen er einen Minisender verpasst hatte. Sie behaupteten, sie habe Vieh gerissen, aber Craig hatte den Verdacht, dass das nicht der wahre Grund war: Bei den Massai ist ein Mann, der einen Löwen getötet hat, so populär wie bei uns ein Rockstar, und die Frauen werfen sich ihm zu Füßen. Es bleibt nur zu hoffen, dass es sich für die drei gelohnt hat, denn die Löwin hatte ihnen einen erbitterten Kampf geliefert und sie einen hohen Preis zahlen lassen; als Craig sie traf, sahen sie aus, als wären sie in eine Auseinandersetzung mit einem PS-starken Rasenmäher verwickelt gewesen.

Überzeugt, ein entschieden weniger bedrohliches und graziöses Bild abzugeben als Saitoti, hebe ich den Speer, wie er es mir gezeigt hat, Handfläche nach oben und das Ende etwas höher als die Spitze. Mir geht es in erster Linie darum, mich nicht zu blamieren. Ich mache einen halben Schritt nach vorn und werfe. Der Speer fliegt waagerecht, fällt dann zu Boden wie eine Ente mit Kopfschuss, schlittert jämmerlich über den Boden, um dann einen Meter vor dem Busch liegen zu bleiben. Wenn sich da ein Löwe versteckt hätte, wäre ich jetzt Gulasch. Saitoti holt den Speer zurück, murmelt etwas auf Massai oder Suaheli, das sicher kein Kompliment ist, und demonstriert mir die Technik ein zweites Mal. Auch wenn ich kein Wort von seinen Erklärungen verstehe, erkenne ich doch, welcher Fehler mir unterlaufen ist: Ich habe vergessen, vor dem Wurf den Arm zu heben.

Mein zweiter Versuch ist schon besser, und beim vierten beschreibt der Speer einen schönen Bogen und bohrt sich in die Erde; das hintere Ende schwankt wie eine Antenne im Wind. Saitoti grinst und schüttelt begeistert meine Hand.

»Nicht schlecht. Nun versuchen Sie das mal mit einem Löwen vor der Nase.«

Es ist Marcus, der aus seiner Hütte kommt. Es ist Zeit, nach dem großen Löwen mit der schwarzen Mähne zu suchen.

Unsere erste Station ist das Camp der Ranger, eine Ansammlung von Lehmhütten am Fluss. Mit den martialisch bewaffneten Rangern in ihren Tarnanzügen und dem draußen geparkten Armeelaster könnte es genauso gut ein Guerillacamp sein. In einer der Hütten kochen die Männer Eintopf. Marcus versucht Oliver zu überreden, dass ich seine Männer morgen Früh bei einer Fußstreife begleiten darf. Ich habe es satt, den ganzen Tag in einem Auto eingepfercht zu sein, und will endlich »Fußerfahrung« sammeln – ich finde, man wird mit einer Gegend nur dann wirklich vertraut, wenn man sie zu Fuß erkundet. Oliver ist nicht begeistert. Auf wiederholtes Nachfragen von Marcus und mir gesteht er uns endlich den wahren Grund: Mir fehlt die schriftliche Erlaubnis des Hauptquartiers in Nairobi, die Patrouille zu begleiten. Wenn mir dabei etwas zustieße, müsste Oliver dafür geradestehen.

Er lässt sich nicht umstimmen, und so machen wir uns mit Blade und Saitoti auf dem Rücksitz von Marcus' Landrover auf den Weg zum Hatulo Bisani, an dem wir ein Impalaweibchen mit zwei Jungen sehen. Unterwegs lehrt Marcus mich und Blade einiges über den Busch und zeigt uns die Tunnel, welche die Kaffernbüffel in dem Gewirr aus Zahnbürstenbäumen angelegt haben. Außerdem erklärt er mir (Blade scheint das schon zu wissen), wie man sich aus diesem Baum eine Zahnbürste macht: Man bricht einen Zweig ab, streift die Blätter ab und kaut dann auf dem Ende herum, bis es ausfranst. Dann kann man sich die Zähne damit putzen. Marcus ist zehnmal geschickter als ich, wenn es darum geht, Wild aufzuspüren und Fährten aus dem fahrenden Wagen zu erkennen. Er erkennt drei Tage alte Löwenspuren, die sich für mich nur als unidentifizierbare Muster auf dem Boden darstellen, und dann die Abdrücke eines großen Löwen, die irgendwann an diesem Morgen entstanden sind. Wir folgen ihnen eine Weile zu Fuß. Marcus erklärt, dass die Vorderpfoten eines Löwen immer größer sind als die Hinterpfoten, und dann verliert sich die Spur zwischen den Felsen eines Lugga. Macht nichts, sagt er, es war ohnehin nicht der schwarzmähnige Löwe. Der hätte Spuren in der Größenordnung von Suppentellern hinterlassen – Marcus schätzt ihn auf mindestens 250 Kilogramm.

Wir suchen den ganzen Nachmittag. Am Hatulo Bisani wimmelt es von Elefanten, von denen einer ein deformiertes Hinterbein nachschleppt; anscheinend eine schlecht verheilte alte Verletzung. Die Elefanten könnten der Grund für das Fehlen von Löwen sein. Als wir bei Sonnenuntergang zurückfahren, gelingt es Marcus, mich wirklich zu verblüffen. Er entdeckt einen Kudubock und seine fünf Weibchen, die sich rund 200 Meter entfernt im Busch verbergen. Ich sehe überhaupt nichts, bis wir den Tieren so nahe sind, dass der Bock mit großen Sätzen die Flucht ergreift, wobei seine weiß gestreiften Flanken immer wieder im Gestrüpp aufblitzen.

Mit Einbruch der Dunkelheit bekommen wir Besuch in Galdessa (der Name ist das Waliangulu-Wort für Pavian, aber »Galdessa-Camp« klingt einladender als »Pavian-Camp«). Zuerst bricht ein

Flusspferd fröhlich und schnaufend durch das Buschwerk. Später kommen zwei Elefanten vorbei und beschließen zu bleiben. Eine Hyäne kündigt ihre Anwesenheit mit einem Schrei an, gefolgt von einem Leoparden, bei dessen Ruf ich eine Gänsehaut bekomme. Auch wenn der Leopard die kleinste Großkatze in Afrika und Asien ist – die Männchen wiegen nur etwa so viel wie ein erwachsener Mann –, ist er doch unglaublich schnell und viel beweglicher als ein Löwe oder Tiger. Genau wie eine Hauskatze benutzt er die Krallen an den Hinterpfoten, um seiner Beute den Bauch aufzureißen.

Weil es so viele gefährliche Tiere gibt und das Gestrüpp im Camp so dicht ist, tauchen Saitoti und Lumuwju mit ihren Speeren in der Hand vor meiner Hütte auf, um mich zum Abendessen in den Speisesaal zu geleiten. Es ist ein Weg von etwa 200 Metern, und als ich hinter den zwei Askaris hergehe, in deren Speerspitzen sich das Mondlicht spiegelt, kann ich förmlich spüren, wie Afrika mich in seinen Bann zieht. Mein Leben in einem Vorort von Connecticut ist – nun eben wie in einem Vorort von Connecticut. Wenn ich von meinem Arbeitszimmer hinter dem Haus zum Essen gerufen werde, gehe ich durch den rund hundert Meter langen Garten, in dem schlimmstenfalls ein Stinktier oder ein Waschbär lauert. Aber hier wird sogar etwas so Normales wie der Gang zum Abendessen zu einem Abenteuer, das bewaffnete Massai-Krieger erfordert und mit der Gefahr verbunden ist, angegriffen, zertrampelt oder zerbissen zu werden. Das fasziniert mich dermaßen, dass mir beinahe schwindlig davon wird. Meine Faszination wird allerdings ein wenig von der Erinnerung an eine Geschichte getrübt, die Craig mir vor ein paar Wochen erzählt hat. Sie handelte von zwei Paaren, die auf Safari in Südafrika in einem Luxuscamp wie Galdessa übernachteten. Nach dem Essen verließ eine der Frauen den Speiseraum, um zur Toilette zu gehen. Als sie nach etwa fünfzehn Minuten immer noch nicht wieder da war, gingen die anderen Gäste und der Führer nachsehen. Sie fanden ihre Leiche neben dem Swimmingpool. Sie war kaum fünfzig Meter vom Speiseraum entfernt von zwei Löwinnen angefallen worden, und niemand hatte etwas gehört, weil es nichts zu hören gab, weder von den Löwen (die nie brüllen, wenn sie angreifen) noch von ihrem Opfer, dessen Genick gebrochen war, noch bevor es schreien konnte.

Marcus und ich speisen mit vier menschlichen Gästen, zwei jungen Engländerinnen und zwei jungen Engländern, die im Auftrag einer anglikanischen Mission an der Schule in einem Dorf in der Nähe des Nationalparks unterrichten. Sie nutzen das Wochenende, um etwas vom wilden Afrika zu sehen. Die jungen Frauen mit ihrer hellen Haut und den gesunden, an britische Milchmädchen erinnernden Körpern sind sehr hübsch, und alle vier – streng religiös – erfrischen uns mit ihrem jugendlichen Idealismus. Bei einer Unterhaltung über moralische Werte erwähnen die jungen Frauen, dass vorehelicher Sex für sie nicht infrage kommt. Marcus kann der Versuchung nicht widerstehen, den rauen Buschmann zu spielen, und verkündet seine eigene freizügige Einstellung zu den Themen Liebe und Sex, wobei er bei seiner Wortwahl nicht zimperlich ist. Seine Zuhörer sind jedoch aufgeschlossen genug, um seine Vorstellung zu durchschauen, und zeigen sich eher amüsiert als schockiert.

2. Juni

Letzte Nacht haben wir in der Nähe des Camps wieder Löwen brüllen hören. Marcus glaubt, dass sie einer großen Büffelherde folgen, die am Hatulo Bisani grast, und so machen wir uns erneut auf die Suche. Mir bleibt nur noch dieser Vormittag, um den Riesen mit der schwarzen Mähne zu betrachten, und sehr optimistisch bin ich nicht. Ein Kudubock, vielleicht derselbe, den wir gestern schon sahen, saust vor uns über die Straße, während unten im Flussbett strahlend weiße Löffler auf ihren rosa Beinen durchs Gras schreiten und die Schnäbel vor und zurück schwenken. Ein Afrikanischer Nimmersatt steht ungerührt da und lässt sich nicht von den Elefanten stören, die rund um ihn herum ein Schlammbad nehmen. Über uns umkreisen zwei tapfere Drongos, kaum größer als Spatzen, eine zehnmal so große Weihe, um sie von den Küken in ihrem Nest wegzulocken. Dann entdecken wir die Büffel, Hunderte von ihnen, die von weitem aussehen wie schwarze Felsbrocken. Zwei große Bullen halten auf unserer Seite des Flussbetts Wache. Als wir näher kommen, ergreifen sie die Flucht. Marcus folgt ihnen querfeldein, in der Hoffnung, dass der Löwe irgendwo im Hinterhalt liegt. Wir schaukeln durch Dornbüsche und Zahnbürstenbäume, und dann sagt Marcus: »O Mann, hier ist der Brigadegeneral«, und wir entdecken einen riesenhaften Bullen im Schatten einer Akazie. Er ist mindestens so groß wie der, den ich mit Dennis am Arubasee gesehen habe, vielleicht noch größer. Genau genommen gleicht er einem Flusspferd mit Hörnern.

»Wenn ihr Büffel jagt, ist dieser Bursche der, auf den ihr aufpassen müsst«, erklärt Marcus Blade und mir. »Ein paar von ihnen flüchten, ihr folgt ihnen, und den Brigadegeneral, der sich im Gebüsch versteckt, seht ihr erst, wenn er euch fertig macht.«

Das mit dem Fertigmachen ist durchaus wörtlich zu nehmen. Er bearbeitet seine Opfer so lange mit den Hörnern und den tellergroßen Hufen, bis sie aussehen wie etwas, das unter eine Dampfwalze gekommen ist.

Wir suchen noch weitere zwei Stunden, und mein Pessimismus wird leider nicht enttäuscht. Der große Löwe wird ein Teil meiner Fantasie bleiben. Im Camp wartet Sammy schon darauf, mich nach Tsavo-West zu bringen. Ich bezahle die Rechnung, verabschiede mich von Marcus, Blade und Saitoti, hoffe, sie irgendwann wiederzusehen, vermute aber, dass das nicht geschehen wird, und reise ab.

3. Juni – Camp Chyulu, Tsavo-West

Diese Region ist bergiger als der Osten, kühler, weil sie höher liegt, und grüner, weil die Chyulu, Taita und Ngulia Hills das Wetter machen, und in Afrika bedeutet Wetter Regen. Wolken treiben über die Kuppen und schaffen die Illusion, dass die alten Vulkane immer noch aktiv sind. Auf den dicht bewaldeten Hängen ragen immer wieder Gneisformationen zwischen den Bäumen hervor, die bei Sonnenaufgang zuerst in ein kupferrotes und dann in ein goldenes Licht getaucht werden. Das Gras in den Tälern und die Riedgräser in den Sümpfen sind leuchtend grün, die Blätter der Akazien dunkler, und hier und dort steht auch ein Baobab mit seinem nackten grauen Stamm, der aussieht wie eine Flasche, von der knotige, blattlose Äste abzweigen. Aus dem Riedgras ragen die Rücken von Büffeln auf, und Peyton, Ogeto und ich suchen per Fernglas nach Löwen, entdecken aber keine. Draußen ist es fast kühl genug für einen Pullover – ein Kleidungsstück, das ich bisher nicht mit Tsavo in Verbindung gebracht habe.

Gestern haben meine Begleiter und Bob ganz in der Nähe unseres jetzigen Standpunkts oberhalb einer breiten, runden Einbuchtung, die Rhino Valley heißt (der touristenfreundlichste Name, den ich je gehört habe), drei magere Löwinnen und vier Junge gesehen. Jetzt will Peyton die dazugehörigen Männchen finden, feststellen, ob sie Mähnen haben, und sie mit der Infrarotkamera filmen. Wir durchqueren die Ebene in Richtung Osten, während Bob mit seinem eigenen Wagen parallel zur Ngulia-Kette zuerst nach Westen und dann nach Süden fährt.

Um 7.30 Uhr meldet er sich über Funk. Er hat ein Männchen gefunden, und es hat eine Mähne. Es war keine zufällige Begegnung. Bob hat sich an den Spuren der Büffel und des sie verfolgenden Löwen orientiert. Wir treffen uns mit ihm und sehen den Löwen mit der hellen Mähne. Er liegt nur ein paar Meter neben der Straße im Gestrüpp und betrachtet herablassend einen voll besetzten Kleinbus. Heute ist Unabhängigkeitstag in Kenia, und der Park ist voller Touristen. Der Kleinbus versperrt uns die Sicht, sodass Peyton die Infrarotkamera nicht einsetzen kann. Wir müssen also auch Tourist spielen, Fotos machen und uns aufs Hinsehen beschränken. Die Mähne des Löwen ist zerzaust; Peyton sagt, dass das an den Dornen und dem Gestrüpp liegt. Sie ist trotzdem üppiger als die, die wir im Osten gesehen haben, was darauf schließen lässt, dass das Mähnenwachstum von Klima und Höhenlage beeinflusst wird. Ein anderes Männchen, diesmal mit schwarzer Mähne, erhebt sich aus einem nahe gelegenen Busch und verschwindet im Gestrüpp. Der erste Löwe, den all die Aufmerksamkeit mittlerweile beunruhigt, folgt ihm. Erst sind sie da, dann sind sie weg. In dieser Gegend hat Patterson die Menschenfresser gejagt, und ein Blick auf das hohe Gras und das undurchdringliche Gesträuch verrät mir, wie schwierig und gefährlich das gewesen sein muss.

Wir fahren weiter, Bob nach Süden, wir nach Osten. Die Straße führt bergauf und bietet uns eine wundervolle Aussicht auf die Savanne und die Berge. Unten glitzern Wasserlöcher, und der Kitani-Fluss funkelt zwischen den Bäumen hindurch. Wir fahren wieder hinunter und folgen dem Kitani – ein Ranger hat Peyton und Ogeto erzählt, dass dort ein elfköpfiges Rudel leben soll –, aber wir sehen weder Löwen noch viele andere Tiere, lediglich zwei weibliche Elenantilopen, die größten afrikanischen Antilopen, so groß wie die heiligen Zeburinder der Inder, eine Hand voll Impalas und eine Giraffe.

Zum Mittagessen kehren wir ins Camp zurück. Danach fahren Peyton und Ogeto ins Hauptquartier, um bei der Verwaltung die Erlaubnis einzuholen, die Löwen anlocken zu dürfen. Das ist nötig, weil Tsavo-West ein eigener Verwaltungsbezirk ist. Ruhelos und bewegungshungrig mache ich einen Spaziergang vom Camp zum Chyulu Gate. Das sind etwa 800 Meter die Straße hinunter, was aber nicht bedeutet, dass es ungefährlich ist. Ich laufe nicht herum wie in den harmlosen Wäldern von Connecticut und Westchester County, in denen ich immer mit Sage unterwegs bin, um sie für die Jagdsaison in Form zu halten. Dort bin ich gewöhnlich in Gedanken versunken, denke an etwas, an dem ich gerade schreibe, und lasse mir alles Mögliche durch den Kopf gehen. Aber hier, allein und zu Fuß in einem Land, das sich seit dem Pleistozän kaum verändert hat, alarmiert mich schon die kleinste Bewegung, das leiseste Geräusch. Das ist nicht nervenaufreibend – eher anregend. Im Vergleich zu meinen gemütlichen Waldspaziergängen zu Hause ist es, als würde ich dort schlafen, während ich hier hellwach bin. Zu anregend soll das Ganze allerdings auch nicht werden. Auf dem Rückweg fällt mir Veritys Bemerkung über die Löwen und die Massai wieder ein, und ich suche mir einen langen Stock und trage ihn parallel zum Boden auf der Schulter. Ein aufmerksamer Löwe wird natürlich merken, dass mein gedrungenes Profil keine Ähnlichkeit mit dem eines Massai hat, aber vielleicht überlegt er es sich trotzdem zweimal, mich anzugreifen.

In meinem Zelt wartet ein Besucher auf mich – eine Heuschrecke, die direkt den Plagen Ägyptens entsprungen sein könnte. Sie ist mindestens so groß wie ein Kolibri und sitzt mit sprungbereit gebeugten Hinterbeinen auf dem Boden, still wie ein Stück Holz.

Ich nehme Peter Matthiessens *Auf der Spur des Schneeleoparden* in die Hand, und mein Blick fällt auf einen Satz: »Wissenschaftliche Fakten wie etwa die exakte Höhenmessung, die für moderne Menschen von entscheidender Bedeutung sind, können diese religiöse Einstellung oder Anbetung nicht beeinflussen.« Er spricht von der Art, mit der primitive Kulturen auf ihre Umwelt und die darin lebenden Tiere reagieren, aber ich wage zu behaupten, dass diese »religiöse Einstellung oder Anbetung« auch bei manchen modernen Menschen noch zu finden ist. Zum Beispiel bei mir. Nicht, dass mich wissenschaftliche Fakten nicht interessieren – ich bin genauso wissbegierig wie jedes Mitglied unser fortgeschrittenen, industrialisierten Kultur. Trotzdem wecken Matthiessens Worte in mir erneut die Ungeduld und Irritation angesichts all der Methoden und des ganzen Brimboriums, mit dem Peyton und Craig versuchen, wissenschaftliche Fakten über den afrikanischen Löwen zusammenzutragen. Das kommt mir zudringlich vor. Es errichtet Barrieren zwischen Mensch und Tier und verriegelt einen Teil unseres Gehirns, das vielleicht mit dem Tier kommunizieren, vielleicht eine Botschaft von ihm empfangen könnte. Ich weiß, wie albern sich das anhört. Aber auch das ist Wissen, wenn auch von einer anderen Art.

5. Juni

Unser vorletzter Tag und der letzte Arbeitstag. Morgen werden wir das Camp abbauen. Heute Nachmittag geben wir eine Party für Peyton, um den Abschluss ihrer Forschung zu feiern. Übermorgen fliegt sie dann zurück nach Minnesota und wird anfangen, die Beobachtungen, Ergebnisse und Daten aus drei Jahren Forschung zu einer Dissertation zu verarbeiten. Gestern sprach sie über die Vor- und Nachteile ihres Jobs:

»Du verbringst zehn oder zwölf Stunden allein in einem Landrover, hörst nichts außer atmosphärischen Störungen und wartest auf das *piep-piep* eines Minisenders. Du fährst immer wieder zur selben

Stelle, und wenn du zurückkommst, sprichst du immer mit denselben Leuten, die im Grunde das Gleiche tun wie du, was bedeutet, dass auch die Gespräche immer die gleichen sind. Das alles kann einen in den Wahnsinn treiben, und man sehnt sich nach Kontakten zur Außenwelt. Aber ich liebe es, allein durch den Busch zu fahren. Nach Löwen zu suchen, ist für mich wie eine Schatzsuche.«

Bei unserer gestrigen Schatzsuche sind uns drei Löwen in die Quere gekommen – eine gesunde Löwin und zwei Halbwüchsige, ein Männchen und ein Weibchen, die es sich an einem eher unansehnlichen Ort bequem gemacht hatten: in einer alten Kiesgrube. Sie waren sehr scheu und ließen uns nicht näher als fünfzig Meter herankommen, bevor sie sich verzogen. Schließlich haben sie dann den für ihre Spezies typischen Tsavo-Verschwinde-Trick vorgeführt.

Jetzt lassen Peyton, Ogeto und ich uns von Sammy noch einmal zu jener Stelle fahren, um sie wiederzusehen und weil wir hoffen, dass jetzt ein Männchen bei ihnen ist (obwohl Peyton vermutet, dass die Löwin eine Einzelgängerin ist und ihr Rudel nach einem Machtwechsel verlassen hat, um zu verhindern, dass der neue Rudelführer ihren damals noch sehr jungen Nachwuchs tötete). Im fahlen Licht der Morgendämmerung fahren wir an der ungewöhnlichsten Gegend des Tsavo vorbei, den Shetani-Lavafeldern. *Shetani* bedeutet »Teufel« auf Suaheli. Es ist vom arabischen *El Sheitan* abgeleitet, aus dem sich auch das Wort »Satan« ableitet. Sechs bis sieben Meter hohe Lavasimse ziehen sich über die Hügel, und zwischen ihnen sprießt Gestrüpp. Lavafelder, auf denen nicht das Geringste wächst, bedecken Hunderte von Hektar. Es sieht aus, als hätte ein irrer Bauunternehmer die ganze Gegend asphaltiert. Der Anblick ist trostlos und irgendwie beunruhigend, und die Katastrophe, durch die diese Felder entstanden sind, hat erst vor 200 Jahren stattgefunden, als die Erde aufbrach und Feuer und geschmolzenes Gestein ausspie, das Dörfer und Shambas unter sich begrub, was unzählige

Menschen das Leben kostete. Den Überlebenden muss es vorgekommen sein wie das Ende der Welt, wie der Zorn eines bösartigen Dämons. Legenden zufolge kann man in bestimmten Nächten die unter der Lava verschütteten Menschen um Hilfe schreien hören. Einheimische schleichen in den Park und versuchen, mit Opfergaben die ruhelosen Seelen zu besänftigen. Das macht Shetani zu einer riesigen Kultstätte, verflucht, aber dennoch verehrt. Ich muss an Tania Blixens Buch *Afrika, dunkel lockende Welt* denken, in dem sie geschrieben hat, dass der afrikanische Eingeborene nicht zwischen Gott und dem Teufel unterscheidet; beide sind eine gemeinsame ewige Majestät, der sich die Menschen unterwerfen müssen. Als Gegenleistung für diese Unterwerfung erlaubt der Gott-Teufel dem Afrikaner, im tückischen Wasser des afrikanischen Kontinents zu schwimmen, während der Mensch aus dem Westen mit seiner klaren Vorstellung von Gut und Böse strampelt, kämpft und schließlich doch ertrinkt.

Das bringt mich wieder auf Matthiessen, was dazu führt, dass ich Peyton und Ogeto von meinen Ansichten über Glaube und Wissenschaft, von der »religiösen Einstellung oder Anbetung« der Natur im Gegensatz zu ihrer Erforschung erzähle. Peyton hört so etwas nicht zum ersten Mal von mir, und obwohl sie geduldig lauscht, merke ich doch, dass es ihr allmählich auf die Nerven geht. Und dann fahren wir genau in dem Augenblick, in dem die Sonne aufgeht, zwischen zwei Hügeln hindurch, und uns bietet sich ein Anblick, der mich verstummen lässt und auch die anderen zu ehrfürchtigem Schweigen veranlasst.

120 Kilometer entfernt, jenseits der ozeangleichen Serengeti-Ebene, erhebt sich der Kilimandscharo. Die Wolken, die normalerweise seinen Gipfel umgeben, fehlen heute, und Schnee und Eis schimmern im blassrosa Licht des neuen Tages. Die tieferen Lagen sind von zwei übereinander liegenden Wolkenschichten verhüllt,

und so sieht es aus, als ruhe der Gipfel auf einem grauen, dunstigen Riff. Direkt vor uns erstreckt sich das grasbewachsene Hügelland bis in die Ebene, weiter bis zum Fuß des Berges und um ihn herum, als würde es niemals enden. Im Norden und Nordwesten breiten sich weitere Ebenen aus bis zu einem erloschenen Vulkan und jenseits davon zu den Chyulu-Bergen. Der Wind bläst so kräftig wie am Meer. Die Sonne steigt jetzt höher, und eine wahre Flut aus Licht überschwemmt das gelbliche Grasland mit seinen Akazieninseln. Der Gipfel des Kilimandscharo leuchtet noch strahlender und wird zu einem weißen, fast sechseinhalb Kilometer hohen Leuchtfeuer. Ein einsames Weißschwanzgnu, dessen dunkles Fell im Licht der Sonne beigefarben wirkt, wandert südwärts auf das trockene Serengeti-Meer zu, und ein Kaffernbüffel steht wie eine Statue und sieht uns an. Seine halbmondförmigen Hörner glänzen im Morgenlicht.

In keinem der Länder, in denen ich war, habe ich je etwas Vergleichbares gesehen. Der Kilimandscharo, der sich über die afrikanische Savanne erhebt, die Wiege der Menschheit. Wir sitzen mindestens eine halbe Stunde lang schweigend auf dem Dach des Landrovers und sind genauso hingerissen wie die ersten Entdecker und Missionare angesichts von Eis und Schnee am Äquator.

»Mir ist ganz egal, was heute noch passiert«, bricht Peyton schließlich das Schweigen. »Da steht er und sieht herab auf uns mit unseren kleinen Sorgen und lächerlichen Unsicherheiten. Hier kommen sie einem ziemlich bedeutungslos vor.«

Wir fahren westwärts. Eine Giraffe hebt hinter einem Baum den Kopf und schlendert davon. Zwischen den verkrüppelten Akazien wirkt sie wie ein langhalsiger Vogel in einem Ziergarten. Eine Gruppe Büffelbullen wirft uns vom Straßenrand aus misstrauische Blicke zu. Am Vormittag fahren wir durch den dichten Wald am Loosoito-Fluss, eher Leoparden- als Löwengebiet. Die grünstämmigen Fieberbäume werfen ihre Schatten auf den Fluss, und ein

Kronenadler, der größte afrikanische Adler, sitzt auf einem Ast. Seine Federspitzen sehen aus, als wären sie in schwarze Farbe getaucht worden.

Wir durchqueren Flussbetten, Sumpfland und Savanne und nähern uns schließlich der Stelle, an der wir die drei Löwen gesehen haben. Ein sehr schöner Spießbock beobachtet uns, und Peyton fotografiert ihn – er ist das erste wild lebende Exemplar, das sie zu Gesicht bekommt, obwohl sie nun schon drei Jahre in Afrika lebt. Wir biegen von der Straße ab auf eine kaum erkennbare Fahrspur, die einem anderen Fluss folgt; die Jagd geht weiter, obwohl die Fieberbäume und Tamarinden erneut eher auf Leoparden als auf Löwen hindeuten. Eine Herde Flusspferde lässt uns ungewöhnlich nah an sich heran; eines, das aus dem Wasser steigt, rammt beinahe den Landrover. Danach wird die Spur noch undeutlicher, und plötzlich kracht das rechte Vorderrad in ein verborgenes Schlagloch von der Größe eines Kraters, der Wagen stoppt, als wäre er gegen eine Wand gefahren, und meine Stirn kollidiert mit dem Innenspiegel, ohne dass sichtbare Schäden an einem von beiden zurückbleiben. Ich öffne die Tür, um nachzusehen, was los ist.

»Python!«, schreit Ogeto vom Rücksitz.

Eine Sekunde später sehe ich, wie sich das Gras bewegt, als die große Schlange davonkriecht, aber sie selbst kann ich nicht entdecken. Vergiss gefälligst nicht dauernd, dass du in Afrika bist, Phil, wo selbst das Aussteigen aus dem Auto unangenehme Konsequenzen haben kann.

Sammy legt den Rückwärtsgang ein und schafft es, uns zu befreien. Auf dem Rückweg zum Camp ist Peyton bester Laune.

»So ein Mist!«, sagt sie. »Das ist typisch Afrika. Gerade wenn man das Gefühl hat, genug davon zu haben, und sich darauf freut, wieder nach Hause zu kommen, erlebt man so etwas wie wir heute und würde am liebsten für immer bleiben.«

Ich frage sie, ob sich ihre Expedition gelohnt hat. Sie nickt und zählt auf, was sie erreicht hat. Bevor sie in den Tsavo kam, hatten die Versuche mit den Löwen-Dummys nur ein statistisch relevantes Ergebnis gebracht – dass Löwen sich vor stärker bemähnten Gegnern fürchten. Hier, mit dem Versuch an Burr Boy am Arubasee, konnte sie den sieben Ergebnissen aus Tansania ein achtes hinzufügen. Damit war das Ganze schon entschieden aussagekräftiger. Dann begann sie, den Farbaspekt zu untersuchen. Bisher hatte es nur Hinweise darauf gegeben, dass Löwinnen Männchen mit dunklen Mähnen bevorzugen. In der Serengeti hatte sie zwei Farbtests mit männlichen Löwen machen können und im Tsavo zwei weitere, die den Beweis erbrachten, dass Löwenmänner Konkurrenten mit dunkler Mähne aus dem Weg gehen. Das allein ist zwar nicht signifikant, erklärt sie, aber zusammen mit den Ergebnissen der Versuche mit den Weibchen ergibt es genug Material für eine Dissertation.

Peyton fällt auf, wie ich auf diese Aufzählung statistisch relevanter Fakten reagiere ,und sieht mich einen Moment lang an.

»Phil, Wissenschaftler haben nicht vor, der Natur ihre Geheimnisse zu entreißen«, sagt sie. »Wir wollen nur herausfinden, was die wirklichen Geheimnisse sind.«

Das ist eine kluge Bemerkung. Trotzdem bin ich hin- und hergerissen. Ein Teil von mir hungert nach wissenschaftlichen Erkenntnissen, während der andere das Mystische liebt. Mir wird bewusst, dass ich das Geheimnis der Löwen von Tsavo nicht einmal ansatzweise gelüftet habe – wahrscheinlich, weil ich nur halbherzig an die Sache herangegangen bin.

6. Juni – Nairobi

Während unserer Zeit in Tsavo fiel ein Name immer wieder. Wenn ihr etwas über die Löwen von Tsavo wissen wollt, fragt Brian Heath. Brian kann es euch sagen; Brian weiß es: Er hat 500 Löwen erlegt. Ohne eine Unterhaltung mit Heath war Peytons Forschung nicht komplett, und so rief sie ihn an und verabredete sich mit ihm zum Abendessen.

Wir treffen uns in der Lobby des Norfolk, um dort auf Brian zu warten. Fünfzehn Minuten später kommt er. Er ist nur etwas größer als ein Durchschnittsmann, kräftig gebaut, hat feines, dunkelblondes Haar und blasse Augen – ein ruhiger 51-Jähriger, der weder aussieht noch sich anhört wie ein berühmter Löwentöter. Kein glamouröser Auftritt, keine Prahlereien. Er hätte ebenso gut ein Buchhalter sein können. Er wurde in Kenia auf einer Hochlandfarm geboren, und seine große Liebe waren die wilden Tiere, obwohl, wie er mit einem vagen Lächeln hinzufügt, »Sie das wahrscheinlich nie vermutet hätten«.

Wir ziehen um ins Tamarind, ein Fischrestaurant in der Innenstadt, und der mangelnde Zustrom von Touristen wird sofort deutlich. Wir sind die einzigen Gäste, und die Kellner stürzen sich auf uns. Nachdem wir uns hingesetzt haben, erzählt uns Brian etwas, das wir ebenfalls nie vermutet hätten: Vor Jahren hat er für George und Joy Adamson gearbeitet, die mit *Frei Geboren* zu Weltruhm gelangt sind; es kann ihm also niemand vorwerfen, dass er Freude daran hätte, wilde Tiere zu töten. Das war eben sein Job, sagt er, als die Getränke gebracht werden. Zwanzig Jahre lang hat er für die Galana-Ranch gearbeitet, die sich über ein Gebiet von 6500 Quadratkilometern östlich des Tsavo-Nationalparks erstreckt, zuerst als Wildtier-Manager, dann als Geschäftsführer. Eine seiner Aufgaben war das Abschießen von Löwen, die vom Park auf die Ranch wanderten und dort das Vieh töteten. Die Gesamtzahl der von ihm erlegten Löwen ist nicht 500, sondern knapp 400 (was immer noch viel ist). Er schätzt, dass 300 davon Männchen in den besten Jahren – also acht oder neun Jahre alt – waren, und berichtet, dass sich die Mähnenträger unter ihnen an einer Hand abzählen ließen.

Zu diesen Massentötungen kam es – welche Ironie – in Folge des 1977 in Kenia erlassenen Jagdverbots. Als die Galana-Ranch in den 60er-Jahren ihren Betrieb aufnahm, züchtete man dort Herdentiere wie Spießböcke und Elenantilopen und Kaffernbüffel als Schlachtvieh. Außerdem verfügte die riesige Ranch über eine Jagdkonzession, und die Trophäenjäger brachten viel Geld ins Land. Nach dem Erlass des Jagdverbots hörte man auf, wilde Huftiere zu züchten, weil sich ihr Fleisch nicht von dem zahmer Rinder unterscheiden lässt. Mit dem Abzug der professionellen Jagdführer, die in dem Unternehmen als eine Art Polizei fungiert hatten, kamen die Wilderer aus Somalia, die Elefanten wegen des Elfenbeins und Nashörner wegen der Hörner töteten. Mitte der 80er-Jahre, so berichtet Brian, war die 6000 Tiere umfassende Elefantenpopulation von Galana auf ein paar hundert geschrumpft, und die 200 Nashörner waren ausgelöscht.

»Seit dem Jagdverbot sind die Tierbestände in Kenia um fünfzig Prozent zurückgegangen. Das Verbot, welches das Ansehen Kenias in den Augen gewisser internationaler Naturschutzverbände heben sollte, hat nicht die geringste positive Wirkung auf die Tiere dieses Landes gehabt.«

Dieses Argument hat Peyton schon öfter gehört, und als spüre er, dass sie anderer Meinung sein könnte, zögert Brian kurz, um ihr die Gelegenheit zum Widerspruch zu geben. Doch als sie nichts sagt, fährt er fort.

»Ken Clark war ein Angestellter der Ranch, der eigentlich Fotosafaris leiten sollte, die meiste Zeit aber als Ein-Mann-Trupp gegen die Wilderer kämpfte. Eines Nachts führte ihn sein Tracker zu zwei Nashörnern, denen bereits die Hörner fehlten. Als er weiterfuhr, traf er auf eine Bande von Banditen, die das Horn von einem dritten Nashorn absägten, das sie gerade erlegt hatten. Es kam zu einer Schießerei, und Clark tötete drei von ihnen, aber als er dann in den Wagen sprang, um auch die anderen zu verfolgen, warteten sie bereits im Hinterhalt auf ihn und erschossen ihn.«

Das Konsortium, dem die Ranch gehörte, war inzwischen erfolgreich auf die Zucht von Hausrindern umgestiegen. Umherziehende Löwen töteten allerdings pro Jahr etwa 250 bis 300 Rinder, was etwa ein Prozent der Herde ausmachte. Das war der Zeitpunkt, zu dem Brian gerufen wurde.

»Die Löwen waren Menschen gegenüber misstrauisch, weil sie schon seit Jahrhunderten mit Viehhirten zu tun hatten – den Oromo aus der Region des Tana-Flusses, die mit Speeren Jagd auf sie machten, weil sie ihr Vieh bedrohten.«

Die Vorspeise kam, und etwas später wurden das Hauptgericht sowie eine Flasche südafrikanischer Weißwein serviert. Brian berichtete, was ihm an seiner Beute aufgefallen war.

»Ich habe festgestellt, dass die Löwen wussten, dass es falsch ist, Vieh zu töten. Wenn ein Löwe ein Wildtier reißt, frisst er sich satt und legt sich dann in die Nähe des Kadavers, bis er wieder Hunger hat. Aber ein Löwe, der eine Kuh tötet, schlingt so viel in sich hinein, wie er nur kann, und verzieht sich dann. Auf der Suche nach einem sicheren Versteck kann er bis zu zehn Kilometer zurücklegen. An den Spuren ist erkennbar, wie er sich zuerst diesen und dann jenen Busch ansieht« – Brian imitiert einen in Büsche spähenden Löwen –, »bis er den richtigen findet, meistens den größten in der ganzen Gegend, weil er weiß, dass ihn ein Mensch verfolgen wird. Und wenn er nicht gefunden wird, kehrt er zu seiner Beute zurück, um noch einmal davon zu fressen.«

Brian hatte zwei Methoden, diese Löwen zu erlegen. Bei der einen deckten er und sein Tracker den Kuhkadaver ab, um die Geier fern zu halten, und banden ihn an einem Baum fest. Am frühen Abend kamen sie dann zurück und errichteten in 25 bis 30 Meter Entfernung ihre Tarnwand. Sie hatten festgestellt, dass die Löwen sie bei einem geringeren Abstand bemerkten und dann auf die Wand zugingen, sie beschnupperten und brüllten, um die Männer zu vertreiben (das erinnert an die Geschichte von Wayne Hosek). Bewaffnet mit einer .375 Holland & Holland und einem Scheinwerfer, warteten die Männer. Fast immer kamen der oder die Löwen abends gegen neun oder halb zehn wieder. Dann schaltete der Spurensucher den Scheinwerfer ein, und im grellen Licht erstarrten die Löwen gerade lange genug, dass Brian sie erschießen konnte. Er berichtet, dass er diese Methode nur ungern angewendet hat, wenn es mehr als zwei Löwen waren.

»Zwei zu töten, war ziemlich einfach, aber in so kurzer Zeit drei zu erwischen, ist schwierig, und wenn einer überlebte, wurde er schlauer und war dann wesentlich schlechter aufzuspüren. Und wenn man ihn nur verwundete, hatte man ein echtes Problem.« Er verstummt und fügt dann in seiner lakonischen, untertreibenden Art hinzu: »So etwas sollte man nicht verbocken. Es ist wichtig, den Löwen mit dem ersten Schuss zu erwischen.«

Brian hat in den zwanzig Jahren nur eine Hand voll Löwen verwundet, meistens, wenn er einen ungezielten Schuss auf ein fliehendes Tier abgeben musste. Es dann doch noch zu töten, erforderte Nerven aus Stahl und viel Mut, denn dazu musste man sich in das dichteste Gestrüpp zwängen und die Bestie aus nächster Nähe erschießen. In solchen Fällen tauschte Brian seine .375 gegen eine .458 ein, eine Waffe, die sogar einen Elefanten niederstreckt.

Die zweite Methode war die, die er bevorzugte. »Wenn wir auf einen Kadaver stießen, folgten wir dem Löwen morgens zu seinem

Schlafplatz. Wir haben zwei bis sechs Stunden lang seine Spuren verfolgt und wussten immer, wo er nach einem Schlafplatz gesucht hat, weil die Spuren in Schlangenlinien von einem Busch zum nächsten führten. Wenn wir ihn dann gefunden hatten, haben wir ihn im Schlaf erschossen, bevor er wusste, wie ihm geschah.«

Es war nicht gerade die sportlichste Art, aber man muss bedenken, dass Brian so seinen Lebensunterhalt verdiente.

Den Mythos vom wilden, überaus gefährlichen König der Tiere verweist er ins Reich der Fabel.

»Bei allen 400 Löwen, die ich in Galana getötet habe, musste ich niemals ein Risiko eingehen. Ein unverletzter Löwe ist nicht gefährlich. Ich habe gesehen, wie Oromo-Hirten Löwen bis in ihre Verstecke verfolgt haben. Wenn sie sie gefunden hatten, haben sie die Zweige zur Seite gebogen und den Löwen direkt ins Gesicht gestarrt. Die Löwen haben entweder gar nichts gemacht, oder sie sind weggelaufen.«

Zu brenzligen Situationen kam es in den 90er-Jahren, als der KWS ihn beauftragte, Löwen zu töten, die man in die Aberdares umgesiedelt hatte, wo es bis dahin nie welche gegeben hatte. Das Experiment erwies sich als Fehlschlag, wie in den meisten dieser Fälle. Die eingeführten Löwen waren außer Kontrolle, vernichteten die Bongos und andere einheimische Tiere, versetzten die Touristen in Angst und Schrecken und hatten auch schon zwei von ihnen getötet (was wohl beweist, dachte ich, dass unverletzte Löwen durchaus gefährlich sind). Brian ging in sechswöchigen Kreuzzügen gegen die Tiere vor, und nach drei Jahren hatte er den ursprünglich fünfzig Löwen umfassenden Bestand auf überschaubare fünfzehn gesenkt.

»Einmal, als ich mit einem Ranger unterwegs war, haben wir zwei Löwinnen in der Sonne liegen sehen, und ich habe beide erschossen. Eine dritte sprang auf, und der Ranger schoss auf sie. Er hat sie verwundet, aber dann hatte seine Waffe Ladehemmung. Die Löwin verschwand im Unterholz und wir sind ihr gefolgt, während der Ranger immer noch versuchte, seine Waffe wieder funktionsfähig zu machen. Genau vor uns hörten wir ein sehr lautes Knurren, und dann sprang sie auf den Ranger zu. Er rannte los, und ich schoss sie beinahe buchstäblich von seinem Rücken herunter. Sie war keinen Meter mehr von ihm entfernt, als sie umfiel.«

Nachtisch und Kaffee werden gebracht, und Brian versucht sich an ein anderes Mal zu erinnern, in dem er nur knapp entkam.

»O ja. Es ist noch einmal passiert, dass ich ein großes Männchen angeschossen habe. Es war ein Schuss über 300 Meter, und der Bursche flüchtete. Mein Begleiter und ich verbrachten fünf Stunden damit, auf Händen und Knien durchs Gestrüpp zu kriechen und der Blutspur zu folgen. Unsere Nerven waren gespannt wie Drahtseile.« Das erzählt er so gelassen, dass ich mich frage, ob er überhaupt Nerven hat. »Nach einer Rast fanden wir ihn schließlich im dichtesten Busch, und mein Begleiter wäre fast auf ihn draufgetreten. Wir hatten uns von hinten an ihn herangeschlichen. Als er uns bemerkte, wirbelte er herum und knurrte, und da habe ich ihn erschossen. Danach machten wir dann Feierabend. Wir fanden, dass wir für einen Tag genug getan hatten.«

Ich frage ihn nach den Löwen von Tsavo. Glaubt er, dass sie eine eigene Art darstellen?

»Dort ist die Beute knapp, und die Löwen führen ein hartes Leben«, sagt er und argumentiert damit genauso wie Marcus Russell, Iain Allan und andere. »Gruppen von Männchen tun sich zusammen, um Großwild wie Giraffen und Kaffernbüffel zu töten, weil sie tagelang davon leben können.«

Aber macht sie diese Verlagerung auf große Beutetiere nicht verletzungsanfälliger, was das Risiko erhöht, dass sie zu Menschenfressern werden?

Er zuckt die Achseln und sagt, dass es während seiner zwanzig Jahre in Galana nur zweimal vorgekommen sei, dass unversehrte Löwen Menschen angefallen haben, und beide Fälle seien nicht mit den raffinierten und heimtückischen Angriffen der Menschenfresser des Tsavo zu vergleichen. Im ersten Fall hatte eine alte, halb verhungerte Löwin ihre abgenutzten Zähne in den Hals eines Rancharbeiters geschlagen, es aber nicht geschafft, ihn zu töten, bevor sie von seinen Freunden verjagt wurde. Er starb zwei Tage später an Blutvergiftung durch den Biss. Der zweite Fall entbehrte nicht einer gewissen bitteren Komik. Ein Hirte wurde angefallen, wieder von einer alten Löwin. Er zog sein Messer, um sich zu wehren, doch als sie ihn ansprang, rammte er sich das Messer versehentlich in die eigene Oberschenkelarterie und verblutete. Seine Gefährten töteten die Löwin mit einem Speer.

Ich zahle die Rechnung, und der Inhaber des Restaurants bestellt uns ein Taxi. Abends um zehn in der Innenstadt von Nairobi herumzustehen, ist wahrscheinlich das Gefährlichste, was Peyton und ich auf dieser Reise getan haben. Auf dem Rückweg zum Norfolk, wo Brian sein Auto geparkt hat, erzählt er uns empört, was aus der Galana-Ranch geworden ist.

»Die ganze Anlage ist verfallen. Die Straßen sind zugewachsen, die Gebäude stürzen ein, die Maschinen rosten vor sich hin. Es gibt noch ungefähr 4000 Rinder dort, aber die meisten sind verwildert. Die Oromo, die ursprünglichen Bewohner, sind wieder eingezogen und vergiften jetzt die Löwen, die ihr Vieh bedrohen.« Er verstummt und wiederholt dann, was auch Marcus schon sagte. »Das Gift tötet wahllos. Es erwischt auch Hyänen, Schakale und Geier. Das ist der Grund, warum man in Tsavo so wenige Geier sieht. Vor dreißig Jahren gab es sie noch in Massen.« Wieder schweigt er. »Als in Galana alles zu Ende ging, war das ein schwerer Schlag für mich, denn es war mein Lebenswerk.«

Aber Brian ist ein Stehaufmännchen. Er wird demnächst das Wildtier-Schutzprojekt in der Trans-Mara, dem Land der Massai, übernehmen.

Am Norfolk verabschiede ich mich von ihm und Peyton, und mir wird wieder einmal bewusst, wie flüchtig die Beziehungen sind, die Schriftsteller knüpfen. Menschen kommen in dein Leben und du in ihres, ihr lernt einander kennen, und es entsteht fast so etwas wie Freundschaft; aber dann stellt sich heraus, dass es nur eine scheinbare Freundschaft war, weil du deinen Weg weitergehst und sie ihren.

Kaum hatte ich zwei dieser Bekanntschaften beendet, als ich in der Lobby die Gelegenheit bekomme, eine andere zu erneuern. Tom Gnoske ist da, gerade aus Chicago eingetroffen und bei den Vorbereitungen für seine Abreise nach Tsavo, die für übermorgen geplant ist.

Er ist ganz aufgeregt und kann es kaum erwarten, seine Forschung wieder aufzunehmen, und er raucht wie ein Schlot, während er mir von seinem Projekt erzählt.* Er unterbricht sich, um zu fragen, was die Packer-West-Expedition erbracht habe. Als ich ihm berichte, dass sie jede Verbindung zwischen den Löwen von Tsavo und asiatischen und primitiven Löwen ausschließe, schüttelt er den Kopf.

»Was Peyton nicht begreift, ist, dass bei asiatischen Löwen ebenso wie bei den mähnenlosen oder schwach bemähnten Löwen das Verhältnis zwischen Kopf und Körper das Gleiche ist wie bei den paläolithischen Löwen, was bedeuten könnte, dass diese Tiere die Urform des Löwen repräsentieren.«

Es folgt noch eine lange, hochwissenschaftliche Abhandlung, der ich aber wegen des vielen Weins nicht recht folgen kann. Das Verhältnis von der Schädelgröße zum Schulterblatt; Löwen in der Serengeti haben riesige Schädel, aber relativ kurze Schulterblätter;

bei paläolithischen Löwen ist dieses Verhältnis umgekehrt, genau wie bei jagenden Löwen, womit Löwen gemeint sind, die mehr jagen als kämpfen – irgendetwas in der Art.

Um keinen Streit zwischen den Wissenschaftlern heraufzubeschwören, lenke ich die Unterhaltung wieder auf sein bevorstehendes Projekt, und als er mir erzählt, dass er und sein Team überwiegend bei Nacht arbeiten werden, wenn die Löwen auf die Jagd gehen und Büffel töten, muss ich kurz gegen die Versuchung ankämpfen, ihn zu begleiten, denn der Zauber, den der Kilimandscharo vor zwei Tagen auf mich ausgeübt hat, wirkt noch immer.

Aber nur kurz. Wenn ich ehrlich bin, will ich nicht noch mehr über Löwen lernen, sondern bin ganz froh, dass es immer noch Geheimnisse und ungelöste Fragen gibt, denn schließlich sind sie es, welche die Fantasie anregen. Ich habe die Chimäre nicht fangen können – sie hat mich gefangen, und ich sehe wieder Othello und Prince Hal vor mir, wie sie unter dem sichelförmigen Mond brüllen; auf Furcht einflößende Weise wunderschön und der Inbegriff von allem Unbekannten, das es abseits unserer Zivilisation noch gibt.

* Seine Forschungsergebnisse wurden 2002 ausgewertet. Sie stützen die Theorie, dass Klima und Höhenlage das Mähnenwachstum beeinflussen. Gnoske und Kerbis Peterhans fanden heraus, dass Löwen im Bereich unter 400 Metern spärlich bemähnt oder mähnenlos sind. In mittleren Höhenlagen (600–800 Meter) variieren die Mähnen von pferdeähnlicher Behaarung bis zu spärlichen Halskrausen. In Lagen über 1200 Metern haben die Löwen einen üppigen Mähnenwuchs.

Warum die Menschenfresser Menschen fraßen

Beim Aufschlagen unseres Nachtlagers mussten wir jedes Mal eine Hecke aus Dornbusch errichten und mächtige Feuer entzünden, um die wilden Tiere fern zu halten. Es war Furcht erregend, das fortdauernde Gebrüll der Löwen zu hören, das von allen Seiten widerhallte, ... und die Augen der Hyänen in der Dunkelheit der schattenreichen Umgebung leuchten zu sehen. Für einen Augenblick ergriff ein Gefühl entsetzlicher Hilflosigkeit von mir Besitz.
Bericht über eine Reise durch Tsavo von M. French-Sheldon, 1892

Für eine Ortschaft im ländlichen Kenia ist Voi relativ groß und florierend. Es gibt eine moderne Bank, zwei große Tankstellen, Bars, einen geschäftigen Marktplatz, zwei Hotels (das Tsavo und das Red Elephant), eine Autoreparaturwerkstatt und sogar einen Laden – er wird von einem indischen Ehepaar geführt –, von dem aus man E-Mails versenden und im Internet surfen kann. Doch das Städtchen hat auch sein Teil Dritte-Welt-Melancholie: offene Abwasserkanäle, halb verfallene Gebäude, unbefestigte Straßen. Und über allem lastet das deprimierende Wissen, dass es in absehbarer Zeit mit Sicherheit nicht besser wird. Der ansprechendste Ort ist ein kleiner eingezäunter Friedhof, direkt an der Straße gelegen, die zum Voi Gate des Nationalparks führt. Hier sind britische Soldaten bestattet, die im Ersten Weltkrieg im Kampf gegen die Deutschen in Tansania (damals Tanganjika) fielen, sowie Inder und Afrikaner, die in der Kolonialarmee Dienst taten (einige wurden auf Patrouille von

Löwen umgebracht). Sie liegen unter schlichten Grabsteinen, die lediglich ihre Namen und den Namen ihres Regiments nennen. Eine Gedenktafel sticht jedoch heraus. Sie ist deutlich schmuckvoller und trägt die Inschrift: »Dem heiligen Andenken an John William O'Hara aus Madras, Indien. Getötet von einem Löwen an der Straße nach Taveta, Ostafrika, 11. März 1899, im Alter von 35 Jahren. Errichtet von seiner liebenden Ehefrau.«

O'Hara war Bauingenieur und leitete die Arbeiten an der Straße zwischen Voi und der Missionsstation in Taveta. Zusammen mit seiner Frau und zwei kleinen Kindern wohnte er in einem Camp in den Taita Hills, knapp zwanzig Kilometer westlich von Voi. In der Nacht zum 11. März schlief die Familie friedlich in ihrem Zelt, O'Hara und seine Frau in einem Bett, die Kinder in einem zweiten. Da die jüngere Tochter, noch im Babyalter, etwas fieberte, stand Mrs. O'Hara einmal auf, um nach ihr zu sehen und ihr etwas zu trinken zu geben. Dabei meinte sie, einen Löwen in der Nähe des Zelts zu hören. Sie weckte ihren Mann, der sofort aufstand und mit seiner Büchse nach draußen ging. Ihm fiel nichts auf, und er sprach mit einem Askari, der ein kurzes Stück entfernt bei einem Lagerfeuer Wache hielt. Dieser sagte, er habe nur einen Esel gesehen. O'Hara kehrte ins Zelt zurück und beruhigte seine Frau. Sie solle sich keine Sorgen machen, sie habe nur einen Esel gehört.

Patterson, der sich zu dieser Zeit in Voi aufhielt und am Begräbnis des Ingenieurs teilnahm, bat die junge Witwe, ihm die Ereignisse zu schildern. In *The Man-Eaters of Tsavo* kann man nachlesen, was weiter geschah:

»Da die Nacht sehr heiß war, ließ mein Mann den Zelteingang offen und legte sich wieder neben mich«, erzählte Mrs. O'Hara (Patterson nennt ihren Vornamen nicht). »Nach einer Weile schlief ich erneut ein, wachte dann aber mit einem Ruck auf, weil ich das Gefühl hatte, jemand ziehe mir das Kopfkissen weg. Ich schaute mich um und stellte fest, dass mein Mann nicht mehr neben mir lag. Ich sprang auf und rief laut nach ihm, erhielt aber keine Antwort. In demselben Augenblick hörte ich ein Geräusch zwischen den Kisten vor dem Eingang. Ich lief sofort hin, und sah meinen armen Mann zwischen den Kisten liegen. Ich rannte zu ihm und versuchte ihn hochzuheben, doch es gelang mir nicht. Dann rief ich dem Askari, er solle kommen und mir helfen, aber er weigerte sich und sagte, neben mir stehe ein Löwe. Ich blickte auf und sah das riesige Untier, das mich aus nicht einmal zwei Meter Entfernung böse anfunkelte. Im gleichen Moment feuerte der Askari seine Büchse ab, und das erschreckte den Löwen glücklicherweise so, dass er mit einem Satz im Busch verschwand.

Daraufhin kamen alle vier Askaris herbeigerannt und hoben meinen Mann auf das Bett. Er war tot. Wir waren kaum wieder im Zelt, als der Löwe zurückkam und um den Eingang schlich. Ganz offenkundig wollte er seine Beute holen. Die Askaris schossen wiederholt auf ihn, erreichten jedoch nur, dass er sich immer wieder für ein paar Minuten zurückzog. Dann war er wieder da und umrundete, knurrend und schnurrend, das Zelt, bis es hell wurde. Nur gelegentliche Schüsse durch die Zeltwand verhinderten, dass er hereinkam. Bei Tagesanbruch verschwand er, und ich ließ den Leichnam meines Mannes hierherbringen.«

Ein Arzt namens Dr. Rose, der zu diesem Zeitpunkt ebenfalls in Voi weilte, gab Mrs. O'Hara ein Beruhigungsmittel. Während sie sich ausruhte, führte er eine Autopsie durch und konnte der Witwe am nächsten Tag versichern, dass ihr Mann auf der Stelle tot war und nicht gelitten hatte. Dr. Rose vermutete, dass der Löwe den ganzen Kopf ins Maul genommen und seine Eckzähne durch die Schläfen direkt ins Gehirn gebohrt hatte.

Der Löwe wurde wenige Wochen später von einem Taita-Jäger mit einem Giftpfeil erlegt. Patterson gibt uns leider keine Beschreibung des Tieres. Wir wissen folglich nicht, ob es sich um ein Weibchen oder um ein Männchen handelte, ob es bemähnt oder mähnenlos war. Aber der Angriff auf O'Hara bewies, dass hinsichtlich der Löwen von Tsavo (der Tod der zwei Menschenfresser lag gerade einmal gute zwei Monate zurück) das letzte Wort noch nicht gesprochen war.

Die Gerichtsmedizin kennt ein »psychologische Autopsie« genanntes Verfahren, um das Motiv von Selbstmördern herauszufinden, die keine Abschiedsbriefe hinterlassen, beziehungsweise um die Beweggründe von Massenmördern zu ermitteln, die sich entweder selbst umbringen oder aber von der Polizei erschossen werden, bevor man sie verhören kann.

Tom Gnoske und Julian Kerbis Peterhans vom Field Museum in Chicago wandten eine analoge Methode auf die Menschenfresser von Tsavo an, die ja auch Massentöter, wenngleich selbstverständlich keine Massenmörder, waren. Warum Menschen und warum so viele? Weiter vorne in diesem Buch habe ich die Mutmaßungen und Thesen aufgeführt, die in den über hundert Jahren seit der so genannten Schreckensherrschaft vorgebracht wurden. Allerdings hatte sich vor Gnoske und Kerbis Peterhans, die ihre Studie Ende 2001 abschlossen, noch niemand die Mühe gemacht, die Problemstellung mit wissenschaftlicher Methodik anzugehen.

Als Erstes (und Erste) nahmen die beiden die Geschichte der Löwen unter die Lupe. Sie studierten Hunderte von Aufzeichnungen, Berichten und Monographien von Zeitzeugen sowie wissenschaftliche Aufsätze und unterzogen die Überreste der Löwen – insbesondere ihre Schädel und Zähne – einer genauen Untersuchung. Ihre Erkenntnisse wollten sie in dem Aufsatz »Causes of ›Man-eating‹ among lions (*Panthera leo*) with a discussion of the natural history of the ›Man-eaters of Tsavo‹« im *Journal of the East African Natural Society* veröffentlichen.

Ein Ziel dieser Studie war, mit den beiden hartnäckigsten Vorurteilen aufzuräumen, die allen Menschenfressern anhaften, seien es Löwen, Leoparden oder Tiger: Sie sind Verbrecher, verhalten sich unnatürlich, und sie fallen nur dann über Menschen her, wenn sie zu alt, verletzt oder anderweitig zu schwach sind, um »normale« Beute zu reißen. Doch es stellte sich heraus, dass auch wir sehr wohl normale Beute sein können, und es ist ganz und gar nicht anomal, uns zu verzehren. Wie Kerbis Peterhans mir bei einem Gespräch in Chicago sagte, fressen Großkatzen Primaten, und wir sind Primaten. An einer archäologischen Ausgrabungsstätte in Südafrika entdeckte man, dass *Australopithecus robustus*, einer unserer ältesten Vorfahren, die Hauptnahrungsquelle urzeitlicher Leoparden war. Weil detaillierte Aufzeichnungen über Menschen fressende Raubtiere erst in der Neuzeit geführt wurden, müssen wir rund zwei Millionen Jahre menschlicher Entwicklung überspringen, bevor uns exakte Daten und Zahlen vorliegen (diejenigen unter Ihnen, die immer noch glauben, wir stünden nicht auf dem Speisezettel der majestätischen Tiere, werden sich wundern):

- In Indien wurden Mitte der 1920er-Jahre 7000 Menschen von Tigern getötet.
- Menschen fressende Löwen brachten in Uganda 1927 und 1928 128 Menschen um.
- Zwischen 1932 und 1947 verschleppten und verzehrten Löwen auf einem 390 Quadratkilometer großen Gebiet in Tansania schätzungsweise 1500 Menschen – bis heute afrikanischer Rekord.
- Im indischen Distrikt Kheri töteten Tiger zwischen 1978 und 1981 128 Menschen.
- Zwischen 1975 und 1981 fraßen Tiger im Tigerschutzgebiet Sundarbans in Indien 318 Menschen.

– Asiatische Löwen im Gir-Wald griffen zwischen 1977 und 1991 insgesamt 193 Menschen an und töteten 28.

Aus statistischen Aufzeichnungen des südafrikanischen Wildhüters Turnbull-Kemp, wonach alte und verletzte Löwen bei den Menschenfressern eindeutig in der Minderheit waren, schlossen Gnoske und Kerbis Peterhans, dass gesunde und kräftige männliche Tiere zwischen vier und neun Jahren (also im Vollbesitz ihrer Kräfte) am ehesten Neigung zeigen, Hausrinder und Menschen zu reißen. Den Dienstbüchern des Kenya Wildlife Service zufolge wurden von 112 gemeldeten Angriffen, die zwischen 1994 und 1998 in Tsavo auf Menschen und Haustiere erfolgten, 61 von männlichen und 51 von weiblichen Löwen begangen. Die Löwenmännchen töteten zwei Menschen, einen im Oktober 1994, den anderen im Juli 1998, und bedrohten drei, während die Löwinnen keinen Menschen umbrachten, aber einen verletzten und zwei bedrohten. Eine Untersuchung der Schädel von 29 Löwen, die von der KWS-Problemtier-Kontrolleinheit erschossen wurden, ergab, dass 24 von ihnen jung und kräftig und nur fünf ältere Tiere waren. 19 der 29 waren Männchen. Das heißt, Besucher von Tsavo gehen das größte Risiko ein, gefressen zu werden, wenn sie einem jugendlichen, ausgewachsenen männlichen Löwen begegnen, der in der Blüte des Lebens steht.

Ghost und Darkness standen in der Blüte ihres Lebens. Ihre Schädel, im Field Museum als FMNH 23970 (Ghost) und FMNH 23969 (Darkness) katalogisiert, lagerten jahrzehntelang im Depot, bis Gnoske sie Ende der 1980er-Jahre hervorholte. Der Zustand ihrer Zähne ließ darauf schließen, dass die Löwen zwischen sechs und acht Jahre alt waren. Gnoske fiel auf, dass Ghost einen abgebrochenen Eckzahn hatte und der gesamte Kieferbereich posttraumatische Verwachsungen aufwies, woraus sie schlossen, dass ihm die Verletzung in jungen Jahren zugestoßen war – wahrscheinlich durch die Hörner oder Hufe eines Büffels oder Zebras. Nun hätte diese Beeinträchtigung ihn natürlich an der Jagd auf Wildtiere hindern können. Dennoch ist dies der am wenigsten wahrscheinliche Grund für seine Angriffe auf Menschen. Löwen brauchen nicht unbedingt ihre Eckzähne, um Zebras oder Rinder zu reißen. Brust- und Beinmuskulatur sowie kräftige Kiefer sind sehr viel wichtiger als ein gutes und vollständiges Gebiss, weil Löwen ihrer Beute weit häufiger das Genick brechen, indem sie den Kopf des unglücklichen Tieres mit einer Pranke packen und es mit der anderen zu Fall bringen. Oder sie verbeißen sich in die Schnauze des Opfers, bis es erstickt ist. Keine dieser beiden Methoden erfordert Stichwunden, wie sie dem Bauingenieur O'Hara beigebracht wurden.

«Einmal angenommen, die beiden gingen gemeinsam vor«, heißt es in dem Aufsatz, »so gab es keinen ersichtlichen Grund, warum der abgebrochene Eckzahn und die Kieferdeformation des einen beide zu Menschenfressern hätte machen sollen. Ihre Sozialbindung, die gewaltige Körpergröße und die offensichtlich gesunden Gliedmaßen hätten ihnen erlaubt, ›normale‹ Beute zu erlegen. Diese Annahme bestätigte sich auch durch das Artenprofil der Haare, die dem Gebiss entnommen und untersucht wurden.«

In detektivischer Kleinarbeit entfernten die beiden Forscher Haare, die über ein Jahrhundert lang zwischen den Zähnen der Löwen gesteckt hatten, und ließen sie analysieren, um herauszufinden, zu welcher Spezies sie gehörten. Die meisten waren Löwenhaare, die beim Putzen hängen geblieben waren. Der Rest gehörte Beutetierarten: Zebra, Büffel, Warzenschwein, Impala, Elenantilope und Spießbock – der Beweis, dass die Löwen keineswegs notorische Menschenfresser waren. Bislang wurde seltsamerweise kein menschliches Haar entdeckt. Vielleicht ist das aber auch nicht weiter verwunderlich. Wie der Aufsatz in einer makabren Anmerkung berichtet, fressen Löwen nicht gern unsere Köpfe und Schamregionen. Sie ziehen es vor, uns den Bauch aufzureißen, um an die Eingeweide und inneren Organe zu kommen. Anschließend machen sie sich über Gesäß und Schenkel her.

Ghost und Darkness fraßen also nicht deshalb Menschen, weil sie nicht in der Lage gewesen wären, vierbeinige Beute zu jagen. Sie hatten andere Gründe, gewichtige. Alle heute bekannten Umstände, die Raubkatzen zu Menschenfressern machen, trafen in Tsavo Ende der 1890er-Jahre zu. Beginnen wir mit einer niederen Lebensform, der Vegetation.

Tsavo damals sah anders aus als Tsavo heute. Die Fotografien in Pattersons Buch zeigen eine Wildnis mit ungleich dichterem Bewuchs. Dieser Umstand war indirekt durch Menschen verursacht. Elfenbeinjäger hatten die Elefanten in Ostkenia und insbesondere Tsavo fast völlig ausgerottet. Weil Elefanten jedoch die Gärtner eines Ökosystems sind (sie fressen von Bäumen und Sträuchern und halten dadurch den Unterbewuchs in Schach), wucherten Büsche und Wälder. Solches Dickicht wiederum kommt Raubtieren entgegen, und trotz der bekannten Bilder von Löwen, die auf weiten Ebenen Gnus und Zebras verfolgen, schlagen auch diese Großkatzen lieber aus einem geschützten Hinterhalt zu. Wie Schaller herausgefunden hat, reißen Löwen selbst in der Serengeti ihre Beute in 75 Prozent der Fälle in der Nähe von Dickichten, im hohen Gras oder in Baumbeständen. Da Menschen gute Augen und aufgrund ihres aufrechten Ganges auch ein weites Blickfeld haben, ist Deckung für einen Menschen jagenden Löwen wichtig. Und zu John H. Pattersons Zeiten gab es in Tsavo davon mehr als genug.

»Eine solche Umgebung begünstigt Menschenfresserverhalten«, erklären Kerbis Peterhans und sein Kollege.

Und zwar auf mehr als eine Weise. Der »Dornbuschgürtel« Ostafrikas ist selbst in fetten Jahren arm an Beutetieren. Als die Elefantenpopulation zurückging und Bäume und Büsche das Grasland ablösten, wanderten Weidetiere wie Zebras und Büffel ab, während Blätter fressende wie Dikdiks (zu klein für Löwen) und Nashörner (zu groß für Löwen) zunahmen. Gnoske und Kerbis Peterhans studierten die Tagebücher, in denen Patterson mit höchster Sorgfalt Anzahl und Arten der Tiere notierte, denen er 1898 und 1899 begegnete. Er bekam nur vier Zebras und vier Gnus zu Gesicht, keinen einzigen Kaffernbüffel (obwohl es ein paar gegeben haben muss, wie die Haare in dem Menschenfressergebiss bezeugen).

Aufgrund der damals wütenden Rinderpestepidemie waren Büffel, damals wie heute Leibspeise der Tsavo-Löwen, aus dem größten Teil Ostafrikas buchstäblich verschwunden. Büffel sind besonders anfällig für Rinderpest, und ihre Anzahl in Britisch- und Deutsch-Ostafrika fiel Anfang der 1890er-Jahre von mehreren hunderttausend auf nahezu null. Einige wenige überlebten in Tsavo, doch dieser klägliche Rest fiel einem weiteren von Menschen verursachten Desaster zum Opfer: der Trockenlegung von Sümpfen und Feuchtgebieten im Kampf gegen die Malaria. Büffel sind hochgradig abhängig von Sumpfland, in dem sie fressen, und Schlamm, in dem sie sich wälzen und abkühlen.

Gnoske und Kerbis Peterhans dokumentierten für ganz Afrika Vorfälle von Menschenfresserverhalten infolge von Rinderpestepidemien oder anderweitiger Dezimierung von Beutetieren – mit überraschendem (oder eben nicht überraschendem) Ergebnis: In der Region Ankole in Uganda wurden innerhalb von drei Monaten, nachdem die Rinderpest das Land heimgesucht hatte, 33 Menschen getötet. Die Kolonialregierung versuchte, die Krankheit durch Abschuss wilder Huftierherden auszurotten, was die Situation bezüglich der Löwen natürlich noch verschärfte. Ihrer üblichen Beutetiere beraubt, wandten sie sich Hausrindern und Menschen zu. Ein Löwe soll allein 84 Menschen, ein anderer 44 getötet und verspeist haben.

Niemand lernt aus der Geschichte. Nur wenige Jahre später beschlossen tansanische Behörden, wegen der Epidemie im Distrikt Njombe einen »wildfreien« Korridor anzulegen, um Haustierherden vor der Rinderpest zu schützen. Entlang der Grenze zu Sambia wurde ein 250 Kilometer langer Zaun errichtet, und europäische Jäger und afrikanische Scouts erhielten den Auftrag, auf einer Breite von acht Kilometern sämtliches Wild zu schießen. Viele tausend Zebras, Antilopen und Büffel mussten sterben. Die Kampagne war erfolgreich: Das Vieh blieb von der Rinderpest verschont. Aber die Menschen zahlten dafür einen hohen Preis. Das Abschlachten von Weidetieren führte zu jenem bereits erwähnten afrikaweiten Rekord. In den folgenden fünfzehn Jahren fielen schätzungsweise 1500 Männer, Frauen und Kinder in dieser Region den Löwen zum Opfer. Diese wurden schließlich so fixiert auf Menschenfleisch, dass sie Hausrinder ignorierten und sich die Hirten aus den Herden herausschnappten.

Da sich die Angriffe über den Zeitraum von 1931 bis 1947 erstreckten, ist anzunehmen, dass drei Löwengenerationen involviert waren und die späteren »Killer« bereits von Kindesbeinen an dazu erzogen wurden, Menschen zu jagen. Dies wiederum bringt uns zum unheimlichsten Teil der Forschungsergebnisse. Die Löwen können eine »Tradition« des Menschenfressens entwickeln. Sie spezialisieren sich auf die Menschenjagd und geben ihr Wissen an die nächste Generation weiter. Die Njombe-Löwen konnten ihrem Nachwuchs sehr viel beibringen, denn sie hatten höchst ausgeklügelte Methoden der Menschenjagd entwickelt. Mit Einbruch der Dunkelheit begaben sie sich in die Dörfer und schlichen sich, die Deckung voll ausnutzend, so nahe wie möglich an ihre Opfer heran, bevor sie zuschlugen. Gingen zwei Löwen gemeinsam auf Jagd, so griffen sie sich oft zwei Menschen. Anschließend zerrten sie ihre Beute – sich dabei abwechselnd – bis zu zwei Kilometer weit weg. Ähnlich

Pattersons Menschenfressern, vermieden auch diese Löwen es, zweimal hintereinander dasselbe Dorf heimzusuchen. Ihr nächster Angriff konnte bis zu 25 Kilometer entfernt erfolgen.

Gnoske und Kerbis Peterhans sind überzeugt, dass die Menschenfresser von Tsavo unter Löwen aufwuchsen, die an Menschenfleisch gewöhnt waren. Schuld war auch hier letztlich der Mensch respektive der Sklaven- und Elfenbeinhandel. Entlang der Karawanenstraßen, vom Landesinneren Kenias und Ugandas bis zur Küste, wurden vielleicht jahrhundertelang regelmäßig tote oder sterbende Sklaven und Träger zurückgelassen, die leichte Beute waren. 1874 erzählte ein Sklavenhändler dem europäischen Afrikaforscher A.J. Swann, dass alle Gefangenen, die zu schwach zum Lastenschleppen waren, zurückgelassen oder getötet wurden, um die anderen Träger »bei Laune« zu halten. Livingstone, der Mitte des 19. Jahrhunderts in dieser Region unterwegs war, berichtete, entlang sämtlicher Karawanenrouten menschliche Überreste gefunden zu haben, und schätzte, dass nur einer von fünf Sklaven lebend die Küste erreichte. Ausgehend von den ungefähr bekannten Zahlen aus Mombasa, Sansibar und anderen Sklavenmärkten, errechneten Gnoske und Kerbis Peterhans, dass jährlich bis zu 80.000 Menschen auf den Karawanenstraßen ihr Leben ließen – ein kostenloses Büfett für jeden Karnivoren und eines, das sich die Löwen, die ja sowohl Aasfresser als auch Jäger sind, mit Sicherheit nicht entgehen ließen.

Die Uganda-Eisenbahn wurde zum Teil gebaut, um dem Sklavenhandel entgegenzuwirken. Vertreter der Aufklärung meinten, sie würde die Elfenbeinkarawanen überflüssig machen, was zwar letztlich auch der Fall war, jedoch bei weitem nicht so bald wie erhofft realisiert wurde. Die Trasse wurde entlang einer bekannten Karawanenroute angelegt, die den Tsavo-Fluss vier Kilometer vor dessen Zusammenfluss mit dem Athi überquerte. Sklaven- und Elfenbeinhändler nutzten diese Furt jahrhundertelang für eine Rast.

Aus verständlichem Grund: Noch heute bieten das rauschende Wasser und die tiefen Schatten spendenden Dumpalmenhaine willkommene Abwechslung zu der umliegenden ariden Dornbuschlandschaft und laden zur Regeneration ein. Den Karawanen muss dieser Flecken wie das Paradies erschienen sein. Doch die Idylle trog. Mit Einbruch der Nacht kamen die Raubtiere: Hyänen, Leoparden und Löwen, heißhungrig und mit scharfem Blick und Gehör. Am nächsten Morgen war ein Teil der menschlichen Fracht spurlos verschwunden. Legenden entstanden, der Ort werde von menschenräuberischen Dämonen heimgesucht.

Aufgrund dieser Geschichte sind sich Gnoske und Kerbis Peterhans sicher, dass in der Umgebung der Furt schon seit langem Menschenfresser leben. An dieser Stelle ließ auch Patterson die Eisenbahnbrücke errichten. Die Löwen müssen die Zeltlager der Arbeiter, in denen sich die Menschen dicht an dicht drängten, als stationäre Karawane betrachtet haben.

Wie wir gesehen haben, hörten die Vorfälle von Menschenraub in und um Tsavo keineswegs auf, nachdem Patterson die beiden Raubkatzen zur Strecke gebracht hatte. Sie gehen vielmehr bis heute weiter. Und sie traten schon auf, lange bevor er in die Gegend kam – ein deutlicher Hinweis darauf, dass das Fressen von Menschen bei den Löwen der Region gängige Praxis war, eine Tradition, wenn man so will. 1891 verlor eine Expedition einen Wasserträger an die Raubkatzen. Eine Gruppe, die 1896 durch Tsavo reiste, wurde von einem Missionar vor dieser Gegend gewarnt, weil es dort Menschenfresser gebe. Die Reisegesellschaft, unter Führung eines Afrikaforschers namens A.J. Ansorge unterwegs, machte daraufhin einen Umweg und kampierte am Ufer des Tsavo-Flusses. Dennoch wurde ein Träger von einem Löwen getötet. Bewaffnete Männer verfolgten das Tier, das daraufhin seine Beute fallen ließ und entkam. Eine halbe Stunde später griff derselbe Löwe eine Kamba-Karawane an und verschleppte einen Mann. Nur wenige Monate vor Pattersons Ankunft verlor der Landvermesser O.R. Preston zwei seiner Leute an Löwen und stieß auf die Überreste bereits früher getöteter Menschen.

Wie Gnoske und Kerbis Peterhans recht trocken anmerken: »Bei einer langlebigen Spezies mit langer Abhängigkeit der Jungtiere kann jedes regelmäßig ausgeübte Verhaltensmuster kulturelle Tradition und von einer Generation an die nächste weitergereicht werden. Ein solches Verhalten ›anomal‹ zu nennen, mag aus menschlicher Sicht nahe liegen. Für das betreffende Raubtier jedoch ist es völlig natürlich und normal.«

Im Fall von Patterson kamen zudem noch eine Reihe anderer Faktoren hinzu.

Zum einen die Begräbnispraktiken der eingeborenen Völker. Die Taita aus den Taita Hills bestatten ihre Toten zwar, graben sie später aber wieder aus und legen ihre Schädel in Felshöhlen. Die Kamba ließen die Leichname von »Bauern und Frauen« im Freien liegen und banden Todkranke sogar an Bäume, um sie von Hyänen entsorgen zu lassen. Selbstredend waren Hyänen nicht die einzigen Karnivoren, welche die »Entsorgung« vornahmen. Jedenfalls stellten herumliegende Leichen bequeme Futterstellen für Löwen dar und brachten sie möglicherweise auf den Geschmack von Menschenfleisch.

Auch Naturkatastrophen spielten eine Rolle. 1897 fielen mehrere hundert Kamba einer Hungersnot zum Opfer. Wieder wurden die Toten und Sterbenden nicht beigesetzt. Darüber hinaus griffen verzweifelte, halb verhungerte Kamba isoliert stationierte Eisenbahnbautrupps an, ermordeten die Arbeiter und plünderten deren Lebensmittelvorräte. Und ihre Leichen, 340 sollen es insgesamt gewesen sein, blieben, den Raubtieren zum Fraß, neben der Eisenbahntrasse liegen. 1898 und 1899 rafften die Pocken in ganz Kenia

Tausende dahin, und auch ihre sterblichen Überreste boten den Karnivoren, insbesondere Hyänen, einen reich gedeckten Tisch. Aus dieser Epidemie wurde zudem ersichtlich, wie an den Verzehr bereits toter Menschen gewöhnte Raubtiere ihre Aufmerksamkeit lebenden zuwenden: Als die Seuche zurückging und nicht mehr genügend Leichen verfügbar waren, begannen Hyänen, sich Kinder zu schnappen, und scheuten sogar vor schlafenden Erwachsenen nicht zurück.

Schließlich war da die Viehzucht, in Tsavo damals in kaum geringerem Umfang betrieben als heute. Die Gnoske-Kerbis-Peterhans-Studie zeigt ein Muster auf, das sich quer durch die Geschichte zieht. Immer mehr Löwen, Tiger und Leoparden schwenkten von Rindern auf menschliche Beute um (angefangen mit Hirten, die ihre Ziegen und Rinder vor Löwenangriffen zu schützen versuchten). Wiederum waren die Täter vorwiegend männliche Löwen, meist nomadisierende Junggesellen, die ihre Mütter und Geschwister verlassen hatten und eine Weile auf eigene Faust umherzogen, bevor sie die nötige Reife erlangten, selbst ein Rudel zu führen.

Als John H. Patterson mit seinem Trupp im Frühjahr 1898 in Tsavo eintraf, waren folglich die besten Voraussetzungen für Menschenfresserverhalten gegeben. Die Löwen harrten geradezu seiner und seiner unglücklichen Kulis. Was die Raubkatzen betraf, so war Mutter Natur dabei, ihnen eine Lektion in Sachen Murphys Gesetz zu geben: Alles, was schief gehen kann, geht auch schief. Und genauso kam es.

»Wenngleich die Zahl der Menschenopfer in Tsavo auf über 100 Individuen geschätzt wird«, schließt der Aufsatz der Wissenschaftler, »sieht es doch so aus, als hätte sie leicht weit höher liegen können. Angesichts der gegebenen Umstände stellen wir uns nicht die Frage, wie in Tsavo so viele Menschen zu Tode kommen konnten. Wir wundern uns vielmehr, dass es nicht deutlich mehr waren.«

Der afrikanische Löwe ist nicht vom Aussterben bedroht. Aber sein Lebensraum schrumpft zusehends. Die Bevölkerung wächst ständig und nimmt immer größere Flächen in Anspruch – für Siedlungen, Acker- und Weideland. Tsavo, wild und karg, blieb verschont, weil es sich weder zur landwirtschaftlichen Nutzung noch als Bauland eignet. In Zukunft könnte es eine der letzten Zufluchtsstätten des Löwen werden.

Wie Dr. Bruce Patterson vom Field Museum in einem Interview äußerte: »Der Lebensraum, der den Löwen seines majestätischen Kopfschmucks, der Mähne, beraubte, könnte ihm dafür etwas weit Kostbareres geben: eine Zukunft.«

Dank

Ich möchte den Wissenschaftlern danken, die dieses Buch ermöglicht haben: Samuel Andanje, Thomas Gnoske, Dr. Julian Kerbis Peterhans, Ogeto Muwebi, Dr. Craig Packer, Dr. Bruce Patterson und Peyton West. Dank auch an die Leute vom Kenya Wildlife Service, an Wayne Hosek und ganz besonders an meinen Lektor Steve Byers, der viel mit mir durchmachte.

Bildnachweis